Friedrich Morin, Theodor Trautwein

Neuester Wegweiser durch München und seine Umgebungen

Die Sehenswürdigkeiten und Sammlungen der bayerischen Hauptstadt. Achte

Auflage

Friedrich Morin, Theodor Trautwein

Neuester Wegweiser durch München und seine Umgebungen
Die Sehenswürdigkeiten und Sammlungen der bayerischen Hauptstadt. Achte Auflage

ISBN/EAN: 9783743606746

Hergestellt in Europa, USA, Kanada, Australien, Japan

Cover: Foto ©Andreas Hilbeck / pixelio.de

Weitere Bücher finden Sie auf **www.hansebooks.com**

Neuester Wegweiser

durch

München und seine Umgebungen.

Die Sehenswürdigkeiten und Sammlungen der
baierischen Hauptstadt.

Achte Auflage

des von M o r i n begründeten Wegweisers

revidirt

von

Th. Trautwein.

Mit einem neuen Plane von München und Umgebung, Tableau
der inneren Eintheilung des königlichen Hof- und National-
Theaters und Grundriss der Residenz, der beiden
Pinakotheken und der Glyptothek.

MÜNCHEN.

Verlag von Christian Kaiser.

1871.

Inhalt.

I. Allgemeiner Theil.

Mit römischen Seitenzahlen.

II. Specieller Theil,

IV. Nachweis zum Plan von München.

I. Allgemeiner Theil.

~~~~

Notizen über München.

München, Haupt- und Residenzstadt des Königreichs Baiern, liegt an der in Nord-Tirol im Karwendelgebirge entspringenden Isar, 1598 Pariser Fuss über dem Spiegel des adriatischen Meeres, ist somit eine der höchst gelegenen Städte Europa's.

Münchens Klima ist wechselvoll und bewegt sich in Extremen, wohl eine Wirkung seiner allseitig freien und exponirten Lage, während der in einer Entfernung von etwa 8 Meilen aufsteigende Wall der Alpen die Südströmungen abhält oder doch durch seine Ausstrahlungen abkühlt und somit die Vortheile der südlichen Exposition (München liegt fast $^3/_4$ Breitengrade südlicher als Paris) wieder paralysirt.

Dieses raschen Wechsels, sowie der Beschaffenheit des Bodens halber ist München als ungesund verrufen, wohl mit Unrecht, denn wer gewisse Diät hält und sich durch entsprechende Kleidung vor Erkältungen schützt, wird sich in München so gut wie anderwärts acclimatisiren. *)

Die nächste Umgebung Münchens ist eine fast ebene Fläche, in welche die Isar etwa $1^1/_2$ Stunden oberhalb aus einem engen 4 Stunden langen Defilé hereinbricht; ihr linkes Ufer, an welchem die Haupttheile der Stadt liegen, verliert vom Ende dieses Defilé ab an Höhe

---

*) Als beachtenswerth sei jedem Fremden ein kleines, von einem der tüchtigsten hiesigen Aerzte verfasstes Büchlein empfohlen, nämlich: „München s Klima und diätetische Verhaltungsregeln für Einheimische und Fremde." Preis 12 kr. (Verlag von Chr. Kaiser.)

und biegt westlich um, sein hoher Rand verliert sich mit der Theresienhöhe (Bavaria) in der Niederung, welche in Moose (Torfmoore) und Haideland übergeht, während das rechte Ufer, an welchem die Vorstädte Giesing, Au und Haidhausen, bis etwa zwei Stunden unterhalb der Stadt eine Höhe von 80—100 Fuss behält (Gasteigberg) und ein ziemlich fruchtbares Plateau darstellt, welches weiterhin allseits mit Waldungen von grossartiger Ausdehnung bedeckt ist (deren Erhaltung eine Cardinalfrage für Münchens Klima genannt werden muss), und erst einige Meilen abwärts ebenfalls in grosse Torfmoore übergeht. Es kann mit allem Recht behauptet werden, dass schon das Nebeneinander so verschiedener Bodenbildungen hinreicht, das Prädicat „reizlos," welches Münchens Umgebung beigelegt wird, ins Reich der Ammenmärchen zu verweisen, — abgesehen davon, dass München im Englischen Garten und in den Gasteigberganlagen einen der schönsten Naturparke Europas besitzt, abgesehen von dem Reiz, welchen der wilde, die Ebene durchbrausende Gebirgsstrom, der Blick auf die den südlichen Horizont abschliessende Alpenkette auch der Fläche verleiht.

Die Geschichte der Stadt München reicht nicht in hohes Alterthum zurück (Gründung durch Heinrich den Löwen 1158), noch viel späteren Datums ist aber die Geschichte seines raschen Anwachsens zur Grossstadt, weniger durch günstige Lage oder hervorragenden Handel und Industrie, als durch die Bauten und Schöpfungen kunstsinniger Fürsten.

Nachstehende Zahlen zeigen die Bewegung der Bevölkerung, wobei allerdings zu bemerken, dass der Stadtbezirk („Burgfrieden") 1836, dann 1854 und 1864 um ein Bedeutendes vergrössert, z. B. 1854 die Vorstädte Giesing, Au und Haidhausen, 1864 Ramersdorf zur Stadt geschlagen wurden.

Jahrzahl	Einwohner	Häuser
1580	20,000	—
1688	26,000	—
1771	31,000	—

Jahrzahl	Einwohner	Häuser
1783	37,840	1,676
1805	45,000	1,995
1824	62,290	3,375
1849	96,998	—
1858	137,095	6,083
1867 }	145,282	10,572 Gebäude
mit Militär }	170,688	überhaupt

unter dieser Zahl befinden sich 130,622 Katholiken, 12,357 Protestanten, 2068 Juden.

Nachweisungen für Fremde.

Gasthöfe.

Ersten und zweiten Ranges: Quadrat des Planes:

Zu den vier Jahreszeiten, Maximilianstrasse 4 . G 5
Baierischer Hof, Promenadeplatz 19 . . . . E 4
Hôtel Detzer, Kaufingerstrasse 23 . . . . . E 5
Blaue Traube, Dienersgasse 11 . . . . . . F 5
Hôtel Leinfelder, Carlsplatz 1 . . . . E 4
Hôtel Marienbad, Barerstrasse 4 . . . . . . E 3
Hôtel Maximilian, Maximilianstrasse 26 . . . G 5
Hôtel Belle Vue, Carlsplatz 25 . . . . . . D 4
Hôtel garni National, Ottostrasse 7 . . . . E 4

Einfachere Häuser:

Augsburger Hof, Schützenstrasse 21 . . . . D 4
Bamberger Hof, Neuhauserstrasse 26 . . . . E 5
Goldener Bär, Fürstenstrasse 5 . . . . . . F 3
Goldenes Kreuz, Kaufingerstrasse 28 (Hôtel garni) F 5
Hôtel Max Emanuel, Promenadeplatz 7 . . . E 4
Deutsches Haus, früher Munkert, Dienersgasse 20 F 5
Oberpollinger, Neuhausergasse 42 . . . . . E 5
Rheinischer Hof, Bayerstrasse 10 und 11 . . D 5
Stachusgarten, Carlsplatz 24 . . . . E 5

Gut bürgerlich:

Kollergarten, Schwanthalerstrasse 84 . . . . D 5
Goldene Krone, Carlsplatz 5 . . . . . . D 4
Goldener Löwe (Schlicker), Thal 74 . . . . F 5

Goldene Sonne (Bögner), Thal 72 . . . . . . F 5
Goldener Stern (Engelhardt), Thal 11 . . . F 5
Blaue Taube, Sendlingerthorplatz 1 . . . . E 6

Viele derselben senden ihre eigenen Omnibusse zum Bahnhof; die Fahrt zum Gasthof und umgekehrt wird mit 18—30 kr. berechnet.

Meublirte Privatwohnungen und einzelne Zimmer auf kürzere oder längere Zeit sind in Menge zu haben; man sehe die Maueranschläge des „Quartiergebers" und die Inserate in den „Neuesten Nachrichten."

Weinstuben und Restaurants siehe den Nachweis zum Stadtplan, am Ende dieses Buches Seite 3.

Caféhäuser,*) Bräuhäuser, Bierkeller (über diese vgl. Seite 27 u. 28), Bierwirthschaften und Biergärten, Conditoreien siehe im Nachweis zum Stadtplan, Seite 3—6.

Tarif für die Kofferträger am Bahnhof.

Denselben ist verboten, ihre Dienstleistungen aufzudrängen.

Für Verbringen vom Wagen zur Expedition und Besorgung des Gepäckscheins, oder aus dem Eisenbahnzug in den Wagen (ohne Rücksicht auf Stückzahl); bis zu 1 Ctr. 6 kr., bis zu 2 Ctr. 12 kr., über 2 Ctr. 18 kr. — Vom Bahnhof in die Stadt: kleinere Gegenstände 6 kr.; drei und mehrere Stücke unter 1 Ctr. 12 kr., grösseres Gepäck unter 1 Ctr. 12 kr., 1—2 Ctr. 24 kr., 3 Ctr. 36 kr.

Fiaker- und Droschkentarif.

Zeittarif für Einspänner (Droschken):

Für 1 und 2 Personen: jede angefangene Viertelstunde 12 kr., also:
1 Stunde 48 kr., 2 Stunden 1 fl. 36 kr., 3 Stunden 2 fl. 24 kr.

Für 3 Personen: jede Viertelstunde 15 kr., also 1 Stunde 1 fl., 2 Stunden 2 fl., 3 Stunden 3 fl.

---

*) Der Café kostet in den meisten Gasthöfen 18—24 kr. (sogenanntes Schweizerfrühstück), in den Café's nur 6 kr., gewöhnlich inclusive 1 Brod.

Z e i t t a r i f f ü r Z w e i s p ä n n e r (Fiaker):

Personen:	1 u. 2:	3 u. 4:	5 u. 6:
¹/₄ Stunde	18 kr.	24 kr.	30 kr.
¹/₂ „	36 kr.	48 kr.	1. — kr.
³/₄ „	54 kr.	1. — kr.	1. 24 kr.
1 „	1. 12 kr.	1. 12 kr.	1. 48 kr.
1¹/₂ „	1. 42 kr.	1. 48 kr.	2. 6 kr.
2 „	2. 12 kr.	2. 24 kr.	2. 48 kr.
2¹/₂ „	2. 42 kr.	3. — kr.	3. 30 kr.

Ausserdem: Bei Fahrten vom Bahnhof von 10 Uhr Abends bis 6 Uhr Morgens 6 kr. Wartegeld; für Beleuchtung bis 10 Uhr 3 kr. per Viertelstunde, nach 10 Uhr überhaupt doppelte Taxe.

Handgepäck frei, bis zu 50 Pfund 6 kr., darüber 12 kr.

Für die **Umgegend** complicirter **Ortstarif,** der im Wagen zu hängen hat.

Gegen Ueberforderung hilft Abverlangen einer Fahrmarke; in der Regel kann eine Beschwerde bei der Polizei nur auf Grund einer solchen erhoben werden.

Warteplätze der Droschken sind: 1) Marienplatz, — 2) Max-Joseph-Platz, — 3) am Hofgarten vor dem Café Tambosi und auf dem Odeonsplatz, — 4) Maximiliansplatz nächst der Herzog-Maxburg, — 5) Carlsplatz, — 6) an den Bahnhöfen, — 7) Ludwigsstrasse längs des Gebäudes der Bergwerks- und Salinenadministration und längs des Hauses Nr. 12, — 8) Amalienstrasse längs des Hauses Nr. 15, — 9) Ecke der Barer- und Gabelsbergerstrasse längs der Pinakothek, — 10) Carolinenplatz, — 11) an den Propyläen gegen die äussere Briennerstrasse zu, — 12) Stieglmaierplatz, — 13) Carlsstrasse an der Kreuzung der Dachauerstrasse, — 14) Sendlingerthorplatz, — 15) vor dem Angerthore, — 16) Rosenthal, gegen den Victualienmarkt zu, — 17) Gärtnerplatz, — 18) nächst der Reichenbachbrücke, — 19) vor dem Isarthor, — 20) Maximiliansstrasse an der Kreuzung der Adelgundenstrasse, — 21) Lilienstrasse längs des Hauses Nr. 26, — 22) am Mariahilfplatz, Vorstadt Au.

Stadtomnibusse

des Lohnkutschers Herrn Z e c h m e i s t e r verkehren auf den Hauptlinien, vom M a r i e n p l a t z ausgehend, und zwar j e d e S t u n d e von 7 Uhr Morgens bis 8 Uhr Abends:

1. zum Bahnhof 7 Mal,
2. bis an's Ende der Maximiliansstrasse 4 Mal,
3. in die Ludwigsstrasse 4 Mal,
4. auf den Stieglmaierplatz 4 Mal,
5. bis zum Gärtnerplatz, dann zum Mariahilfplatz in der Vorstadt Au 4 Mal,
6. durch das Thal zur äusseren Isarbrücke 3 Mal,
7. in die Briennerstrasse 2 Mal,
8. in die Carlsstrasse 2 Mal.

Preis per Fahrt 3 kr.; die Linien treffen sämmtlich auf dem Marienplatz (Plan F. 5) zusammen, wo eine Correspondenz eingerichtet ist, Uebergang von einer Linie auf die andere 1 kr. Umsteigegebühr.

Vier Packträger- (Dienstmänner-) Institute.

H a r t l's c h e s Packträgerinstitut, Löwengrube (Plan F. 5); E x p r e s s - C o m p a g n i e, Sattlergässchen (Plan E. 5); Packträgeranstalt von H a i d e r und G r o i s s, Burggasse 6 (Plan F. 5); Packträgerverein der M ü n c h e n e r I n s a s s e n, Brunngasse (Plan E. 5).

T a x e n f ü r G ä n g e o h n e G e r ä t h s c h a f t e n
wobei Gepäck bis zu 30 Pfund frei:

im i n n e r e n Stadtbezirk 3 kr., — im ä u s s e r e n Stadtbezirk 6 kr.

F ü r G ä n g e m i t G e r ä t h s c h a f t e n
wobei Gepäck bis zu 100 Pfund frei:

im i n n e r e n Stadtbezirk 6 kr., — im ä u s s e r e n Stadtbezirk 12 kr., — nach und vom Bahnhofe 9 kr.

Bei grösseren Gepäcktransporten von mehr als einem Centner für jeden weiteren Centner im i n n e r e n Stadtbezirk à 3 kr., vom i n n e r e n in den ä u s s e r e n Stadtbezirk oder nach und vom Bahnhof à 6 kr.

Dienstleistungen nach der Zeit:

Ohne Geräthschaften für den Mann per Stunde 9 kr., per Tag 1 fl. — Mit Geräthschaften für den Mann per Stunde 15 kr., per Tag 1 fl. 36 kr.

Nach 7 Uhr, resp. 6 Uhr Abends doppelte Taxe.

Eisenbahnrouten,

sämmtlich von einem Bahnhof ausgehend, siehe S. 10.

Zu empfehlen ist für die baierischen Bahnen und die Anschlüsse: G. Braun's Baierischer Verkehrsanzeiger, Preis 9 kr.

Postexpeditionen,

geöffnet von Morgens 7 bis Abends 8 Uhr:

Im Postgebäude, Dienersgasse (Plan F. 5), Briefpost vom Eingang links, Paketpost über dem Hofe rückwärts.

Im Bahnhof, linker Flügel (Plan C. 4).

Am Sendlinger Thor, der Wache gegenüber (Plan E. 6).

Vorstadt Au, Mariahilfplatz (Plan G. 8).

Briefkästen (blau-weiss carrirt) finden sich in der ganzen Stadt vertheilt, die Stunde des Abholens ist daran bemerkt. — Briefe, die mit den Frühzügen abgehen sollen, werfe man nach 7 Uhr Abends nicht mehr in die Kästen, sondern nur in den Schalter an der Post selbst. — Briefmarken und Correspondenzkarten sind in jenen Läden zu haben, wo die Briefkästen angebracht sind.

Telegraphen-Bureau,

im Postgebäude und im Bahnhof; ein Telegramm von 20 Worten kostet:

	kr.			fl.	kr.
In ganz Baiern . .	28	Nach	Innsbruck .	—	28
Nach Berlin . . .	56	„	Leipzig .	—	56
„ Bern . . .	56	„	Prag . .	—	56
„ Cassel . .	56	„	Salzburg .	—	28
„ Carlsruhe .	56	„	Stuttgart .	—	28
„ Cöln . . .	56	„	Verona .	2	6·
„ Frankfurt a/M.	56	„	Wien . .	—	56
„ Hamburg . .	56	„	Zürich . .	—	56

Banquiers und Geldwechsler.

Die ersten Bankhäuser sind:

Baierische Vereinsbank (früher R. v. Froelich & Co.),
    Prannersstrasse 5.
Jos. Frhr. von Hirsch, Hofbanquier, Promenadepl. 16.
Baierische Handelsbank, Theatinerstrasse 35.

Geldwechsler:

Bachmann & Comp., Weinstrasse 14.
Berliner, Ant., Theatinerstrasse 48.
Feuchtwanger, J. L., Theatinerstrasse 15.
Fürther, E., Residenzstrasse 25.
Guggenheimer, A., Theatinerstrasse 42.
Gutleben & Weidert (auch Spedition), Theatinerstr. 32.
Kaula, H., Residenzstrasse 11.
Lang, C., Promenadeplatz 20.
Marum, J., Rosengasse 6.
Oberndoerffer, J. N., Theatinerstrasse 18.
Oberndoerffer, M. jun., Kaufingerstrasse 30.
Rau, Salom., Theatinerstrasse 31.
Schulmann, M., Residenzstrasse 16.
Squindo & Scheuer (auch Spedition), Neuhausergasse 7.
Steffter, J, H., Kaufingerstrasse 28.
Wassermann, B., Kaufingerstrasse 34.
Wild, Dr. Alb., Neuhausergasse 6.

Bäder,

kalte und warme, siehe den Nachweis zum Stadtplan, Seite 6.

Orientirungsfahrten durch die Stadt.

Um einen allgemeinen Ueberblick zu gewinnen,
ist es rathsam, zunächst einige Stunden auf eine Fahrt
oder einen Gang durch die Stadt zu verwenden; am
Besten geschieht dies auf folgenden zwei Touren,
welche vom Marienplatz ausgehen.

Es kann hiezu theilweise auch der Stadt-Omnibus benutzt
werden (s. oben).

Mit diesen Touren lässt sich die kurze Besichtigung mancher
Sehenswürdigkeit verbinden; wo dies ohne grosse Zeitversäumniss
möglich, ist es hier bemerkt.

r. bedeutet rechts, l. links.)

☞ Die Richtung der Tour ist durch *Cursivschrift* bezeichnet; jenes Wort, welches mit *d u r c h s c h o s - s e n e r   C u r s i v s c h r i f t* gedruckt ist, genügt event. als Ordre für den Kutscher.

Erste Fahrt.

Vom Marienplatz (Mariensäule, r. Peterskirche, l. neuer Rathhausbau, Fischbrunnen), *an letzterem vorbei, durch die D i e n e r s g a s s e auf den R e s i - d e n z p l a t z.*

Residenz, Hoftheater (zwischen beiden Wintergarten und Residenztheater), Post, in der Mitte sitzende Statue Königs Max Joseph I. von Rauch.

Der Post entlang dann durch die M a x i m i l i a n s - S t r a s s e bis zur I s a r b r ü c k e.

Die Gebäude in der Maximiliansstrasse sind Seite 100 unseres Buches verzeichnet. Der Hof im alten Münzgebäude (s. S. 104) zu besuchen.

Zwei Brücken führen über die beiden Isararme zum Maximilianeum; r. desselben Haidhausener Kirche, flussaufwärts die Auer Kirche, bei heller Luft die Alpen *(Zugspitze)*; r. und l. des Maximilianeum auf der Höhe des Gasteig Anlagen (jene l. setzen fort bis Bogenhausen und Brunnthal, wo Brücke in den Englischen Garten).

Auf den R e s i d e n z p l a t z zurück und quer hinüber an der Residenz (Königsbau) vorbei, ihrer alten Façade entlang zum Odeonsplatz, der F e l d h e r r n - h a l l e und T h e a t i n e r k i r c h e.

Theatinerkirche kann flüchtig besichtigt werden, s. S. 182.

Der Wagen *fahre v o r a u s* bis zur Ecke der *G a l l e r i e -* und *L u d w i g s s t r a s s e*, zu Fuss r. durch das Hofgartenthor (r. Festsaalbau der Residenz, ·s. S. 167). *Links mit der Ludwigsstrasse parallel* durch die Arcaden des Hofgartens (s. S. 74), besonders die Rottmann'schen Frescon (S. 76) zu beachten.

An der unteren Ecke der Arcaden wieder in's Freie (schmaler Durchgang), links in wenigen Schritten wieder in die Ludwigsstrasse.

Durch die Ludwigsstrasse bis zum S i e g e s t h o r.

Gebäude der Ludwigsstrasse sind Seite 94, 95 des Buches verzeichnet. — Treppenhaus der Bibliothek (S. 23) und Inneres der Ludwigskirche (S. 91) mag kurz besichtigt werden.

Zurück zum K ö n i g L u d w i g s M o n u m e n t und

r. ab auf den Wittelsbacher Platz (Reiterstatue
des Churfürst Max I. von Thorwaldsen); *quer über
den Platz und r. durch die Briennerstrasse* am
S c h i l l e r m o n u m e n t *vorbei zum Obelisk. R. zu
den beiden Pinakotheken und dem Polytech-
nikum; durch die Arcisstrasse auf den Königsplatz* mit den Propyläen, r. G l y p t o t h e k , l.
K u n s t a u s s t e l l u n g s g e b ä u d e.

Besuch der P i n a k o t h e k e n und der G l y p t o t h e k wird
besser in besonderer Tour abgemacht (s. die betreffenden Art.)

Durch die Propyläen (r. G l a s m a l e r e i) *und
l. durch die Louisenstr. zur Carlsstrasse und l. zur
Basilica* (Bonifaciuskirche).

Inneres der Basilica (S. 11) zu besichtigen.

Durch die Arcisstrasse (das rothe Eckhaus ist das
T h i e r s c h - Haus) *zum Glaspalast;* r. zum Thor des
B o t a n i s c h e n G a r t e n s, neben Liebig's Laboratorium.

Durch das eiserne Thor in den B o t a n i s c h e n G a r t e n ,
bis in die Mitte, rechts das neue P a l m e n h a u s.

Den Glaspalast im Rückweg r. lassen, *durch die
Sophienstrasse zum Göthe-Monument und D u l t p l a t z.*

Quer über den Dultplatz (l. Englisches Café, r.
Staatsschuldentilgungsgebäude), *durch die Pfandhaus-
strasse auf den P r o m e n a d e p l a t z,* mit 5 Statuen
(s. S. 35); l. Baierischer Hof.

Rechts am Anfang des Platzes *durch die Carmeliter-
und Weite Gasse zur M i c h a e l i s h o f k i r c h e.*

Eingang von der Neuhausergasse, kurze Besichtigung (s. S. 101).

*Durch die Neuhauser- und Kaufingergasse, durch
eine der linken Seitengassen der letzteren zur
F r a u e n k i r c h e.*

Inneres s. S. 49, gewöhnlich sind nur die Portale der e i n e n
Seite offen.

Z w e i t e F a h r t.

Zum Carlsthor und l. an der P r o t e s t a n t i s c h e n
K i r c h e *vorbei, durch die r. Schwanthalerstrasse*
(rechts Schwanthaler-Museum) *zur Theresienwiese und
Bavaria* mit der Ruhmeshalle.

Näheres Seite 21; bei grosser Hitze der Aufstieg in den Kopf
kaum rathsam.

*Zurück den Fahrweg über die Theresienwiese gegen
das Krankenhaus und den S e n d l i n g e r t h o r p l a t z;
r. in die Müllerstrasse.*

Am Anfang derselben führt die Thalkirchenerstrasse zum südlichen (Alten) F r i e d h o f s. S. 54. — Der Wagen mag hinaus- und
den Fahrweg zwischen der älteren und neueren Abtheilung durchfahren (kurze Besichtigung), dann zurück.

*Durch die Müllerstrasse, dann in die Fraun-
hoferstrasse und erste Seitenstrasse (Klenzestrasse)
links zum Gärtnerplatz mit Statuen Klenzes und
Gärtners und dem Volkstheater; r. an letzterem
vorbei wieder in die Fraunhoferstrasse, auf der Reichenbachbrücke (r. Alpenansicht) über die Isar
(l. sehenswerthe Wasserbauten) und durch die Vorstadt Au zur Auerkirche (Mariahilfkirche).*

Kurze Besichtigung, Näheres Seite 95.

*Durch die Vorstadt Au zu den steinernen Isar-
brücken, über diese zum Isarthor.*

Das F r e s c o g e m ä l d e an der Aussenseite beachtenswerth,
s. S. 82. — Links führt die Frauenstrasse zur sehenswerthen
Schrannenhalle, s. S. 59.

*Durch das Thal (l. Heiligengeistkirche) und unter
dem Bogen des Alten Rathhauses durch auf den
Marienplatz zurück.*

Tages- und Stundenzettel der Sehenswürdigkeiten.

Ohne Verantwortlichkeit bei etwaigen Veränderungen; im Winter-
halbjahr sind die Stunden theilweise beschränkt.
* bezeichnet das allgemein Besuchte, ** das unbedingt zu Sehende.

Täglich sind zu sehen:

Näheres siehe im speciellen Alphabet.

A n a t o m i e. 10—12 Uhr. Trinkgeld 12 kr.

A n t i k e n s a a l in der Academie.

A n t h r o p o l o g i s c h e s M u s e u m. Eintritt 12 kr.

**A r c a d e n d e s H o f g a r t e n s (Rottmann-Frescen).

**B a v a r i a, den ganzen Tag; nur bei Besuch der Ruh-
meshalle und Betreten des Inneren 12 kr. Trinkgeld.

*B i b l i o t h e k, an Wochentagen 9—12 Uhr, Samstag
nur bis 11 Uhr. Trinkgeld 24 kr.

*B o t a n i s c h e r G a r t e n mit Palmenhaus; nur an
Wochentagen 8—11 und 2—5 Uhr.

C h e m i s c h e s L a b o r a t o r i u m (Liebigs) an den
Wochentagen.

*E r z g i e s s e r e i: Sonntags 12—2 Uhr, in der Woche
von 1 bis 6 Uhr; Trinkgeld 12 kr.

Gewehrkammer und Sattelkammern, k., an
Wochentagen 9—11 Uhr.

Glasmalerei-Anstalt, nur an Wochentagen 10
bis 12 Uhr, Trinkgeld 12 kr.

Kirchen: **Allerheiligenhofkapelle, **Auer Kirche,
**Basilica, *Frauenkirche, *Ludwigskirche, *Michae-
liskirche, *Theatinerkirche.
In der Regel nur Vormittags, die Frauen- und Auer Kirche
auch Nachmittags offen.

Kunst-Verein, täglich excl. Samstag.

Literarischer Verein im Odeon von 8 Uhr
Morgens bis 9 Uhr Abends.

Physiologisches Institut, täglich excl. Sonntag.

*Local-Kunstausstellung, von 9—5 Uhr, Ein-
tritt 12 kr,

**Pinakothek, Alte, täglich excl. Samstag.

**Residenz, täglich excl. Sonntag, und zwar:
Festsaalbau und event. alte Residenz Punkt
11 Uhr, Versammlung im Herculessaal.
Nibelungensäle Punkt 12 Uhr, Versammlung
im Grottenhof. — Trinkgeld 18—30 kr.

Schleissheimer Gallerie, täglich excl. Montag,
Näheres Seite 210.

Schwanthaler-Museum, 11—2 Uhr, Trinkgeld
12 kr., Dienstag und Freitag gratis.

*Zoologischer Garten, Eintritt 12 kr.

Sonntag. *)

Militärmesse in der Michaeliskirche ½11 Uhr,
Vocalmesse in der Allerheiligen-Hofkapelle ½12 U.

*National-Museum, 9—2 Uhr, Eintritt frei.

**Pinakothek Alte, 9—3 Uhr.

**Pinakothek Neue, 8—12 und 2—4 Uhr.

*Porcellangemälde, Neue Pinakothek 9—1 Uhr.

*Vasensammlung in der Alt. Pinakothek 9—1 Uhr.

Montag.

Antiquarium 9—1 Uhr.

**Glyptothek 8—12, 2—4 Uhr.

---

*) Das jeden Tag, resp. jeden Wochentag Zugängliche ist bei
den einzelnen Tagen natürlich n i c h t noch einmal angeführt.

**Alte Pinakothek 9—3 Uhr.
*Theater (innere Einrichtung und Maschi-
nerie) Punkt 2 Uhr, Trinkgeld 18—30 kr.

Dienstag.

Ethnographisches Museum, 9—1 Uhr.
Kupferstichcabinet, 9—12 Uhr.
*National-Museum, 10—2 Uhr, Eintritt 30 kr.
**Alte Pinakothek, 9—3 Uhr.
**Neue Pinakothek, 8—12, 2—4 Uhr.
*Porcellangemälde-Sammlung, ebenso.
*Vasensammlung in der Alten Pinakothek, 9-1 Uhr.

Mittwoch.

**Glyptothek, 8—12 Uhr.
*National-Museum, 10—2 Uhr, Eintritt 30 kr.
**Alte Pinakothek, 9—3 Uhr.
*Theater (innere Einrichtung und Maschi-
nerie), präcis 2 Uhr, Trinkgeld 18—30 kr.
*Wissenschaftliche Sammlungen des Staates
im Academiegebäude (s. S. 2), 2—4 Uhr, Eingang
unter der Uhr.

Donnerstag.

Ethnographisches Museum, 9—1 Uhr.
*National-Museum, 9—2 Uhr, Eintritt frei.
**Alte Pinakothek, 9—3 Uhr.
**Neue Pinakothek, 8—12, 2—4 Uhr.
*Porcellangemälde-Sammlung, ebenso.
*Vasensammlung (Alte Pinakothek), 9—1 Uhr.

Freitag.

Antiquarium, 9—1 Uhr.
**Glyptothek, 8—12, 2—4 Uhr.
Kupferstich-Cabinet, 9—12 Uhr.
*National-Museum, 10—2 Uhr, Eintritt 30 kr.
**Alte Pinakothek, 9—3 Uhr.

Samstag.

Ethnographisches Museum, 9—1 Uhr.
*National-Museum, 10—2 Uhr, Eintritt 30 kr.
**Neue Pinakothek, 8—12, 2—4 Uhr.
Porcellangemälde-Sammlung, 9—12 Uhr.

*Theater (Inneres und Maschinerien), präcis 2 Uhr,
    Trinkgeld 18—30 kr.
*Wissenschaftliche Sammlungen des Staates
    im Academiegebäude (s. S. 2), 2—4 Uhr.

Zeiteintheilung bei nur kurzem Aufenthalt.

Die heutige Art des Reisens verlangt in Kürze
möglichst viel gesehen zu haben; wir stellen hier das
zusammen, was — vielleicht in Verbindung mit einer
der vorstehend gegebenen Orientirungsfahrten — bei
nur kurzem Aufenthalt an allgemein Interessantem ohne
Uebermüdung gesehen werden kann.

Die Disposition ergibt sich, je nach dem betreffenden Tage,
aus dem vorangehenden Tages- und Stundenzettel.

Erster Tag. Arcaden, Ludwigsstrasse und Kirche;
dann Glyptothek oder Neue Pinakothek (wenn
jene offen, ist diese geschlossen), Basilica, Botanischer
Garten. — Nachmittag: Bavaria, Auer Kirche; Gasteigberganlagen, Maximiliansstrasse.

Ist die Glyptothek offen, so besuche man (aber jedenfalls
nachher) die Alte Pinakothek; ist aber die Neue Pinakothek offen, so spare man sich den Besuch der Alten Pinakothek
für den zweiten Tag.

Zweiter Tag. Alte (beziehungsweise Neue) Pinakothek; Theatinerkirche; Residenz und Allerheiligenhofkapelle. — Nachmittag: Grosshesselohe, oder Erzgiesserei und gegen Abend Englischer
Garten.

Beide Pinakotheken nach einander zu besuchen, ist mehr als
ermüdend; man schalte eventuell National-Museum ein.

Dritter Tag. Michaelis- und Frauenkirche; National-Museum (cursorischer Besuch erfordert mindestens 1½ Stunde); Hoftheater-Maschinerie. — Nachmittag: Starnberg (s. S. 193).

Etwa übrige Zeit an einem der drei Tage wird für Bibliothek (nur Vormittags), Local-Kunstausstellung, Porcellaugemälde-
Sammlung, Vasensammlung oder Schwanthaler-Museum verwendet.

II. Specieller Theil.

In alphabetischer Ordnung.

Academie der bildenden Künste, im ehemaligen Jesuiten-Collegium, Neuhausergasse 51 (Plan Quadrat E. 5), im J. 1808 unter König Maximilian Joseph constituirt, erhielt ihre jetzige Einrichtung 1846 unter König Ludwig I.

3 Hauptabtheilungen: Architectur, Sculptur und Malerei, letztere verbunden mit der Zeichen- und Kupferstecherkunst.

Im Antikensaal daselbst, im Erdgeschosse links, an Wochentagen täglich geöffnet, reiche Sammlung von Gypsabgüssen, unter welchen: Medicäische Venus, Venus von Milos, Artemis von Versailles, Minerva von Velletri, Ludovisische Juno, Jupiter Serapis, Vaticanischer Apollo, Laocoon, Farnesischer Hercules, Torso des Hercules, Koloss vom Monte Cavallo in Rom, Thüren Ghibertis vom Baptisterium in Florenz, Apostel Peter Vischers in der Sebalduskirche zu Nürnberg, Elgin'sche Statuen u. s. w.

Auch sind hier die Ateliers mehrerer Künstler, wie der Professoren W. von Kaulbach, K. von Piloty, Schraudolph, M. von Schwind (Maler), Widnmann (Bildhauer), u. A. m. — Director: Wilh. von Kaulbach, Secretär: Professor M. Carrière.

Academie der Wissenschaften. Ebendaselbst. Im Jahre 1759 gestiftet, von König Maximilian Joseph 1807 vergrössert, erhielt im Jahre 1827 durch König Ludwig I. ihre jetzige Organisation, wobei die Hof- und Staatsbibliothek (s. Bibliothek) von ihr getrennt wurde.

Im Academiegebäude folgende Sammlungen, welche theils zu bestimmten Stunden allgemein zugänglich, theils auf Anfrage bei den Conservatoren, zu sehen sind.

I. *Petrefacten- und paläontologische Sammlung* im Erdgeschosse und der ersten Etage, Eingang unter der Normaluhr (von Liebherr). Eine der vollständigsten Sammlungen dieser Art, in einer Reihe von Sälen, welche, zoologisch (nicht geognostisch) geordnet, enthalten: Säugethiere, Reptilien, Fische, Crustaceen, Insecten, Krebse etc., dann einschalige Muscheln, zweischalige Muscheln, fossile Pflanzen (letztere geognostisch und nicht botanisch geordnet). Durch die Einverleibung der berühmten von Münster'schen Sammlung aus Bayreuth, der herzogl. Leuchtenberg'schen aus Eichstätt, der Hohenegger'schen aus Teschen (mit mehr als 100,000 Expl.) und der Oberndorf'schen aus Kelheim (mit vielen Prachtstücken aus lithograph. Schiefer) wurde die hiesige Sammlung zur grössten Deutschlands erhoben. Conservator: Professor Dr. Zittel.

II. *Mathematisch-physikalische Sammlung des Staats*, ist nicht für den Unterricht (Physik. Cabinet der k. Universität), sondern für Forschungen bestimmt. Enthält ausser vielen älteren Instrumenten, die meistens nur historisches Interesse haben, die Apparate des ersten galvanischen Telegraphen von Steinheil, der 1837 zwischen München und Bogenhausen errichtet wurde; die ersten galvanischen Uhren; die ersten galvanoplastisch erzeugten Figuren und Spiegel; sehr viele optische und astronomische Instrumente von Fraunhofer und von Steinheil erfunden (Heliotrop, Prismenkreis, Photometer, Astrograph, Pyroskop, opt. Bierprobe); Photographie-Apparate, den grossen Lichtanalyseur, die Gaus'schen Magnetometer; genaueste Copien der französischen Urmasse des Meter und Kilogramm, prototyp der Archive zu Paris nebst den Comparatoren und Waagen; einen Tschirnhausen (Brennglas) von 4 Fuss Durchmesser etc.

Conservator: Ministerialrath von Steinheil.

III. *Mineralogisches Cabinet*, im ersten Stock. Eines der reichsten in Deutschland, durch die berühmte herzogl. Leuchtenberg'sche Sammlung (früher in Eichstädt) vorzüglich an russischen Vorkommnissen ausgezeichnet. Die prachtvollen Topase, Turmaline, Uwarowite, Chrysoberille, Phenacite des Ural sind zahlreich repräsentirt, ebenso die Korunde und Smaragde, worunter eine Druse, auf 12,000 Gulden geschätzt. Grosse Platin- und Goldgeschiebe, Malachite und Dioptase, sowie die siberischen Rothbleierze. Es enthält diese auch die früher v. Ringseis'sche Sammlung, bekannt durch die sicilianischen Cölestine und Schwefelstufen. Zu beachten sind ferner reiche Tellur- und Silberstufen, Zinnober aus dem Zweibrückischen, Eisenglanz von Elba, brasilianische Diamanten und eine Reihe von Meteoriten, darunter als Unicum der ungetheilte $14\frac{1}{2}$ Pfund schwere Stein von Schönenberg im Mindelthal, gefallen 1846, ein grosses Stück Meteoreisen aus Brasilien etc.

Von Mai bis September Samstag 2—4 Uhr geöffnet. Conservator: Professor von Köbell.

IV. *Geognostisches Cabinet*, im zweiten Stock. Sammlungen, welche Bau und Zusammensetzung der Erdoberfläche illustriren. Enthält die Gesteinsarten nach den verschiedenen Ländertheilen geordnet, und Mineralien, aus welchen die Erdkruste zusammengesetzt ist, ebenso die durch den Bergbau gewonnenen, neben den Versteinerungen von Thieren und Pflanzen, welche das relative oder geognostische Alter der Gesteine, aus welchen die Erdkruste besteht, bestimmen helfen. Die Sammlung ist reich an Steinkohlenpflanzen des baierischen Kohlenbeckens von St. Ingbert; an Versteinerungen aus den südbaierischen Alpen, an vulkanischen Producten des Vesuv und Aetna; unter letzteren namentlich eine von dem berühmten D o l o - m i e u zusammengestellte und eigenhändig beschriebene Suite u. s. f.

Diese Gegenstände sind in vier Sälen und drei Corridoren aufgestellt.

Conservator: Professor Dr. S c h a f h ä u t l. Assistent: Professor Dr. W i n k l e r.

V. *Münzcabinet.* Bereits im 16. Jahrhundert durch Herzog Albrecht V. begründet, ward es seit dem Ende des vorigen zu einem der ersten in Deutschland erhoben durch Vereinigung mit dem Mannheimer Cabinet des Churfürsten Carl Theodor, durch Einverleibung verschiedener Sammlungen säcularisirter Stifter und Klöster, und, von kleineren Ankäufen abgesehen, durch die Erwerbung einiger bedeutenden Privatsammlungen. Die Gesammtzahl der Münzen beträgt 150—180,000 Stück. In der über 20,000 Stück betragenden Abtheilung der antiken griechischen Münzen besonders Kleinasien und Nordgriechenland (Cousinéry'sche Sammlung) und Sicilien (Longo'sche Sammlung) glänzend vertreten; in der modernen Numismatik besonders Baiern in seinen Fürsten, geistlichen Herren und Städten. Ausser den Münzen verdient Beachtung ein Elfenbeinschrank kunstreichster Arbeit, zur Bewahrung der antiken Goldmünzen bestimmt, von Christian Angermajr in München 1618 gefertigt. Conservator: Professor Dr. B r u n n.

VI. *Zoologisch-zootomische Sammlung.* Enthält viele prachtvolle Exemplare von theils ausgestopften oder getrockneten, theils in Weingeist aufbewahrten Thieren. Die v. Mulzer'sche ausgezeichnete Sammlung europäischer Schmetterlinge ist damit verbunden. Im Sommer Samstag von 10 — 12 Uhr geöffnet, ausserdem nach Anmeldung bei dem Conservator: Professor Dr. v o n S i e b o l d.

Allerheiligen-Hofkirche oder n e u e H o f - c a p e l l e (Plan G. 4), ein Theil des Neubaues der

Residenz. Unter König Ludwig I. von L. v. Klenze im byzantinisch-romanischen Style des 11. Jahrh. 1826 — 1837 in Basiliken-Form erbaut. Breite 100 F., Tiefe 165, Höhe 80 F. Die Höhe des Giebels der mit Akanthen umgebenen Façade trägt ein Kreuz. Ueber dem Portal: der Erlöser, vor dem Maria und Johannes knieen, zur Seite: Petrus und Paulus, Reliefs in Sandstein von Eberhard.

Das prächtige und glänzende Innere mit Marmor bekleidet, oben, in den Wölbungen und Nischen Fresco-bilder auf Goldgrund, von H. v. Hess und seinen Schülern gemalt.

Durch die Frescen in den Kuppeln und der Chor-nische wird die Dreieinigkeit symbolisch dargestellt. In der ersten Kuppel Jehovah (Gott Vater) Altes, in der zweiten Christus (Gott Sohn) Neues Testa-ment; in der Chornische die Offenbarungen und Wirk-ungen des heiligen Geistes (Gott heiliger Geist).

Linke Seitenloge der ersten Kuppel: (Altes Testament) Geschichte Abrahams, Isaaks und Jacobs. — Rechte Seitenloge: Geschichte Mosis, der Rich-ter und Könige. — Zweite Kuppel: (Neues Testament) Christus mit den Aposteln. — Linke Seitenloge: Darstellungen aus dem Leben Christi bis zur Kreuzig-ung. — Rechte Seitenloge: Christi Auferstehung bis zur Himmelfahrt in 4 Darstellungen. — In der Mitte des ersten Bandgewölbes 7 schwebende Figuren, zu beiden Seiten der symbolischen Taube, die 7 Gaben des Geistes, die Wunderkraft mit der Säule, die Weis-heit mit dem Spiegel, die Weissagung, der Glaube, die Erkenntniss, die Gabe der Unterscheidung der Geister und die Auslegung. Die 4 männlichen Gestalten sind die Kirchenväter: Hieronymus mit dem Löwen, Augustinus, Ambrosius und Gregorius mit der Taube.

Im zweiten Bandgewölbe über dem Altar sind die sieben Sacramente symbolisch dargestellt. In der Altarnische die heil. Jungfrau Maria auf dem Thron, daneben Moses und Elias, die Apostel Petrus und

Paulus. Darüber die heil. Dreifaltigkeit. Ueber dem Orgelchor die kirchlichen Repräsentanten der Künste: Cäcilia, Schutzheilige kirchlicher Musik, Lucas, Schutzheiliger kirchlicher Malerei, Salomo, Erbauer des Tempels zu Jerusalem, als Patron religiöser Baukunst, David, als Psalmendichter mit der Harfe, und Gregorius, der den Kirchengesang einführte, mit der Taube des heil. Geistes. — Bilder der Seitenaltäre: Christus und vor ihm in Anbetung die Schutzheiligen der königl. Hausorden (St. Georg und St. Hubertus). — Maria mit dem Kinde, vor ihnen anbetend die Schutzheiligen des königl. Gründers der Kirche und seiner Gemahlin (St. Ludwig und St. Theresia).

Sonn- und Festtags Vormittags um 11 Uhr feierliches Hochamt, von der k. Vocalcapelle unterstützt.

Allerseelenfest, siehe: Feste, kirchliche.

Alter Hof (Burggasse), älteste Residenz der baierischen Herzoge. 1253 zuerst unter Ludwig dem Strengen erbaut und 1327 vom Kaiser Ludwig nach einem Brande wieder erbaut und erweitert; aus dieser Zeit rührt ein Theil der Hoffaçade mit kleinen unregelmässig gestellten Fenstern und einem thurmförmigen Erker im Spitzbogenstyl (s. Wahrzeichen). Ueber dem Eingangsbogen Gedenktafel: *Dieses Gebäude, der alte Hof genannt, wurde erbaut im Jahre 1253 von Ludwig dem Strengen und war auch die Residenz Kaiser Ludwigs IV.* — In einem Corridor ein Wandgemälde aus dem 15. Jahrh. von Burkmayer (?), die Gestalten baierischer Fürsten und Anderer darstellend, mit darauf bezüglichen Inschriften. — Diese alten Gebäude, nebst einem neu angebauten Flügel, werden jetzt zu Staatszwecken benützt. (Steuerkataster etc.)

Ammer-See, siehe Anhang.

Anatomische Anstalt, Kgl., Schillerstrasse Nr. 24 (Plan C. 6); 1825 unter Mitwirkung des Conservators Döllinger von Leo v. Klenze erbaut, und 1855 unter Leitung des gegenwärtigen Conservators, Professor Dr. Bischoff, theils umgebaut, theils vergrössert, sowie auch gänzlich erneuert. Im Erdgeschosse u. A. der grosse Hörsaal mit amphitheatralischen Sitzen für mehr als hundert Zuhörer, dann zwei grosse Präparirsäle, in welchen jährlich 250 bis 300 Leichen zergliedert werden. Im oberen Stockwerke drei grosse Sammlungssäle. Erster Saal: durch zahlreiche Raçen-Schädel ausgezeichnete osteologische Sammlung, Präparate über Embryologie und Entwicklungsgeschichte, Sammlung von Wachspräparaten, darunter eine Reihe seltener und schöner Darstellungen von Gehirnen von Menschen und Thieren. Zweiter Saal: Präparate über normale menschliche Anatomie; alle Organe des menschlichen Körpers sind durch zahlreiche Präparate vertreten. Dritter Saal: pathologisch-anatomische Sammlung von sehr seltenen und bemerkenswerthen pathologischen Präparaten. — Auf einem der Gänge eine reiche Sammlung merkwürdiger Missbildungen, sowie eine ägyptische und eine von Döllinger einbalsamirte Mumie. — Anmeldung beim Hausmeister der Anstalt.

Annakirche, siehe: Kirchen.

Angerthor, siehe: Thore.

Anthropologisches Museum, von Zeiller, jeden Sommer hier, entweder im Kunstausstellungs-Gebäude gegenüber der Glyptothek oder im Glaspalast, umfasst bis jetzt 5 Säle. Eintritt 18 kr., Sonntag und Donnerstag 12 kr.

I. Saal: Sammlung plastischer Portraits von Menschenraçen in Büsten und Statuen.

II. Saal: Sammlung von Schädelsceleten; die anatomischen Verhältnisse der verschiedenen Menschenarten sowohl, als der angrenzenden Thiergattungen darstellend.

III. Saal: Lehre von der Anatomie und Physiologie der menschlichen Eingeweide.

IV. Saal: Anatomie und Physiologie der menschlichen Bewegungswerkzeuge.

V. Saal: Darstellung des frühesten Entstehens des Menschen, von der formlosen Zelle zur einfachen Linie des Primitivstreifens und von hier zu den Metamorphosen des Entwicklungsganges.

Antikensaal, siehe: **Academie der bildenden Künste.**

Antiquarium, kgl., früher in der Residenz, jetzt im Kunstausstellungsgebäude, gegenüber der Glyptothek (Plan D. 3), im Sommer Montag und Freitag 9—1 Uhr geöffnet, sonst nach Anmeldung bei dem Conservator Professor Dr. Christ. Enthält die kleineren Kunstdenkmale des griechisch-römischen und ägyptischen Alterthums; Catalog bei den Dienern.

I. Saal: Antike Bronzen, darunter die ausgezeichneten Statuetten des Poseidon, Hercules, der Minerva und Venus, und ein silberner Becher mit Scenen aus der Einnahme Troja's.

II. Rundsaal: Mit kostbarem Goldschmuck aus griechischen und italischen Gräbern, darunter der goldene Kranz aus einem Grabe Grossgriechenlands.

III. und IV. Saal: Antike Terracotten, Rundfiguren, Friesplatten, Masken und Lampen; sodann die Nachbildungen des Colosseum, Pantheon, des Vestatempels, der Triumphbögen des Titus und Constantin (aus Kork).

V. Saal: Fragmente griechischer und römischer Gebäude, antike Gläser, darunter ein diatretischer Trinkbecher aus einem römischen Grab in Köln; Nachbildung der Akropolis in Gyps.

VI. Saal: Gegenstände des ägyptischen Alterthums, Mumien, ein Apis, Grabstellen, Papyrusreste, Idole ägyptischer Götter in Bronze, Smalt und Cedernholz.

Arcaden des Hofgartens, siehe: Hofgarten.

Armenversorgungshaus am Gasteig, von Zenetti, auf der Höhe mit reizender Aussicht gegen die Stadt gelegen. 190 F. Frontlänge, ein Flügel von 160 Fuss. In seinen drei Stockwerken Raum für 200 männliche und weibliche Pfründner in 30 Sälen und 30 einzelnen Zimmern.

Ateliers, siehe Künstler-Werkstätten.

Auer-Kirche, siehe den Art.: Mariahilf-Kirche in der Vorstadt Au.

Aumeister, siehe Anhang.

Ausstellung des Kunst-Gewerbe-Vereins befindet sich z. Z. im Nationalmuseum, s. diesen Art.

Badeanstalten, siehe Einleitung.

Bahnhof, eigentlich Staatsbahnhof und Ostbahnhof (Plan B. 4); der mittlere Flügel von Bürklein 1848/49, die beiden Seitenflügel 1860/61 von demselben, die Ostbahnhalle von Hügel ausgeführt. Die massenhaften Gebäude desselben dehnen sich nunmehr fast $3/4$ Stunden in der Richtung gegen Westen aus, wo, nahe dem Hirschgarten, ein neues Maschinenhaus und eine Halle für Transitogüter erbaut wurde, um im Innern des Bahnhofs, der für sämmtliche Routen

Kopfstation ist, Raum zu gewinnen, da eine seitliche Erweiterung des Staatsbahnhofes enorme Kosten machen würde.

Von hier laufen folgende Routen aus:

1) über Augsburg, Nördlingen, Gunzenhausen nach Nürnberg, Hof und Leipzig mit den Abzweigungen von Nördlingen nach Stuttgart, von Gunzenhausen und von Nürnberg nach Würzburg und Frankfurt;

2) über Augsburg nach Ulm, Stuttgart (Paris);

3) über Augsburg und Lindau nach der Schweiz;

4) über Starnberg und Tutzing nach Unterpeissenberg einerseits, nach Penzberg anderseits;

5) über Rosenheim nach Salzburg und Wien einerseits und von Rosenheim über Kufstein nach Innsbruck (Bozen, Verona etc.) andererseits. — Neue Tracirung der Route nach Rosenheim über Grafing (statt Holzkirchen) Ende 1870 eröffnet. — Neue Tracirung der Bahn nach Wien über Braunau-Linz (statt Rosenheim-Salzburg), 1871 zu eröffnen.

6) über Ingolstadt und Pleinfeld; Abkürzung der Route 1 nach dem Norden;

7) (Ostbahn) über Geiselhöring, Regensburg, Schwandorf nach Nürnberg einerseits und andererseits von Geiselhöring über Passau nach Linz, dann von Schwandorf über Furth nach Prag und von Schwandorf über Weiden, Eger nach Leipzig.

Die Einsteighalle der Staatsbahn (Mittelflügel — Restauration unter der Uhr), für den Dienst längst nicht mehr genügend, ist 378 Fuss lang, 99 Fuss breit, und wird durch 24 Bohlenbögen frei überspannt; an deren Rückwand ist wohl zum Erstenmale das Wesen der Eisenbahnen und des Telegraphen künstlerisch behandelt. (Stereochromien von Echter.) Von demselben auch die vier Stereochromien an den Wänden der beiden grossen in die Höfe führenden Portale, die ebenfalls schon wegen des zum Erstenmal hier künstlerisch behandelten Stoffes (die Vereinigung mit den fernsten Nationen durch den Telegraphen und die Eisenbahnen) aller Aufmerksamkeit werth sind.

Bank-Gebäude der Hypotheken- und Wechselbank, Residenzstrasse 27.

Barmherzige Schwestern, siehe: Klöster.

Basilica, oder **Pfarrkirche zum hl. Bonifacius**, Karlsstrasse 40 (Plan D. 3). Aus König Ludwigs I. Privatmitteln von Friedrich Ziebland nach dem Vorbilde römischer Basiliken erbaut.*) Der Grundstein von König Ludwig I. 12. Oct. 1835 zur Feier seiner silbernen Hochzeit gelegt, Einweihung erfolgte 24. November 1850.

Die Aussenseite ist aus naturfarbenen Backsteinen aufgeführt. An der Hauptfaçade sind die 8 Säulen der Vorhalle, die Schwibbogen, Gesimse und Eckpfeiler von weissem Kalkstein. Die 3 Eingangspforten enthalten jede in 8 Feldern, en Relief von Schönlaub in Holz geschnitzt, die Symbole und symbolisirenden Figuren des Christenthums, letztere in der Haupt- und Mittelpforte; in der Seitenpforte beim Eintritt zur Linken aber die Symbole der Evangelien, zur Rechten die der Episteln. Am Hauptportal die Statuen der Apostel Petrus und Paulus von Schönlaub.

Ueberraschend der Anblick des prachtvollen Innern. Die innere Breite derselben beträgt 124 F., die Länge

---

*) Die Basilikenform, ursprünglich den öffentlichen Gerichtshallen der alten Griechen und Römer entnommen, ist seit Constantin dem Grossen im 4. Jahrb. zu kirchl. Gebäuden, welche über den Gräbern der Heiligen errichtet wurden, angewandt.

262 F. Durch 66 Säulen, wovon je 16 in einer Reihe, ausserdem 2 unter der Orgelbühne, wird das Innere in ein 80 Fuss hohes Mittelschiff und 4 schmälere 43 F. hohe Seitenschiffe getheilt. Diese Säulen, aus grauem polirtem Granit-Marmor von Neubeuern, bestehen aus einem Stück (Monolithen), sind unten an den Schäften 2½ Fuss stark, mit Capitäl und Sockel 25 F. hoch. Die Capitäle und Basen· sind von weissem Schlanderser Marmor, ihre Ornamente (Aehre und Traube) haben Beziehung auf das Abendmahl. Der Dachstuhl liegt frei, die braungefärbte Balkenverbindung ist reich vergoldet, die Decke des Mittelschiffs blau mit goldenen Sternen.

Die F r e s c e n, welche die Chornische und die Wände schmücken, sind von Heinrich v. H e s s und seinen Schülern ausgeführt. In der C h o r n i s c h e Christus in der Glorie, auf einem Throne sitzend, umgeben von Cherubim und Seraphim, neben ihm anbetend Maria und Johannes der Täufer, darunter Märtyrer und Heilige. In der Mitte Bonifacius, rechts von ihm Benedictus, Kilian von Franken, Corbinian von Freising, links Rupertus von Salzburg, Emeram von Regensburg und Willibald von Eichstätt.

Wandmalereien des Mittelschiffs:

Darstellungen aus dem Leben des hl. B o n i f a c i u s (Winfried); 12 grössere Bilder, dazwischen 10 kleinere ergänzende; letztere grau in grau gemalt.

Vom Eingang links:

I. Der Vater des Bonifacius genest durch das Gebet seines Sohnes von einer schweren Krankheit, gelobt ihn dafür dem geistlichen Stande und übergibt ihn den Benedictinern zur Erziehung. Gemalt von H. v. H e s s.

Das kleinere Bild: 1) Bonifacius wird als Benedictiner eingekleidet.

II. Bonifacius' Abreise aus England. Abt Winbert ertheilt ihm den Reisesegen. Von H. v. H e s s.

2) Seine Ankunft am römischen Ufer.

III. Papst Gregor II. weiht Bonifacius zum Apostel der Deutschen. Von J. C. K o c h.

3) Bonifacius geht mit seinen Gefährten über die Alpen.

IV. Bonifacius predigt den heidnischen Friesen das Christenthum. Von J. Schraudolph.

4) Er wird durch einen Boten des Papstes nach Rom berufen.

V. Bonifacius wird von Gregor II. in der Peterskirche zu Rom zum Bischof geweiht. Von J. Schraudolph.

5) Er wird im Walde durch einen Vogel mit einem Fische gespeist.

VI. Er fällt die geheiligte Eiche des Thor im Thüringer Walde. Von J. Schraudolph.

Vom Hochaltar rechts gegen den Eingang zurück:

VII. Bonifacius beim Herzog Odilo von Baiern, gründet vier Bisthümer. Von J. C. Koch.

6) Er gründet mit Sturmius das Stift Fulda.

VIII. Bonifacius weiht das Stift zu Fulda ein. Sturmius wird zum ersten Abt ernannt. Von J. C. Koch.

7) Ein Knabe (der nachmal. hl. Gregor von Utrecht) wird ihm zur Erziehung übergeben.

IX. Bonifacius salbt Pipin von Herstal zum König von Frankreich. Von J. Schraudolph.

8) Er erhält das Pallium als Erzbischof von Mainz.

X. Er entsagt dem Erzbisthum und zieht wieder als Benedictiner-Mönch zur Bekehrung der Friesen. Von H. v. Hess.

9) Gebet mit seinen Gefährten.

XI. Er erleidet mit den Seinen den Märtyrertod. Von H. v. Hess.

10) Sein Leichnam wird nach Mainz gebracht.

XII. Sein Leichnam wird in der Stiftskirche zu Fulda beigesetzt. Sturmius, der Abt, küsst die Hand des Entseelten, während Bischof Lullus das Gebet verrichtet. Dabei steht die hl. Walburga mit ihren Nonnen. Von J. Schraudolph.

Die Wandgemälde in der oberen Abtheilung enthalten folgende 36 Darstellungen, die Verbreitung des Christenthums in Deutschland betreffend. Gemalt von H. v. Hess' Schülern.

1. Der hl. Maximilian, Bischof zu Lorch, wird in Cilly, weil er sich zu opfern weigert, ermordet. Im Jahre 284.

2. Hinrichtung des hl. Gereon und der Seinen in Cöln. 286.

3. Der hl. Florian wird zu Lorch in die Ens gestürzt. 303.

4. Der hl. Quirin wird bei Sabaria in Ungarn auf einem schwimmenden Mühlstein, mit dem er in den Fluss gestürzt, wunderbar errettet. 303.

5. Die hl. Afra zu Augsburg verbrannt. 304.

6. Fritigil, Königin der Marcomannen, erscheint vor dem hl. Ambrosius, um von ihm im Christenthum unterrichtet zu werden. 397.

7. Der hl. Vigilius, Bischof von Trient, wird in Tirol erschlagen. 400.

8. Der hl. Valentinus, Bischof von Rhätien, predigt das Evangelium in Passau. 440.

9. Der hl. Severin erlangt vom alemannischen König Gibuld die Freiheit für die gefangenen Christen. 466.

10. Der hl. Remigius von Rheims tauft den König der Franken, Chlodwig, eine weisse Taube bringt das Salböl. 496.

11. Der hl. Fridolin erweckt den Urso aus dem Grabe, damit er als Zeuge vor dem Richter eine von seinem Bruder bestrittene Schenkung zur Stiftung des Klosters Seckingen auf der Rheininsel bestätige. 509.

12. Die hl. Radegunde, eine thüring. Prinzessin, wird vom Bischof Medardus zur Diaconissin geweiht. 545.

13. Theodolinde v. Baiern bekehrt ihren Gemahl, den Longobardenkönig Autharis, zum Christenthum. 598.

14. Der hl. Columban zersprengt ein dem Götzen Wodan geweihtes Gefäss. 610.

15. Der hl. Gallus unterrichtet seine Schüler. 614.

16. Die Schüler des hl. Columban, Eustachius und Agilus, predigen in Baiern. 617.

17. Der hl. Rupert tauft den Herzog Theodo von Baiern. 628.

18. Die hl. Ehrentrud, Aebtissin des Klosters Nonnenberg, als Wohlthäterin der Armen. 628.

19. Der hl. Emeram erleidet bei München den Märtyrertod. 652.

20. Der hl. Magnus gründet das Kloster Füssen. 655.

21. Dem hl. Kunibert, Bischof von Cöln, setzt sich während des Messopfers eine weisse Taube auf die Schulter. 660.

22. Der hl. Ehrhard, Bischof in Baiern, tauft die blinde Tochter des alemannischen Herzogs Ethico, Ottilia, die sehend wird. 667.

23. Der hl. Arbogast, Bischof von Strassburg, erweckt Siegebert, Sohn des fränkischen Königs Dagobert, welchen auf der Jagd das Pferd abgeworfen und zertreten hatte, vom Tode. 675.

24. Der hl. Bischof Wulfram rettet in Friesland zwei von den Heiden in's Meer geworfene Jünglinge vom Ertrinken. 685.

25. Der hl. Kilian wird zu Würzburg auf Befehl der Fürstin Quilana mit seinen Gefährten ermordet. 687.

26. Der hl. Corbinian trennt die unerlaubte Ehe des baierischen Herzogs Chrimoald zu Freising. 718.

27. Die hl. Walburga kommt mit ihren Gefährtinnen aus England nach Deutschland. 726.

28. Der hl. Sebald überschreitet auf einem Mantel stehend die Donau, um nach Nürnberg zu gehen. 740.

29. Der hl. Alto gründet das Kloster Altomünster. 743.

30. Die hl. Walburga heilt durch ihr Gebet ein todtkrankes Mädchen. 745.

31. Der hl. Willibald kommt aus dem gelobten Lande nach Eichstätt zurück. 745.

32. Der hl. Willehold, ein Angelsachse, unterrichtet die Söhne friesischer Edelleute im Christenthum. 773.

33. Zwei weissgekleidete Jünglinge beschützen die von Bonifacius geweihte Kirche zu Fritzlar gegen die heidnischen Sachsen. 773.

34. Der sächsische Heerführer Wittekind wird getauft; Karl der Grosse vertritt Pathenstelle. 785.

35. Karl der Grosse hält eine Kirchenversammlung zu Frankfurt. 794.

36. Karl der Grosse wird in Rom vom Papst zum Kaiser gekrönt. 800.

Zwischen den Rundbogen (in den Zwickeln der Archivolten) unter den Darstellungen aus dem Leben des hl. Bonifacius die Bildnisse von 34 Päpsten en medaillon mit Unterschriften und al fresco ausgeführt. Die dabei bemerkte Jahreszahl bezeichnet das Jahr der Erwählung zum Papst.

Gemälde der Seitenaltäre von H. v. Hess:

Rechts: Die hl. Jungfrau auf dem Throne von anbetenden Engeln und den Namensheiligen der Kinder Königs Ludwigs I. umgeben: Maximilian, Mathilde, Otto, Luitpold, Adelgunde, Hildegard, Alexandra und Adalbert. Links: Steinigung des hl. Stephan, des ersten Blutzeugen Christi. (Gemalt von Kaspar.)

Die auf Rollen und einer Eisenbahn stehende Kanzel kann vor- und zurückgeschoben werden.

Unter der Seiten-Capelle, beim Eingang rechts, wo der Marmor-Sarkophag steht, liess König Ludwig I. für sich und seine Gemahlin, die Königin Therese († 1854), eine Gruft erbauen; seit dem 19. März 1857 ist die Leiche der Letzteren, welche bis dahin in der k. Gruft der Hofkirche zu St. Cajetan ruhte, in derselben beigesetzt. Seit 1868 ruht auch der Erbauer hier.

Unter dem Chor die Grab-Capelle (Krypta) mit den für die Benedictiner bestimmten Grüften. Hinter der Kirche das Benedictinerstift St. Bonifaz (Abt: der Orientalist, Universitäts-Professor Dr. v. Haneberg), von König Ludwig I. erbaut und dotirt. Im Refectorium desselben ein grosses Frescogemälde von H. v. Hess, das heil. Abendmahl, sehenswerth.

Bavaria mit der baierischen Ruhmeshalle
auf der Theresienhöhe, am Ende der Theresien-

wiese, auf welcher alljährlich Anfangs October die Volksfeste (s. d. Art. Feste: Octoberfest) stattfinden. Der Bau der

Ruhmeshalle

wurde im Auftrage König Ludwigs I. im dorischen Styl nach L. v. Klenze's Entwurf ausgeführt. Die Inschrift über der bronzenen Thür auf der Rückseite des Piedestals der Bavaria berichtet darüber:

„Als Anerkennung bayerischen Verdienstes und Ruhmes ward diese Halle errichtet von Ludwig I., König von Bayern. Ihr Erfinder und Erbauer war L. v. Klenze. Begonnen 15. Oct. 1843, vollendet 15. Oct. 1853."

Die offene Säulenhalle von Untersberger Marmor erhebt sich auf einem Sockel von 15' Höhe, die Langseite misst 230', jeder Flügel 105'; Höhe einschliesslich des Sockels 60'. Die 48 Säulen sind je 24' hoch. Höhe des Giebels 6', des Gebälks 9'. Zwei Treppen führen von beiden Seiten zur Halle hinauf.

Die liegenden weiblichen Gestalten in den Giebelfeldern von L. v. Schwanthaler sollen durch ihre Attribute die vier Stämme Baierns: Baiern und Pfalz, Franken und Schwaben, darstellen. Am Fries Relieffiguren: 48 Victorien, dazwischen 44 Motive aus Baierns Culturgeschichte (Entwürfe von Schwanthaler). — Von der Mitte nach rechts: Speculative Philosophie, Astronomie, Mathematik und Mechanik, Physik, Medicin, Geographie, richtende Justiz, strafende Justiz, Geschichte, Heerführung, Reiterei, Fussvolk, Landwehr, Kriegsschule, Jagd- und Forstwissenschaft, Bergbau, Handel, Dampfmaschinen, Ackerbau, Viehzucht, Hopfenbau, Weinbau, Mooskultur, Oel- und Obstbau, Leinbau und Seidenzucht. Von der Mitte nach links:

Kirchenlehre, Verwaltung, höhere Schulen, Volks-
schulen, Armenpflege, Krankenpflege, Liturgie und re-
ligiöse Poesie, geistliche Musik, epische Poesie, Lyrik,
Tragödie, Komödie, weltliche Musik, Civilbaukunst,
Kriegsbaukunst, höhere Bildhauerkunst, Volks-Bild-
hauerkunst, Erzgiesserei, Geschichtsmalerei, Münzwesen
und constructive Baukunst.

An der roth getünchten Wand des Gebäudes C o n -
s o l e mit überlebensgrossen Marmorbüsten berühmter
um Baiern verdienter Männer, vom 15. Jahrhundert
beginnend.

Die Namen in Parenthese sind jene der Bildhauer.

1) *Schön*, Martin, gen. Schongauer, Maler u. Kupferstecher, 1420—1486 (Rauch). 2) *Behaim*, Mart., Gelehrter, 1436—1506 (Lossow). 3) *Krafft*, Adam, Bildhauer, 1430—1507 (Schöpf). 4) *Celtes*, Conr., Dichter,
1459—1508 (Schönlaub). 5) *Trithemius*, Johannes,
Gelehrter, 1462—1516 (Horchler). 6) *Wohlgemuth*,
Michael, Maler, 1434—1519 (Eberhard). 7) *Holbein*,
Hans, der ältere, Maler, 1450—1521 (Widnmann).
8) *Reuchlin*, Joh. v., Gelehrter, 1455—1522 (Brugger).
9) *Sickingen*, Franz von, 1481—1523 (Lossow).
10) *Dürer*, Albr., 1471—1528 (Sanguinetti). 11) *Freunds-
berg* (Frundsberg), Georg v., kaiserl. Feldherr, 1473
—1528 (Widnmann). 12) *Vischer*, Peter, Erzgiesser,
1455—1529 (Ferd. Müller). 13) *Pyrkheimer*, Willib.,
Gelehrter, 1470—1530 (Ludw. Stürmer). 14) *Stoss*,
Veit, Bildhauer, 1438—1533 (L. Schaller). 15) *Thur-
mayr*, Joh. (gen. Aventinus), Geschichtschreiber, 1477
—1534 (Horchler). 16) *Altorfer*, Albrecht, Maler
und Kupferstecher, 1488—1538 (Horchler). 17 *Burgk-
mayer*, Hans, Maler und Kupferstecher, 1472—1539
(Schaller). 18) *Eck*, Joh., Professor, Luthers Gegner,
1436—1543 (Lazzarini). 19) *Peutinger*, Conrad, Gelehrter, 1465—1547 (Sanguinetti). 20) *Eck*, Leonhard
v., Kanzler, 1480—1550. 21) *Apian*, Peter (Biene-
witz), Gelehrter, 1495—1552 (Lazzarini). 22) *Kranach*,
Lucas (eigentl. Sunder), Maler, 1472—1553 (Weisse).
23) *Holbein*, Hans, der jüngere, Maler, 1498—1554
(Lossow). 24) *Amberger*, Christoph, Maler, 1500—1568

(Widmaun). 25) *Fugger*, Hans Jac., 1516—1575
(Kirchmayer jun.). 26) *Sachs*, Hans, Dichter und Mei-
stersänger, 1494—1576 (Rauch). 27) *Miller*, Wolfg.,
Baumeister der Michaelskirche in München, 1537—1590
(Lazzarini u. Lossow). 28) *Orlando di Lasso* (Roland
de Lattre), Tonsetzer, 1520—1594 (Widmann). 29)
Schwarz, Christoph, Maler, 1550—1597 (Kirchmayer).
30) *Canisius*, Peter, Jesuit, Vicekanzler der Universität Ingolstadt, 1521—1597 (Schaller). 31) *Hasslang*,
Alexander Freih. v., General, † 1620 (Schöpf). 32) *Her-
wart*, Joh. Georg, Staatsmann, 1553 — 1622 (Widmann).
33) *Witte, de*, Peter, gen. *Candid*, Baumeister und
Maler, 1548—1628 (Lossow). 34) *Tilly*, Joh. Tzerklas
Graf von, Feldmarschall, 1559 — 1632 (Sanguinetti).
35) *Pappenheim*, Gottfried Heinrich, Graf v., gen.
S c h r a m m e n h e i n z, Feldherr, 1594—1632 (Lossow).
36) *Preysing*, Joh. Christoph Freih. v., Staatsmann,
† 1634 (Lossow). 37) *Holl*, Elias, Baumeister, 1573—1636
(Halbig). 38) *Mercy*, Franz Freih. v., Feldherr, † 1645
(Schaller). 39) *Scheiner*, Christ., Priester u. Gelehrter,
1575—1650 (Halbig). 40) *Holzhauser*, Bartholomäus,
Priester, 1613 — 1658 (Lazzarini). 41) *Mändl*, Joh. v.,
Staatsmann, 1588—1666 (Widmann). 42) *Balde*, Jakob,
Dichter, Hofprediger, 1603 — 1668 (Schönlaub). 43) *Sand-
rart*, Joachim, Maler, 1606—1688 (Schaller). 44) *Schmidt*,
Caspar, Freih. v., Staatsmann, 1622—1693 (Brugger).
45) *Thüngen*, Hans Carl Graf v., † 1709 (Schaller).
46) *Wolf*, Andreas, Maler, 1654—1716 (Sanguinetti).
47) *Werf, van der*, Hadrian, Maler, 1659—1722 (Lossow). 48) *Homann*, Joh. Bapt , Landkartenstecher,
† 1724 (Zell). 49) *Gundling*, Nicol. Hieron., Gelehrter,
† 1729 (Schönlaub). 50) *Beich*, J. Franz, Maler, 1665-1748
(de Carlis). 51) *Neumann*, Balthasar, Oberst, Baumeister des Würzburger Schlosses u. s. w., 1687—1753
(Schönlaub). 52) *Gluck*, Joh. Christ. Ritter v., Tonkünstler, 1714—1787 (Brugger). 53) *Kreitmayr*, Wi-
guläus Freih. v., Minister, Verfasser des baier. Gesetz-
buches, 1705—1790 (Sanguinetti). 54) *Haimhausen*,
Sigm. Graf v., Präsident der Academie d. Wissenschaften,
1708—1793 (Brugger). 55) *Schmidt*, Michael Ignatz,

Geschichtschreiber, 1736—1794 (Brugger). 56) *Gatterer,*
Joh. Christoph, Geschichtschreiber, 1727—1799 (Schal-
ler). 57) *Vogler,* Georg Joseph, Abt und Tonkünstler,
1749 — 1814 (Sanguinetti). 58) *Rumford,* Benjamin
Thompson, Graf v., General, Gründer des englischen
Gartens, 1752—1814 (Schöpf). 59) *Richter,* Jean Paul
Friedrich, Schriftsteller, 1763—1825 (Schöpf). 60) *Rei-
chenbach,* Georg von, Mechaniker, Verfertiger berühmter
Instrumente und Maschinenwerke, 1771—1826 (Brug-
ger). 61) *Fraunhofer,* Jos. v., Optiker, Verfertiger
berühmter astronomischer Instrumente, 1787 — 1826
(Schönlaub). 62) *Westenrieder,* Lorenz v., Geschicht-
schreiber, 1748—1829 (Schaller). 63) *Sailer,* Johann
Michael v., Bischof, theologischer Schriftsteller, 1751
—1832 (Brugger). 64) *Sennefelder,* Alois, Erfinder der
Lithographie, 1771—1834 (Brugger). 65) *Platen,* Aug.
Graf v., Dichter, 1796—1835 (Woltreck). 66) *Schrank,*
Franz v. Paula, Botaniker, 1747—1835 (Schönlaub).
67) *Wrede,* Karl Ph. Fürst, Feldmarschall, 1767—1838
(Schwanthaler). 68) *Ohlmüller,* Daniel, Baumeister,
1791—1839 (Schwanthaler). 69) *Baader,* Franz v.,
Philosoph, 1765—1841 (Stiglmayer). 70) *Schmid,* Simon,
Miterfinder der Lithographie, 1760 — 1840 (Leeb).
71) *Schenk,* Eduard v., Minister und Dichter, 1788—1841
(Lossow). 72) *Gärtner,* Friedrich von, Baumeister,
1792—1847 (Halbig). 73) *Schwanthaler,* Ludwig v.,
Bildhauer, 1802—1848 (F. X. Schwanthaler). 74) *Rottmann,* Karl, Landschaftsmaler, 1798—1850 (Lossow).
75) *Schelling,* Friedrich Wilhelm Joseph, Philosoph,
1775—1854. 76) *Ohm,* Martin, Mathematiker, 1792
—1853. 77) *Hess,* Heinrich v., Maler, 1798—1863
(Ant. Hess). 78) *Klenze,* Leo v., Architekt, 1784—1854
(Halbig).

In der Mitte der Ruhmeshalle erhebt sich das
Riesenstandbild der

Bavaria,

nach L. v. Schwanthaler's Modell von Ferd.
v. Miller in der kgl. Erzgiesserei aus türkischen

Kanonen, die nach der Seeschlacht von Navarin aus dem Meeresgrunde gehoben wurden, und aus anderen alten Geschützen gegossen.

Eine Freitreppe von 48 Stufen, 23 Fuss breit, führt zu dem Fussgestell aus polirtem Granit hinan. Diese feste Grundlage, einen Würfel bildend, ist mit der Basis 30 Fuss hoch.

Die Colossalfigur der Bavaria, als Schutzgöttin des Landes gedacht, misst von der Platte des Unterbaues bis zur Spitze des Kranzes, den die Jungfrauengestalt als des Ruhmes Zeichen in der Linken über sich hält, 65 Fuss; das lang herabfallende Gewand derselben ist von einer Pelz-Tunica umschlossen, die von einem Gürtel gehalten wird; mit der Hand des unbekleideten, schön geformten rechten Armes drückt sie das Schwert mit einem Lorbeerzweig an sich. Zur Rechten derselben in sitzender Stellung der baierische Löwe.

Maasse einzelner Körpertheile: Breite des Mundes 15 Zoll, des Auges 11 Zoll, Länge der Nase 1 Fuss 11 Zoll, Länge des Gesichts 5 Fuss 3 Zoll, Kopfhöhe ohne den Hals 6 Fuss 4 Zoll, Länge des Zeigefingers 3 Fuss 2 Zoll, Umfang des Armes 5 Fuss 1 Zoll, Länge des Armes mit der Hand 24 Fuss 9 Zoll. — Die Statue ist unten $3/4$ Zoll, oben $1/2$ Zoll stark. Metallgewicht des Ganzen 1560 Centner.

An der Rückseite des Fussgestelles eine durchbrochene Thür von Bronze, welche in das Innere führt; auf einer Treppe von 66 steinernen Stufen gelangt man durch das Piedestal bis in die Gegend des Knies der Figur, von dort führt eine feste Wendeltreppe von Gusseisen bis in den Kopf, wo eine Ruhebank von Bronze sich befindet. Raum für 5 Personen, unerträgliche Hitze, enger Zugang durch den Hals; durch angebrachte Klappen herrliche Aussicht nach der Stadt und den Alpen (unten bequemer). — Im Innern des Kopfes folgende Inschrift:

Dieser Koloss, von Ludwig I. von Bayern errichtet, ist erfunden und modellirt von Ludwig von Schwanthaler und wurde in den Jahren 1844 bis 1850 in Erz gegossen und aufgestellt von Ferdinand Miller.

Nachdem das Fussstück früher aufgestellt war, wurde der Kopf am 7. August 1850 in Gegenwart des Königs Ludwig I. aufgesetzt; zuvor ergab es sich, dass 28 erwachsene Personen und 2 Knaben in dem Kopf Platz fanden, die aus einer Oeffnung in den Haarlocken herauskamen.

Die Gesammtkosten für die Herstellung der Statue (ohne Piedestal) beliefen sich auf 233,000 fl.

Das Innere wird den ganzen Tag über gezeigt. Trinkgeld 12 kr.

Bazar, nach Entwürfen von L. v. Klenze erbaut und im J. 1828 eröffnet, am Hofgarten (Plan F. 3, s. den Art.) gelegen, enthält Cafehäuser und Magazine mit zwei Ausgängen, sowohl nach den Arcaden des Hofgartens, als nach dem Odeonsplatz hin. Im obern Stocke befinden sich Privatwohnungen.

Benedictinerkloster, an die *Basilica* in der Karlsstrasse angebaut. (S. d. Art. und Klöster.)

(General-) Bergwerks- und Salinen-Administrations-Gebäude, Ludwigsstr. 16 (Plan G. 2), von F. v. Gärtner aus rothen Terracotten erbaut, schliesst sich an das Universitätsgebäude an.

Bibliothek, kgl. Hof- und Staats-, Ludwigsstrasse 23 (Plan G. 2), im byzantinisch-florentinischen Styl 1832 — 43 von Gärtner erbaut. Die colossalen Dimensionen sind folgende: Breite 220 Fuss, Tiefe 200 Fuss, mit Erdgeschoss und 2 Stockwerken 85 Fuss hoch, 72 Fenster in der

Fronte. Auf der Treppe vor dem dreifachen Portal
die sitzenden überlebensgrossen Statuen des Ari-
stoteles, Homer, Hippokrates und Thucydides in
Kalkstein ausgeführt von Sanguinetti und Mayer.
Das grossartige Treppenhaus, zu welchem eine von
4 Säulen getragene Vorhalle führt, nimmt fast
den ganzen Mittelbau ein; breite prachtvolle Marmortreppe, oben mit den Marmorstandbildern Albrecht V., des Gründers, und Ludwig I., des
Erbauers der Bibliothek, beide von L. v. Schwanthaler, geziert. An der Wand der längs der
Treppe zu beiden Seiten sich hinziehenden Säulen-
corridore Relief-Bildnisse von Dichtern und Gelehrten aller Zeiten.

Im Vorsaal Büsten jener baierischen Regenten, welche zur Stiftung und Vermehrung der
Bibliothek beitrugen.

In den festen Gewölben des Erdgeschosses
befindet sich das Allgemeine Reichs-Archiv,
die seltensten Documente aus den aufgehobenen
Klöstern und geistlichen Stiften enthaltend. (Das
kgl. Hausarchiv ist in der Residenz und das Ge-
heime Staatsarchiv im Rückgebäude der kgl. Academie der Wissenschaften.)

Ausser dem von Säulen getragenen prächtigen
grossen Lesesaal und dem, mit den Büsten
baierischer Herzoge geschmückten Saal sind in
den beiden oberen Stockwerken 77 Säle, worin
die über 800,000 Bände zählende Bibliothek aufgestellt ist.

Die innere Einrichtung der Säle ist vortrefflich, die
Bücherschränke sind nur von der Höhe, dass sie ohne

Leitern erreicht werden können, vor den oberen Reihen derselben laufen Gallerien rings herum, zu denen in den Scheidemauern der Zimmer angebrachte feste Stiegen führen. Diese Treppen gehen durch die Decke hindurch, so dass man aus jedem Zimmer des Hauptstockwerks in das darüberliegende und zu allen der Bücheraufstellung gewidmeten Räumen gelangen kann. Die Heizanstalten befinden sich in den Kellern.

Die Bibliothek wurde in der zweiten Hälfte des 16. Jahrhunderts von Herzog Albrecht V. gegründet, vermehrt durch alle späteren Regenten, besonders durch den Curfürsten Carl Theodor. Unter der Regierung Königs Maximilian I. wurden ihr bei Aufhebung der Klöster reiche Schätze zu Theil, vorzüglich an Handschriften.

Sie zählt an 24,000 Bände Handschriften (ungerechnet die über 3000 Nummern umfassenden musikalischen Manuscripte, Conservator Jul. Jos. Maier), darunter 600 griechische, 2000 orientalische (an 400 hebräische, über 900 arabische, 350 persische, 230 türkische etc.), 14,500 lateinische, 5000 deutsche, 400 mit Gemälden oder Zeichnungen u. s. w.

In der sogenannten Schatzkammer oder im „Saale der *Cimelien*" oder Kleinodien werden erstlich Handschriften, welche sich durch Alterthum oder Kunstwerth auszeichnen, gezeigt und sind unter diesen folgende Nummern besonders bemerkenswerth: 1. Wachstafeln, von denen die noch am besten lesbare (stammend aus Kloster Polling in Oberbaiern) ökonomische Notizen vom J 1432 enthält. — 2. Codex purpureus. Lateinische Evangelien aus dem 9. Jahrh. auf Purpur-Pergament mit goldenen und silbernen Buchstaben. — 5. Codex traditionum ecclesiae Ravennatis, aus dem 10. Jahrh., auf ägyptischem Papyrus. — 6. Sprüche des Fo (Buddha), auf Papier aus den Fa-

sern des Bambusrohres. — 8. Eine Sammlung deutscher
Gedichte, geschrieben im Jahre 1347, auf Linnen- oder
Lumpen-Papier. — 10. Malabarische Manuscripte auf
Palmblätter geätzt. — 11. Brahminische Handschrift
in Sanskrit auf schwarzem Zeuge mit weissen Buchstaben. — 12. Codex Alaricianus. Auszug aus dem
Gesetzbuche Theodosius des Jüngern auf Befehl des
westgothischen Königs Alarich gemacht. Halb-Uncial-
schrift ohne Trennung der Wörter aus dem 6. Jahrh.
— 14. Die Evangelien in griechischer Uncialschrift
aus dem 7/8. Jahrh. — 15. Dioscorides de implici me-
dicina. Mit longobardischer Schrift und Figuren aus
dem 8. Jahrh. — 16. St. Augustini Homiliae, Freisinger
Handschrift in angelsächsischen Charakteren aus dem
8. Jahrh.

Ferner älteste deutsche Handschriften:

20. Liber de inventione St. Crucis, auf Pergament
mit Federzeichnungen; enthält auf Fol. 65 und 66 das
berühmte „Wessobrunner Gebet", vor dem Jahre 814
geschrieben. (Aus dem ehemaligen Kloster Wessobrunn
in Oberbaiern.) — 21. St. Augustini Sermo de Symbolo,
Ludwig dem Deutschen in seiner Jugend vom Erzbischof
Adelram in Salzburg geschenkt, aus dem 9. Jahrh.
Diese Handschrift enthält das deutsche alliterirende
Gedicht vom jüngsten Tage, bekannt unter dem Namen
Muspilli. — 23. Altsächsische Evangelienharmonie (He-
liand) aus dem 9. Jahrh. — 24. Ottfried's von Weissenburg Evangelien in deutschen Reimen, zu Freising
geschrieben 833—900. — 26. Die Handschrift der „Nibelungen", aus dem 13. Jahrh. vom Kloster Hohenems
bei Chur. — 27. Tristan und Isolde, von Gottfried
von Strassburg, HS. vom Jahre 1240, mit Gemälden.
— 28. Parcival und Titurel von Wolfram von Eschenbach. Aus dem 13. Jahrh. mit Gemälden. — 34. Ein
Koran auf Pergament mit goldenen Buchstaben, einst
dem Père la Chaise gehörig. — 35. Ganz kleiner Koran
(das kleinste Manuscript der Bibliothek). — 36. Schah-
Nameh, persisches Heldengedicht von Firdusi, mit
Miniaturen.

Durch Kunstwerth zeichnen sich aus:

Das Turnierbuch Herzogs Wilhelm IV. von Baiern, die von ihm 1510—1528 veranstalteten Kampfspiele enthaltend, 1541—1544 gemalt. — 38. Jehan Bocace des cas des nobles hommes et femmes, mit prachtvollen grossen Miniaturen vom Jahre 1458. — 41. Lateinisches Gebetbuch Kaiser Ludwig des Baiern (früher in dem von ihm gestifteten Kloster Ettal). — 43. Lateinisches Gebetbuch aus dem 15. Jahrh., mit Miniaturbildern, angeblich von Hans Hemling. — 42. Lateinisches Gebetbuch, für Herzog Albrecht IV. von Baiern geschrieben 1485 zu Florenz, mit Gemälden. Alle drei Gebetbücher haben kostbare Einbände. — 48. Die Kleinodien Anna's von Oesterreich, Gemahlin Herzogs Albrecht V., von Hans Mielich 1552—1555 in Miniatur gemalt. (Auf dem ersten Blatte Herzog Albrecht V., der Begründer dieser Bibliothek, mit seiner Gemahlin Schach spielend, dargestellt.) — 50. Lateinische Gebete vom Jahr 1515, auf Pergament mit Randzeichnungen von Albr. Dürer und Lucas Cranach. — 51. Orlando di Lasso: Davids Busspsalmen, für die Capelle Albrechts V. componirt. Mit Aquarellen von Hans Mielich, 1565—1570 in kostbarem Prachtband. — 54. Die Pericopen der 4 Evangelien, lateinisches Kirchenbuch aus dem 12. Jahrh. (früher dem gefürsteten Frauenstift Niedermünster zu Regensburg gehörig). — 55. Codex aureus, die 4 Evangelien enthaltend, im Auftrage Kaiser Karl des Kahlen im J. 870 mit goldenen Uncialbuchstaben geschrieben (im Jahre 888 als Geschenk des Kaisers Arnulf aus der Abtei St. Denis bei Paris in das Stift St. Emmeram nach Regensburg gekommen). Der obere Deckel besteht aus einer Goldplatte mit getriebenen Bildern und ist mit Edelsteinen reich verziert. — 56. bis 60. Vier Evangelien und ein Missale, mit Gemälden, um das Jahr 1014 geschrieben. (Vom Kaiser Heinrich II. einst der von ihm gestifteten Domkirche zu Bamberg geschenkt.) Die Deckel der Evangelienbücher sind mit Gold und Edelsteinen, das Missale mit Elfenbeinreliefs geschmückt.

Incunabeln besitzt die Bibliothek an 4000 ohne

Jahreszahl, sodann bis zum Jahr 1500 hin an 7000 chronologisch geordnete.

Proben aus den ersten Anfängen der Buch-
druckerkunst:

62. Practica und Neujahrwunsch, eine Art Kalender für das Jahr 1455 mit der „Mahnung der Christenheit widder die Durken" (welche damals Constantinopel eingenommen hatten) in niederrheinisch - deutschen Reimen. Ferner: die erste lateinische Bibel von Gutenberg und Fust zwischen den Jahren 1450—1455 gedruckt. — Das Psalterium von Fust und Schöffer vom Jahre 1459. — Durandi rationale divinorum officiorum, 1459 von Fust und Schöffer gedruckt. — Luther's Bibel mit seinem und Melanchthons Bildniss. — Die durch ihre Kupferstiche berühmte Dante-Ausgabe mit dem Commentar des Landino vom Jahre 1481.

Autographen von Ferdinand dem Katholischen von Spanien, Karl I. von England, Peter dem Grossen, Luther, Melanchthon, J. J. Rousseau, Schiller, Göthe, Beethoven, Albr. Dürer, Thorwaldsen etc.

Director der Bibliothek Professor Dr. Halm.

Täglich, mit Ausnahme der Sonntage, von 8 bis 1 Uhr geöffnet. Zum Herumführen sind die Stunden von 9—12 Uhr bestimmt. Trinkgeld 24 kr.

Biederstein, Schloss, am englischen Garten gelegen, siehe Anhang.

Bierbrauereien und **Bierwirthe** (siehe auch Einleitung). München zählt gegen 500 Wirthschaften, von denen jene älteren Schlages häufig über der Hausthür ein grünes, glockenförmiges Geflecht aushängen haben. Die Zahl der Brauereien dagegen vermindert sich von Jahr zu Jahr (jetzt noch 17). Die Production entzieht sich der Berechnung, da die Steuer (in München $1\frac{1}{2}$ kr. per Mass) vom Malz, nicht von der Flüssigkeit erhoben

wird. Der Spatenbräu siedet ca. 54,000, der Löwenbräu ca. 45,000 Schäffel ein; vor Freigabe des
Gewerbes sollten aus 1 Schäffel 7—8 Eimer Som-
merbier oder 9—10 Eimer Winterbier gesotten
werden, wieviel jetzt daraus »fabricirt« wird, ist
unbekannt. Ausser dem gewöhnlichen Bier, welches übrigens seinen Ruf längst eingebüsst hat,
werden nachfolgende Sorten gebraut und zu ge-
wissen Zeiten ausgeschenkt: das Salvatorbier
(auch Zacherlöl genannt), ein sehr starkes Ge-
tränk, in den Wochen vor Ostern; der Bock, im
16. Jahrh. über Nürnberg aus Eimbeck hierher
verpflanzt, ein berühmtes starkes Gebräu aus viel
Malz und wenig Hopfen bereitet; Hofbräuhausbock
wird von Anfang Mai an, dann wieder in der
Frohnleichnamswoche im Bockkeller (s. d. Art.)
geschenkt, neuerdings aber auch, sowie Doppelbier,
von andern Bräuern gebraut und im Frühjahr ver-
zapft (»Maicur«). Sehenswerth in technischer Beziehung sind die Dampfbierbrauereien von Gabriel
Sedlmayr (zum Spaten) Marsstrasse, und die von
G. Brey (Löwenbräu) Nymphenburgerstrasse.

Blindeninstitut, Ludwigsstr. 15. 1834—35
von Fr. v. Gärtner im byzantinisch-florentinischen
Styl erbaut. Die 220 F. breite und 73 F. hohe
Front hat zwei reich ornamentirte Portale, an
deren jedem 2 Statuen, Schutzheilige der Blinden:
hl. Ottilia in der Nonnenkleidung, hl. Lucia, in
königlicher Tracht (nach Eberhard von Sanguinetti); hl. Benno und der hl. Raspo (von Eberhard).

Die Baukosten betrugen 140,000 fl., welche König
Ludwig I. aus seiner Cabinetscasse bestritt; zugleich

dotirte er das Institut mit 150,000 fl. Das Institut ist für
mehr als 100 Zöglinge eingerichtet; der Unterricht
derselben besteht in den Elementargegenständen, in
der Musik, im Spinnen, Stricken, Korbflechten u. s. w.,
die Leistungen, besonders die musikalischen, sind aus-
serordentlich. Blindenbeschäftigungs-Anstalt damit verbunden.

Blutenburg, siehe Anhang.

Bockkeller, Münzgässchen 7 (Plan F. 5), unweit des Hofbräuhauses.

Hier wird der Bock, dieses starke, malzreiche Ge-
tränk, vom letzten April ab, dann wieder zum Frohnleichnamsfest und an den folgenden Tagen ausgeschenkt.
Der Bockkeller wird in dieser Zeit von allen Ständen
besucht, und der Fremde wird hier ein eigenthüm-
liches Leben bemerken.

Bogenhausen, siehe Anhang.

Bonifacius-Pfarrkirche, siehe Basilica.

Börse, hat ihr Local in der Blauen Traube,
Dienersgasse. Die Versammlungszeit ist in den
Wochentagen von 11—12 Uhr Mittags. Der jähr-
liche Beitrag für die Mitglieder ist nach drei
Klassen à 12, 8 und 4 fl.

Botanischer Garten, zwischen Karlsplatz, Eli-
sen-, Louisen- und Carlsstrasse (Plan D. 3, 4).
In demselben wurde für die Industrie-Ausstellung
von 1854 der Glaspalast aufgeführt, der eigentliche
botanische Garten jenseits der das Areal durch-
schneidenden Sophienstrasse verlegt. Eingang von
der Sophienstrasse, neben Liebig's Laboratorium.
Die sämmtlichen jetzigen Gewächshäuser, sowie das
gegen die Carlsstrasse gelegene, aus Eisen und
Glas construirte Palmenhaus erst seit 1860

unter Leitung des Garteninspektors Kolb gebaut.
Die bis unter die hohe Glaskuppel ragende prachtvolle Palme soll die grösste des Continents sein;
sie misst fast 50 Fuss in der Höhe. Unterhalb der
Palmenhaus-Terrasse liegt das sogenannte Aquarium
(mit Victoria Regia), dessen Wasserbecken 96,000
Liter Wasser fasst. Vom Eingang links schöne
Sammlung von Alpenpflanzen. An das Palmenhaus
lehnt sich gegen die Carlsstrasse das gleichfalls
neu errichtete Botanische Museum, enthaltend
das Herbarium (mit vielen brasilianischen und
griechischen Pflanzen), das Laboratorium, Hörsäle etc.
Mit dem Botanischen Garten ist seit einigen Jahren
ein pflanzen-physiologisches Institut verbunden. Director des Museums und Gartens ist Professor Dr.
Nägeli. Mit Ausnahme der Samstage und der
Sonn- und Feiertage bleibt der botan. Garten den
Fremden täglich geöffnet von 8 — 11 Uhr und
von 2—5 Uhr.

Brücken über die Isar: 1) Die Maximilians-
brücke, verbindet die Maximiliansstrasse mit dem
andern Isarufer (der Vorstadt Haidhausen), sie
wurde in den Jahren 1859—1864 von Zenetti
aufgeführt; die beiden Arme der Isar, über welche
sie führt, sind durch die Praterinsel getrennt (der
Prater ist jetzt eine Fabrik); der erste Hauptarm
ist zum Behuf der Flossfahrt regulirt, der Wasser-
stand des rechten Arms regelt sich durch die
weiter oben angebrachten »Ueberfälle.« Noch zuvor
wird der Triftcanal passirt. Die kleinere Brücke
über den linken Arm hat 3 Oeffnungen, die grössere
über den rechten Arm dagegen 5 Oeffnungen,

letztere von je 60 F. Weite. Beide Brücken haben
eine Gesammtlänge von 560, eine Breite von 44 F.
Die Pfeiler und Widerlager stehen auf Pfahlrost;
als Baumaterial zu ersteren wurden Backsteine
und Nagelflue, zur Verkleidung der Wölbungen
aber Schweinfurter Sandstein verwendet. Die plumpen Brückengeländer sind aus Gusseisen. 2) Die
Ludwigsbrücke, zwischen dem Isarthor und
der Vorstadt Au; 347 F. lang, 40 F. breit, aus
Sandstein erbaut, mit Ornamenten nach Klenze'schen
Zeichnungen; sie führt gleichfalls über 2 Isararme,
zwischen dieser und der Maximiliansbrücke ist die
Lände für die Flossfahrt (bis vor Kurzem ging
jeden Dienstag ein »Ordinarifloss« von hier nach
Wien). 3) Die Reichenbachbrücke, von der
Fraunhoferstrasse aus nach der Vorstadt Au, nach
Baurath Muffat's Construction von Zimmermeister
Mich. Reifenstuel von Holz erbaut. Zwischen dieser
und der vorigen die sehenswerthen Neuen (Muffat-)
Ueberfälle; am Anfang der Brücke Blick auf die
Alpen (Zugspitze). 4) Bogenhauser Brücke
(Holz), vom Englischen Garten nach Bogenhausen.
5) Neue Eisenbahnbrücke, schmiedeisernes
Fachwerk von Schnorr von Carolsfeld, ober-
halb der Reichenbachbrücke; für Fussgeher dient
einstweilen der Nothsteg.

Brunnthal, siehe Anhang.

Cadetencorps-Gebäude, königl., nebst Garten
und Turnanstalt, Carlsplatz Nr. 26.

Caféhäuser, siehe Einleitung.

Casernen: 1) am Hofgarten (Infanterie-Leib-
Regiment); 2) in der Türkenstrasse für 2 Infan-

terie-Regimenter; 3) Salzstrasse 23 (nächst dem
Bahnhofe) für Infanterie; 4) vor dem Isarthor
(Cuirassier-Regiment); 5) alte Isar-Caserne (Chevau-
legers); 6) in der Pferdstrasse (div. Abtheilungen);
7) in der Weinstrasse 10 für die Gendarmerie,
und 8) zwischen der Nymphenburger- und Dachauer-
Landstrasse die grossartige neue Maximilian II.-
Caserne, von Berger erbaut (Artillerie und Infanterie), 4 Flügel, durch dazwischenliegende Ne-
bengebäude getrennt, bilden ein unzusammenhän-
gendes Rechteck. Die Höhe des Gebäudes beträgt
zwei Stockwerke, in der Mitte sowie am Ende eines
Flügels ein Vorbau; jeder Flügel hat 600 F. Länge.
Der ganze Platz, auf welchem die Caserne erbaut
wird, hat einen Flächenraum von 130 Tagwerken.

Chemisches Laboratorium, Arcisstr. 1 (Plan
D. 4). Vom Oberbaurath von Voit nach Professor
Frhrn. von Liebig's Angaben erbaut, der im an-
gebauten Hörsaal seine Vorlesungen hält.

Chiemsee, siehe Anhang.

Chinesischer Thurm, im Englischen Garten;
besuchter Vergnügungsort; im Sommer Samstags
von 6—7 Uhr Abends Militärmusik.

Concerte finden fast ausschliesslich in den
Wintermonaten, im grossen Saale des Odeon,
auch im Saale des Museums statt. (Abonnements-
concerte der Musikalischen Academie, Concerte der
kgl. Vocalkapelle, Quartettsoiréen.)

Andere »Concerte« gibt es fast täglich, zu
geringen Eintrittspreisen. (Man sehe die Maueranschläge; dieselben werden von Militärmusiken

oder von kleinen und grossen Musikgesellschaften ausgeführt (u. A. Musikcorps des II. Infant.-Regiments und Jos. Gung'l's Capelle).

Conditoreien, siehe Allgemeiner Theil.

Conservatorium für Musik, kgl., und Musikschule, durch H. von Bülow neu organisirt, im obern Stock des kgl. Odeons. Secretair: Dr. Barraga.

Dachau, siehe Anhang.

Damenstiftsgebäude, kgl., Ludwigsstr. 14, von F. v. Gärtner aus den Fonds des 1785 gegründeten Damenstifts erbaut. Die lange Façade hat drei Pavillons. Es befinden sich in dessen Räumen die Expedition des k. Central-Schulbücherverlags nebst Buchdruckerei, und das Maximilians-Gymnasium.

Damenstiftskirche zu St. Anna, s. Kirchen.

Denkmäler, öffentliche. Unter den älteren Denkmälern sind vor allen zu nennen:

1) Das Monument Kaiser Ludwigs in der Frauenkirche. (S. d. Art. Frauenkirche.)

2) Ehernes Standbild Otto's von Wittelsbach auf dem Springbrunnen im Brunnenhofe der alten Residenz.

3) Mariensäule in der Mitte des Marienplatzes (Plan F. 5), von Churfürst Maximilian I. im J. 1638 zum Andenken des 1620 bei Prag am weissen Berge gegen Friedrich von der Pfalz erfochtenen Sieges gestiftet; 20 Fuss hoch aus rothem Marmor nach Candid's Zeichnungen von P. König ausgeführt; auf ihr steht die Erzstatue der

Jungfrau Maria mit dem Kinde, von Joh.
Krumpter in Erz gegossen und stark vergoldet. Am Piedestal vier mit Unthieren
kämpfende, bewaffnete Genien. 1856 renovirt,
1870 die Statue neu vergoldet.

Neuere Denkmäler: Churfürst Maximilian I.
Reiterstatue (Wittelsbacher-Platz); von Thorwaldsen, gegossen von Stiglmaier, 18 F., mit dem
Postament 36 F. hoch, von ächt monumentaler
Wirkung; eines von den wenigen gelungenen Denkmälern Münchens. Inschrift: *Maximilian I. Churfürst von Bayern.* Auf der Rückseite: *Errichtet
von Ludwig I., König von Bayern, XII. Oct.
MDCCCXXXIX.*

König Maximilian Joseph I., sitzende
Colossalstatue (Max-Josephplatz, Plan F. 5), von
Rauch, Entwurf von Klenze, Guss von Stiglmaier. Unterlage von drei grossen Granitstufen,
die unteren 18 F. breit, 23 F. tief, zusammen 4 F.
hoch; die Gestalt des Königs, von grosser Portrait-
ähnlichkeit, misst 12 F., das Ganze 38 F. hoch.
Zwischen den vier Löwen stehen: auf der Rückseite die Felicitas publica mit dem Füllhorn, auf
der Nordseite die Bavaria mit der Pflugschaar;
sie tragen das Postament, auf welchem halberhabene
Bildwerke allegorisch die Wirksamkeit des Königs
andeuten: Ackerbau; Kunst, durch einen Architecten (Bildniss v. Klenze's), Maler (Bildniss v.
Cornelius) und einen Bildhauer bezeichnet; Ver-
fassung; Eintracht der Confessionen. Ferner die
Sinnbilder der Stärke (Heracles), Gerechtigkeit
(Dike), Weisheit (Athene), Wohlfart (Demeter).

Auf der Vorderseite die Inschrift: *Max. Josepho Regi Bavariae Cives Monacenses MDCCCXXIV.*

Tilly (geb. 1559, gest. in Ingolstadt 1632 an seiner in der Schlacht am Lech empfangenen Wunde) und Wrede (geb. in Heidelberg 1767, gest. 1838); die beiden Statuen unter der Feldherrnhalle (Plan F. 4), von L. v. Schwanthaler, Guss von Miller, 10½ F. hoch, im Costüme ihrer Zeit, auf Postamenten von grauem Marmor. — Inschriften: *Joh. Tzerklas Graf von Tilly, bayer. Heerführer.* Rückseite: *Gegossen aus türkischen Geschützen, die in dem Seetreffen bei Navarin mit den Schiffen in's Meer versunken sind. — Fürst Karl Wrede, bayer. Feldmarschall.* Rückseite: *Gegossen aus Geschützen solcher Staaten, von welchen Fürst Wrede erobert hat.*

König Ludwig I., Reiterstatue (Odeonsplatz, Plan F. 3), nach Widnmann's Modell von »dem dankbaren Magistrate der Stadt München« errichtet. König Ludwig erscheint hoch zu Ross im königlichen Ornat, das Scepter führend; zwei Pagen, die auf Tafeln den Wahlspruch des Königs (»Gerecht« und »Beharrlich«) tragen, zur Seite. Am Piedestal (kunstvolle Steinhauerarbeit) stehen vier kleinere allegorische Bronze - Statuen, nach vorne Poesie und Religion; rückwärts Kunst und Industrie.

Die folgenden fünf sämmtlich auf dem Promenadeplatz (Plan E. 4): v. Kreitmayr, baierischer Gesetzgeber, von Schwanthaler, Guss von Miller, 1845. Inschrift des Granitpostaments: *F. X. A. Freiherr v. Kreitmayr, Churf. Geh. Bayr. Kanzler, geb. zu München den XIV Dec. MDCCV.*

gest. den XVII. Oct. MDCCXC. Rückseite: *Dem Verfasser der bayerischen Gesetzbücher das dankbare Vaterland.*

Lorenz von Westenrieder (1748—1829), baierischer Geschichtschreiber; von Widnmann, Guss von Miller 1854.

Churfürst Max Emanuel (Eroberer von Belgrad); von Brugger, Guss von Miller 1861.

Chr. Ritter von Gluck (der Componist, geb. 1714 in der Oberpfalz); von Brugger, Guss von Miller.

Orlando di Lasso, churbaier. Capellmeister († 1594); von Widnmann, Guss von Miller.

In der neuen Maximilians-Strasse (Plan G. 5, H. 5): Graf Erasmus v. Deroy, General der Infanterie, 1812 in der Schlacht von Polotzk gefallen, von Halbig (1856), *„errichtet vom bayerischen Heere“.*

Graf Rumford (der Amerikaner Thompson, Schöpfer des englischen Gartens, Begründer der Suppenanstalten); von Zumbusch (1868).

Schelling (der Philosoph, † 1854), von Brugger (1861), *„errichtet von seinem dankbaren Schüler Maximilian II., König von Bayern.“*

Fraunhofer (der berühmte Optiker, † 1826, der sich aus dem armen Glaserlehrling selbst gebildet), von Halbig (1868).

Am Ende der Strassenerweiterung das grossartige Monument Königs Maximilian II., von Zumbusch, z. Z. im Guss.

Am Dult- und Carlsplatz: Schiller, von Widnmann (1863), und Göthe, von Widn-

mann (1869); jener an der Ecke gegen die Briennerstrasse, dieser am Beginne des Carlsplatzes
(Himbselhaus).

Am Gärtnerplatz (vor dem ehemal. Actienvolks-
theater): Leo von Klenze und Fr. von Gärtner (Architecten), jenes von Brugger, dieses
von Widnmann (1868).

Ausser diesen Bildsäulen folgende Denkmäler
und Monumentalbauten zu erwähnen:

1) Monument des Herzog von Leuchtenberg
   in der St. Michaels-Hofkirche (s. d. Art.).
2) Obelisk auf dem Carolinenplatz, den im
   russischen Feldzug gefallenen Baiern gewidmet (s. d. Art.).
3) Monument zum Gedächtniss der tapfern Oberländer auf dem Gottesacker (s. d. Art.);
   das denselben gewidmete Frescogemälde
   an der Kirche zu Sendling (s. Anhang).
4) Das Isarthor (s. d. Art.).
5) Das Siegesthor (s. d. Art.).
6) Die Ruhmeshalle mit der Bavaria (s.
   d. Art. *Bavaria*).
7) Die Propyläen (s. d. Art.).

Diakonissenhaus, evangel. (für Krankenpflege),
Arcisstrasse Nr. 15 (Plan E. 2).

Dulten oder *Jahrmärkte, Messen.* Wie viele
Jahrmärkte anderer Städte, so giengen auch diese
aus dem lebhaften Verkehr hervor, der sich mit
kirchlichen Festen verband. Das Wort Dult stammt
übrigens nicht nach der vulgären Meinung vom
lateinischen Indultum (Ablass), sondern ist gut
deutsch und bedeutete schon im Gothischen

dulths (bei Ulfilas) Fest und Jahrmarkt. In München finden zwei Dulten statt, die Dreikönigs-Dult, am 6. Januar, und die Jacobi-Dult, am 25. Juli beginnend, auf dem Maximilians-, früher und volksthümlich auch jetzt noch Dultplatz (Plan E. 4), sie dauern je 14 Tage. Auch in der Vorstadt Au zwei Dulten, die eine am ersten Sonntage im Mai, die andere am dritten Sonntage im October, welche nur 8 Tage dauern.

Die aus den Dultgebühren, dann aus jenen der aufgestellten Schaubuden erzielten Einnahmen, resp. deren Ausfall ist es, welcher der nothwendigen Umwandlung des Dultplatzes, dieser »Münchener Sahara«, in Gartenanlagen bis jetzt im Wege stand.

Eisenbahnhof, s. Bahnhof.

Englischer Garten (Plan H. 2), schöner Park, welchen man von der Stadt aus, durch die Arcaden des Hofgartens (s. d. Art.) oder von der Königinstrasse her betritt. In früheren Zeiten war hier eine sumpfige Waldgegend, erst im J. 1789 unter Churfürst Carl-Theodor wurden vom Grafen Rumford die ersten Anlagen dazu gemacht, welche später unter König Maximilian Joseph I. v. Skell weiter ausführte.

Der engl. Garten ist $1^1/_2$ St. lang, $^1/_2$ St. breit und hat überhaupt einen Flächeninhalt von 695 Tagwerken.

Beim Eintritt vom Hofgarten aus zuerst rechts eine Marmorstatue (von Schwanthaler dem Aelt.), der „Harmlos" genannt, weil die Inschrift also beginnt.

Weiterhin links Palais des Prinzen Carl v. Bayern, in der zur Seite des Parks sich hinziehenden Königin-

strasse folgen weiterhin eine Reihe von geschmack-
vollen Wohn- und Landhäusern.

Der Park wird von zwei Bächen durchschnitten
(Eisbach und Schwabinger Bach, Isarkanäle), deren
einer beim Brunnenhaus zum Wasserfall aufgestaut;
auf der Wiese links vom Hauptfahrweg ein künst-
licher Hügel mit dem Monopteros; nach L. v.
Klenze's Entwurf auf einem Hügel erbauter runder
Tempel, aus einer offenen Säulenhalle bestehend; in
der Mitte auf abgestumpfter Marmorsäule die Inschrift:
*Dem Gründer dieses Gartens gegen Ende XVIII.
Jahrhunderts Churfürst Karl Theodor und dessen
Erweiterer und Verschönerer im Anfange des XIX.,
König Maximilian I., errichtete diess Denkmal im
Jahre MDCCCXXXVII. König Ludwig I.* Unweit
davon befindet sich ein halbrunder Ruhesitz (Exe-
dra) mit von König Ludwig I. verfasster Inschrift:
Hier, wo ihr wallet, war sonst Wald nur und Sumpf.
Nicht weit entfernt der Chinesische Thurm mit
Wirthschaft; zuvor am linksseitigen Fahrweg der Zoo-
logische Garten mit Restauration.

Denkmal des Grafen Rumford, Minister Carl
Theodor's, steht am rechtsseitigen Fahrweg, welcher
zum Paradiesgarten und Dianabad, dann nach
Tivoli und Brunnthal führt. Weiterhin künstlicher
See, an welchem Denkmal des General Werneck,
der sich um diese Anlage verdient machte, dann des
Intendanten v. Skell, am Landeplatz der Kähne.
Unterhalb beginnt die Hirschau, ein offenes Wildge-
hege, weiterhin in die unteren Isarauen übergehend.
— Am See Wirthschaft Kleinhesselohe, am Ende
der Hirschau, 1¹/₂ St. von der Stadt, der Aumeister
(Wirthschaft). Eine Fahrt (sehr zu empfehlen) berührt
in Kürze folgende Punkte: Wasserfall, Monopteros,
Chines. Thurm, Zoologischer Garten (Einkehr am Besten
hier oder im Tivoli), um den See nach Bogenhausen
(l. Tivoli, r. Brunnthal, zwischen beiden über die zwei
Arme der Isar); auf der Höhe und durch die neuen
Anlagen am Gasteigberg (von Effner, die herrlichste
Schöpfung des Königs Max II.) zum Maximilianeum,
durch die Maximiliansstrasse zurück.

Entbindungs-Anstalt, s. Gebär-Anstalt.

Erzgiesserei, königl., am nordwestlichen Ende der Stadt, unweit der Nymphenburgerstrasse, noch $^1/_4$ St. von den Propyläen (Plan B. 2); jeden Wochentag von 1—6 Uhr, an Sonn- und Feiertagen (die höchsten Festtage ausgenommen) von 12—2 Uhr zugänglich, gegen Eintrittskarten à 12 kr.

Diese Anstalt, von König Maximilian I. im J. 1825 in's Leben gerufen, hat sich durch die grossartigen monumentalen Kunstschöpfungen König Ludwigs I. rasch zu der bedeutendsten Erzgiesserei der Welt emporgeschwungen.

Arbeiten, wie die zwölf in Feuer vergoldeten Ahnenstatuen für den baier. Thronsaal, eine Vergoldung, die in solchen Dimensionen bei der bekannten Gefährlichkeit dieser Operation, sowie der Guss des 54 Fuss hohen Colosses der Bavaria, wobei mehrmals 450 baier. Centner Erz auf einmal in Fluss gebracht werden mussten, sind Unternehmungen, die zu keiner Zeit und in keinem Lande der Welt gewagt und mit solcher Sicherheit ausgeführt wurden.

Dem verdienstvollen Begründer derselben, J. B. Stieglmaier, der im März 1844 starb, folgte dessen Neffe Ferd. v. Miller als Inspector.

Von hohem Interesse ist das Museum, wo Modelle aufbewahrt sind, nach welchen Werke gegossen wurden; es bietet ein annäherndes Bild der Wirksamkeit einer Anstalt, aus der seit ihrem Bestehen mehr als 150 colossale Denkmäler hervorgegangen sind, u. A.:

Für *Schweden:* Colossale Reiterstatue von Karl Johann, Statue von Gustav Adolph (war bei Helgoland gestrandet und wurde von den Helgoländern in Bremen verkauft), ferner Statuen des Chemikers Berzelius, des Dichters Tegnér, der Helden Birger Jarl und Engelbrecht; für *Finnland:* Denkmal des Gelehrten Porthan; für *Russland:* Statue des General Woronzoff; für *England:* Statue des Minister Huskisson; für *Italien:* zwei Statuen des Königs Ferdinand II. von Neapel; für die *Schweiz:* Berna vor dem Bundespalast; für *Ungarn:* Statue des Erzherzogs Palatinus Joseph; für *Böhmen:* Statue des Bischofs Podiebrad; für *Amerika:* das grosse eherne Thor des Capitols zu Washington, das 24 F. hohe Reiterbild des Befreiers Washington, die Colossal-Statuen von Henri, Patrik, Marshall, Lewis, Jefferson, Nelson, Masson, welche alle für Virginien gehörten, die Beethoven- und Horace Mann-Statuen für Boston; die des Generals Benton für St. Louis, eines Unions-Soldaten für Cincinati, Henri Blays für New-Orleans; für Lima wurde eine galoppirende colossale Reitergruppe, und für Chile ein Standbild des Generals Bolivar geliefert.

Ethnographisches Museum, unter den Arcaden des Hofgartens (Plan G. 3), vierte Thüre, von Steigerwald's Glasmagazin an gerechnet; Conservator Herr Professor Moritz Wagner, geöffnet Dienstag, Donnerstag und Samstag von 9 bis 1 Uhr, für besondere Zwecke auch Nachmittags.

Das Museum, neuerdings wieder vermehrt, enthält nächst der bisher in der Academic aufbewahrten Ethnographischen Sammlung einen Theil der früher hier befindlichen „Vereinigten Sammlungen,“ während die anderen, mehr dorthin passenden Gegenstände derselben dem National-Museum einverleibt wurden.

Saal 1—3: Japanische Sammlung.

Saal 4: Chinesische Sammlung.

Saal 5: Indische Sammlung.

Saal 6: Orientalische Sammlung.

Saal 7: Industrie-Erzeugnisse der Naturvölker (aus Grönland, Brasilien, Chile, Australien und von den Südsee-Inseln), dann im Mittelraume Funde aus der vorhistorischen Zeit, aus den Höhlen der Dordogne, aus der »jüngeren Steinzeit« aus Dänemark und von den Pfahlbauten in der Ostschweiz, Bronze-Artefacte aus jenen der Westschweiz und des Starnberger Sees.

Evangelische Kirche, siehe Protestantische Kirche.

Feldherrnhalle, zwischen dem kgl. Residenzschlosse und der Theatiner Hofkirche, den südlichen (wie das Siegesthor den nördlichen) Schluss der Ludwigsstrasse bildend.

Im florentinischen Styl von Gärtner aus Kalkstein erbaut, Grundstein am 18. Juni 1841, Jahrestag der Schlacht bei Waterloo, von König Ludwig I. selbst gelegt, Eröffnung am 18. Oct. 1844 (dem Jahrestage der Schlacht von Leipzig). Ueber einem Unterbau von 117 F. Länge und 58½ F. Tiefe und mit 10½ F. hohem Treppenaufgange erhebt sich die nach drei Seiten offene Halle. Die Rundbogen, mit Arabesken, und Trophäen verziert, werden von vier hohen Pfeilern getragen. Zwischen den vorderen Rundbogen auf der einen Seite das kgl. baierische, auf der anderen Seite das herzoglich sächsische Wappen (das der Königin Therese) angebracht. Zwischen den Bögen rechts und links von der Treppe die ehernen Standbilder Tilly's und Wrede's (s. d. Art. Denkmäler). Gegen 12 Uhr Mittags spielt daselbst täglich das Musikcorps des Leibregiments während der Wachtparade.

Feste, kirchliche. Unter diesen steht oben an das *Frohnleichnamsfest* (von fron, heilig, oder Frohn, der Herr und Leichnam, Leib, Fest Corporis Christi), das glänzendste Fest der katholischen Kirche, wird am zweiten Donnerstag nach Pfingsten gefeiert. Gestiftet im J. 1246 vom Bischof Robert zu Lüttich, vom Papst Urban IV. 1264 weiter eingeführt und vom Concil von Vienne 1311 überall angeordnet, zur Feier der Gegenwart des Leibes Christi im Altarsacramente; es wird dabei die Hostie in der Monstranz in glänzender Procession umhergetragen. Die Procession geht ca. 8 Uhr früh nach abgehaltenem Hochamte von der Frauenkirche aus, durch die Kaufingerstrasse über den Marienplatz und durch die Dienersgasse nach dem Max-Josephs-Platze, in die Ludwigsstrasse bis vor das Palais des Herzogs Maximilian, von hier auf der andern Seite der Strasse zurück, dann durch die Theatiner-, Wein- und Kaufingerstrasse in die Frauenkirche zurück, wobei auf dem Marienplatz, auf dem Residenzplatz, in der Ludwigs- und Theatinerstrasse an improvisirten und mit Blumen gezierten Altären je ein Evangelium gelesen wird.

Die Ordnung des Zuges ist aus dem jedesmal besonders gedruckten und käuflichen Programm zu ersehen. Die kleine Frohnleichnamsprocession findet 8 Tage später, jene in der Vorstadt Au am dazwischen liegenden Sonntag statt.

Ferner ist noch zu erwähnen die

Charwoche mit ihren Feierlichkeiten. Die Altäre sind mit schwarzen Decken behangen, in jeder

Kirche findet eine bildliche Darstellung des heiligen Grabes statt. Feierliche Kirchenmusiken und Oratorien, die Meisterwerke eines Palestrina und Orlando di Lasso, Pergolese und Anderer werden vorzüglich in der St. Michaels-Hofkirche, Basilica und Allerheiligen-Hofkapelle aufgeführt. Am Gründonnerstag findet die Fusswaschung der sogenannten 12 Apostel, wozu 12 arme Greise bestimmt werden, in der k. Residenz statt; Ausstellung des riesigen hellerleuchteten Kreuzes in der St. Michaels-Hofkirche und bei St. Bonifaz. Charfreitag Abends in der Hofkirche feierliches Miserere. Charsamstag Vor- und Nachmittags ertönen die Glocken wieder, worauf die Auferstehungsfeier am Nachmittag und Abend in allen Kirchen stattfindet. Am Gründonnerstag und Charsamstag geht von der Allerheiligen-Kapelle zur Hofkapelle eine Procession, bei der sich Se. Majestät der König mit den Prinzen und dem grossen Cortège betheiligen. Gründonnerstag und Charfreitag ertönt statt Geläute (die Glocken sind in Rom) eine hölzerne Klapper (»Ratschen«) von den Thürmen.

Das *Allerseelenfest* wird in ergreifender und rührender Weise begangen. Am 1. November, dem Feste Allerheiligen, sind die Gräber auf den beiden Friedhöfen geschmückt, die Capellen daselbst sind geöffnet, die kostbaren, sonst zum Theil bedeckten Marmor-Monumente enthüllt, durch Kerzen und farbige Lampen erleuchtet und mit Blumen geziert. Diese Feier dauert bis zum Mittage des Allerseelentages, 2. November. Am Vormittage

dieses Tages sind die drei Fürstengrüfte in der
Frauenkirche (die älteste), der St. Michaels- und
der Theatiner-Hofkirche, sowie auch die Krypta
unter dem Hochaltar der St. Bonifaciuskirche (Basilica), wo die Grüfte der Benedictiner, für Jeder-
mann geöffnet.

Das *Weihnachtsfest* wird auch in neuerer Zeit
mehr als früher, durch Geschenke und Bescheer-
ungen an Jung und Alt am hl. Abend gefeiert.

In der Mitternachtsstunde wird in allen katholischen Kirchen die Geburt des Erlösers durch
Christ-Mette und Hochamt unter Glockengeläute
feierlich begangen und verkündigt. In der Aller-
heiligencapelle ist bei dieser Feier der Hof zugegen.

Ausser diesen werden die Tage des hl. Benno,
als Schutzheiligen der Stadt, die der Apostel Peter
und Paul, die Kirchweihen u. s. w. festlich begangen.

Bei den Protestanten findet am Sylvester-Abend
zum Jahresschluss ein feierlicher Gottesdienst
in erleuchteter Kirche statt.

Ebenso wird in allen katholischen Kirchen der
Jahresschluss durch Gottesdienst und Predigt
gefeiert.

Volksfeste. Das besuchteste unter diesen ist
das Octoberfest auf der Theresienwiese, nahe
der Bavaria und Ruhmeshalle (Plan B. 6). Es
beginnt am ersten Sonntage im October jeden Jahres
und wurde im Jahre 1810 zur Feier der Vermählung des Königs Ludwig I., damaligen Kronprinzen,
und der Königin Therese gestiftet. Damit ist zugleich ein »Central-Landwirthschaftsfest«
mit Preisvertheilung, sowie am Schlusse ein Pferde-

rennen verbunden. Der Hof betheiligt sich am
Feste, in der Regel vertheilt der König die Preise
für das zur Ausstellung gebrachte Vieh, welches
vorgeführt wird, dann für Feldfrüchte, Ackergeräthschaften etc. Die Preise und Preisfahnen
werden von Knaben in altdeutscher Tracht getragen. Im übrigen verläuft das »Fest« äusserst
einförmig und beschränkt sich auf den Anblick
der gewaltigen, aus allen Gauen Baierns zusam-
menströmenden Menschenmassen und auf zweifel-
hafte materielle Genüsse. Dasselbe dauert über
14 Tage; am Montag nach dem Hauptfesttag zieht
der Schützenzug vom Rathhaus aus mit Fahnen
zu dem dann täglich auf der Theresienwiese statt-
findenden Schiessen. Ein zweites Pferderennen (das
sogen. Bauernrennen) findet am zweiten Sonntag
statt; ein Trabrennen in der Regel an einem Wo-
chentage. — Neuerdings sind mit dem Fest Ausstellungen verbunden, theils auf der Wiese selbst,
theils im Glaspalast (landwirthsch. Maschinen etc.).

Nächst diesem Volksfest dürfte wohl zunächst
der *Carneval* (wahrscheinlich vom ital. Carnevale,
d. i. Fleisch lebe wohl!) oder Fasching mit
seinen Lustbarkeiten genannt werden. Derselbe wird
weniger durch öffentliche Umzüge, als durch Bälle
und zugleich glänzende von einzelnen Privatgesell-
schaften veranstaltete Maskenfeste gefeiert; in
früheren Jahren gipfelte der Carneval in den berühmten Künstler-Maskenfesten.

Von den mit dem Carneval zusammenhängenden
volksthümlichen Gebräuchen früherer Zeiten haben
sich noch erhalten:

a) der Metzgersprung,

welcher alljährlich am Fastnachts- (Faschings-) Montag vor sich geht. Der Ursprung soll der Sage nach in der Vorzeit wurzeln, wo die Metzger sich durch ihr Verhalten bei einer hier herrschenden Pest ausgezeichnet haben. Es findet, nachdem am Abend zuvor in der Herberge der sogenannte Büscheltanz aufgeführt wurde, wobei die Metzgerknechte (Gesellen) von ihren Mädchen mit Blumensträussen (Büscheln) geschmückt wurden, an oben genanntem Tage nach vorhergegangenem Gottesdienst die Freisprechung der Lehrlinge statt, und zwar in der Art, dass der festlich geschmückte Zug der Metzger, voran die roth gekleideten Meisterssöhnchen auf Pferden (deren Sättel nach altem Brauch aus der kgl. Sattelkammer entliehen werden), welchen dann die freizusprechenden Lehrlinge und die Uebrigen folgen, sich auf dem Max-Josephsplatz vor der kgl. Residenz aufstellt. Nach Rückkehr der Deputation, welche von den Allerhöchsten Herrschaften die für die Freizusprechenden bestimmten Geschenke in Empfang nimmt, begibt sich der Zug nach dem Marienplatze, wo die Ceremonie an dem dort befindlichen Fischbrunnen (s. d. Art.) unter alterthümlichen Sprüchen ausgeführt wird und der sogenannte Metzgersprung vor sich geht, d. h. die Lehrlinge, welche nun in mit Kälberschweifen besetzte Schaffelle gekleidet sind, springen in das Bassin des Fischbrunnens und bespritzen die durch Auswerfen von Aepfeln und Nüssen herbeigelockte Strassenjugend zum Gelächter der Umstehenden mit Wasser. Nachdem sie dem Bade entstiegen, werden sie als freie Metzgergesellen erklärt und mit Bändern in den Landesfarben geschmückt.

b) Der Schäffler- (Böttcher-) Tanz,

hat der Sage nach einen ähnlichen Ursprung, vom Jahre 1463 her, wie der Metzgersprung, und findet nur alle 7 Jahre (das nächste Mal 1872) in den letzten Wochen vor Fastnacht statt. Eine Anzahl gut gewachsener

Böttchergesellen in rothen Jacken, kurzen schwarzen
Beinkleidern, weissen Strümpfen und Schuhen, mit
grünen Sammtbaretts, die mit blau und weissen Federn
geschmückt sind, zieht unter Musik und mit dem
Umfrager, dem Vor- und Nachtänzer, Reifenschwinger
und Spassmacher zuerst vom Hackerbräu in der Sendlingergasse nach der Residenz und den Palästen, wo
sie dem Regentenhause Lebehochs bringen und dann
nach den angesehensten Häusern der Stadt, vor welchen
sie einen sehr verschlungenen Reifentanz, „Achter“
genannt, aufführen.

Mit dem Aschermittwoch endigt der Carneval
oder Fasching und die Fastenzeit beginnt.

Festsaalbau, s. d. Art. Residenz.

Fiaker, siehe Einleitung.

Fischbrunnen am Marienplatz (Plan F. 5),
vor dem neuen Rathhausbau, von Conrad
Knoll; die Motive sind dem altherkömmlichen
Gebrauche des Metzgersprunges (s. S. 47) entnommen. Zwischen wasserspeienden Delphinen und
Löwenköpfen vier Metzgerlehrlinge, welche, wie
üblich, Wasser aus ihren Eimern schütten; höher
oben stehen vier musicirende Knaben zwischen
Tannenbäumen, an denen Schilder angebracht sind
mit den baierischen »Wecken«, dem »Münchener
Kindl«, mit Inschriften über Errichtung des Brun-
nens durch die Stadt München, über seine Erfindung und Ausführung durch Conr. Knoll. Ganz
oben auf der Platte der achteckigen Säule bringt
der Altgeselle mit erhobenem Becher den Toast
auf das Königshaus aus. Die unter den Muscheln
kauernden Figuren (Pest und Cholera) erinnern
an die Sage, welche die Entstehung des Metzger-
sprungs mit dem Auftreten einer Seuche in Verbindung bringt.

Forstenried, siehe Anhang.

Franciscanerkloster, s. Klöster.

Frauenkirche oder die Metropolitan-Pfarrkirche zu Unser Lieben Frauen (Plan F. 5); unter Herzog Sigismund 1468—1488 von Meister Jörg Gangkofer von Halsbach (bei Burghausen) erbaut. Aus rothen Backsteinen im spät-gothischen Styl ohne alle Zierrathen auf einem verhältnissmässig kleinen Platze aufgeführt, macht das Aeussere dieser grössten Kirche Münchens einen ernsten Eindruck. Länge derselben 336, Breite 128 F., Höhe bis zum Gewölbe 115, von da bis zum Fuss des Daches 78, im Ganzen 193 Fuss. Die Thürme, die in einer Höhe von 332 F. unausgebaut blieben, erhielten um 1512 die plumpen runden Kuppeln (damals »welsche Kappen« genannt). An der äusseren Seite der Kirche sind die Grabsteine des Begräbnissplatzes (Frauenfreithofs), welcher dieselbe ehemals umgab, eingemauert; fünf Portale, an dem östlichen der Südseite, in Stein gehauen, die Urkunde über die Erbauung und Stiftung der Kirche.

Das Innere ist eine Hallenkirche mit 22 achteckigen Pfeilern von 7 F. im Durchmesser; letztere tragen ein Sterngewölbe, und theilen den Raum in drei Schiffe, welche von 25 Fenstern (von 70 F. Höhe) erleuchtet werden. Im Jahre 1858 bildete sich unter dem Vorsitze des Herrn Erzbischof Gregor ein Verein, welcher sich die Aufgabe stellte, die Domkirche wieder im ursprünglichen Geiste des Baues herzustellen. Im genannten Jahre wurde noch mit der Restauration der Kirche be-

gonnen und die Leitung derselben dem Architecten
M a t t h. B e r g e r übertragen. Nach seinen Plänen
sind seither folgende Restaurationsarbeiten ausgeführt worden:

Die Domkirche wurde von allen störenden Zu-
thaten gereinigt und neu ausgemalt; die alten
Fenster wurden reparirt und die zwei prachtvollen
Glasmalereien im Chore, früher in verschiedene
andere Fenster willkürlich versetzt und unvoll-
ständig, reparirt, ergänzt und an ihre Stelle gebracht; die Chorstühle restaurirt, die verstümmel-
ten Figuren und Verzierungen derselben gesäubert
und ergänzt.

Neuer *Hochaltar* von S i c k i n g e r, Altarbilder
von M o r. v. S c h w i n d mit Holz-Sculpturen von
J o s. K n a b l. *Bischofsthron* von W i r t h, Figuren an demselben von K n a b l.

Die beiden *Seiten-Altäre* am Anfange des Chores
von O b e r m a y e r und K r o n e n b i t t e r, die Bilder
derselben von H. v. P e c h m a n n und M. v. M e n z,
die Figuren von Z u m b u s c h und B e t z.

St. Andreas-Altar, neben der Sakristei, theilweise alt.

Priester-Bruderschafts-Altar, von W i r t h, Bilder
und Figuren alt.

Corpus-Christi-Altar, rechts vom Hochaltar (Ge-
schenk des Hrn. Erzbischofs Gregor), von Prof. J o s.
K n a b l. Relief, das hl. Abendmahl darstellend, von
H. B e t z

Hl. Dreifaltigkeits-Altar, von J o s. K n a b l.

Kanzel, Geschenk Sr. Maj. des Königs Max II., in
Eichenholz geschnitzt von A n s. S i c k i n g e r. Der
grosse *Christus* am Chorgewölbe von Prof. H a l b i g.

Ende 1864 übernahm Prof. L u d w. F o l t z die Leitung der Dom-Restauration, und inzwischen wurden
nachstehende Altäre etc. gefertigt:

Herz-Jesu-Altar von B e t z, Gemälde von H e s s.

Maria-Vermählungs-Altar von Schneider, Figuren von Zumbusch.

Geburt-Christi-Altar von Schneider, Altarbild von Huber.

Altar des hl. Georg von Schneider, Gemälde von Halbreiter.

Der *Englische Gruss-Altar* vom Vereine der bgl. Bäcker, von Sickinger. In dieser Capelle hängt an dem Gewölbe der Hut des Cardinals Melchior Khlessel († 1630), des Sohnes eines hiesigen Bäckers.

Altar des hl. Bartholomäus von Knabl.

Ecce Homo-Altar und *Mariahilf-Altar* von Wirth.

Dreikönigs-Altar in der v. Barth'schen Capelle von L. Foltz, das alte Bild ein Meisterwerk von Ulrich Loth († 1660).

Herz-Mariä-Altar von Wirth, Figuren von Blaim.

St. Benno-Altar (mit dessen Reliquien) v. L. Foltz.

Altar der schmerzhaften Mutter von demselben.

St. Catharinen-Altar in der Graf-Preising-Kapelle, von L. Foltz.

Auferstehungs-Altar von L. Foltz, Figuren von Widnmann.

Die beiden metallenen Büsten im Chor der Kirche nach Zeichnung von L. Foltz.

Im Hauptschiffe der Kirche steht das

Grabmal Kaiser Ludwig des Baier,

1622 auf Befehl des Churfürsten Maximilian I. nach P. Candid's Entwurf in Erz und Marmor ausgeführt; Erzguss von H. Krumper. Länge des Ganzen 16¹/₂ F., Breite 11, Höhe 13 F. Oben auf einem Kissen von Erz die Kaiserkrone von demselben Metall, dabei 2 allegorische weibliche Figuren, die eine mit Schwert, die andere mit Scepter und Reichsapfel. Auf der einen Seite des Grabmals die Erzstatue Herzogs Albrecht V. in der herzoglichen Tracht seiner Zeit, auf der anderen Seite die des Herzogs Wilhelm V. in der Ordenstracht des goldenen Vliezes. Auf der untersten Stufe an den 4 Ecken auf ein Knie niedergelassen die Wächter des Grabes, 4 geharnischte Männer mit Bannern, auf

welchen die Namen Kaiser Carl des Grossen, Ludwig
des Frommen, Carl des Dicken uud Kaiser Ludwig IV.,
sowie die ihrer Gemahlinnen: Hildegard, Irmengard,
Richardis und Margaretha zu lesen sind.

Die Umschrift des ehernen Grabmales lautet: *Posuit
Anno 1622 Ludovico IV. Imperatori Augusto Maxi-
milianus Bav. Dux S. R. J. Elector, Jubentibus Al-
berto V. Avo. Guilielmo V. Parente,* und lautet in der
Uebersetzung: Dem erhabenen Kaiser Ludwig IV. setzte
Maximilian, Herzog von Baiern, des heiligen römischen
Reichs Churfürst, auf Geheiss seines Grossvaters Al-
bert V. und seines Vaters Wilhelm V., im Jahre des
Heils 1622 (dieses Grabmal).

Durch die seitwärts angebrachten Oeffnungen sieht
man das bedeutendste Denkmal mittelalterlicher Sculptur, den ursprünglichen Grabstein des Kaisers von
röthlichem Marmor, in welchem im Hauptrelief Kaiser
Ludwig im Krönungskleide auf dem Throne dargestellt
ist. In der untern Abtheilung zwei männliche Gestalten, welche sich die Hand reichen, die ältere im
langen Pelzgewande, die jüngere gewappnet, Herzog
Ernst und dessen Sohn Albrecht III., wahrscheinlich
deren Versöhnung nach der Tödtung der mit letzterem
heimlich vermählten Agnes Bernauerin darstellend,
worauf sich auch der schmeichelnde Löwe und die
am Fussende angebrachten Buchstaben E (Ernst) L
(Ludwig) und A (Albrecht) unstreitig beziehen.

Nach anderen Behauptungen soll Letzterer Albrecht IV., der Sohn des Obigen, aus dessen später
noch mit Anna von Braunschweig erfolgten Ehe sein,
wie aus den Ueberbleibseln der Inschrift an der ver-
stümmelten Hohlkehle ermittelt ist.

Die altdeutsche Umschrift des Steins lautet mit
den Worten unserer Zeit wiedergegeben:

*Anno 1347 am dritten Tage nach Dionysius starb
der allerdurchlauchtigste römische Kaiser Ludwig, zu
allen Zeiten Mehrer des Reichs, Pfalzgraf bei Rhein,
Herzog in Baiern, ist hier begraben mit den nach-
genannten Fürsten und Herzogen: Johannes, Ernst,
Wilhelm, Adolf, Albrecht dem Jungen; alle Fürsten*

von Baiern. Das Bild hat nach einer alten Auf-
schreibung: „Meister Hans, der Steinmeisel, 1438
gemacht."

Der Kanzel gegenüber an der Säule die türkische
Fahne mit der Jahreszahl der Hegira 1037 (1662),
welche Churfürst Max Emanuel 1688 bei Erstürmung
von Weissenburg erobert hat. An dieser Säule auch
das altdeutsche werthvolle Bild der sterbenden Maria.

Durch Schenkung Königs Ludwig II. erhalten die
Säulen im Mittelschiffe der Kirche die Figuren der
12 Apostel in Stein ausgeführt von L. Foltz.

Unter dem Orgelchor Denkmal des verstorbenen
Erzbischofs v. Gebsattel, Standbild von L. v. Schwanthaler.

Von dem Zimmermeister des Dachstuhls Heinrich
(von Straubing) ist ein grosser, wohlgezimmerter Balken
niedergelegt, dessen Inschrift dabei besagt, dass Der
ein rechter Meister sei, welcher die Stelle angeben
könne, wo er fehle, was bisher nicht gelungen ist.

Aus einem Fenster der Thürmerswohnung stürzte
sich aus unglücklicher Liebe im December des Jahres
1785 ein edles, schönes 17jähriges Fräulein; ihr
Bildniss ist oben noch zu sehen. — (Geschichte und
Schilderung der Kirche von Prof. Sighart 1853 und
Dr. Holland 1859; Baugeschichte von Muffat, 1863).

Unter der Frauenkirche ist die älteste Gruft
baierischer Fürsten vom Jahre 1295 bis
1628, am Allerseelentage allgemein zugänglich.

Friedhöfe. Der alte Friedhof (früher alter
und neuer, jetzt südlicher genannt) vor dem Sendlinger Thor (Plan D. 8); der neue, nördliche,
ausserhalb der Arcis- und Schellingstrasse (Plan
E. 1); beide für die christlichen Confessionen ge-
meinsam.

Südlicher Friedhof: Deutschland hat vielleicht an Grossartigkeit und Ausdehnung kaum
einen ähnlichen aufzuweisen; Bäume, welche man-

chen Kirchhöfen ein parkartiges Ansehen geben, sind hier allerdings leider wenig vorhanden, dagegen zieren eine Fülle von Monumenten jeden Styls die Friedhöfe und ihre Hallen.

Am Eingange die St. Stephanskirche, unter Albrecht V. 1579 erbaut, welcher diesen Platz schon zum Begräbnissorte bestimmte; 1789 wurden sämmtliche Friedhöfe, welche bis dahin um die Kirchen gelegen, hierher versetzt.

Unter den vielen Denkmälern besonders bemerkenswerth: Weihbrunnen, errichtet 1831, den bei Sendling gefallenen Oberländern gewidmet, mit der Umschrift: „*Den im J. 1705 am heiligen Christtage den 25. December im Kampfe für Fürst und Vaterland gefallenen Oberländer Bauern.*" — Die hohe Spitzsäule in der Mitte des Kirchhofs ist dem französischen General Bastoul, der, in der Schlacht bei Hohenlinden verwundet, 1801 in München starb, gewidmet. — Grabmäler der Griechen Mauromichalis († 1836) und Leonidas; ferner die vieler ausgezeichneten Männer, u. A.: Gönner (Jurist, † 1827), F. H. Jacobi († 1819), v. Martius († 1868), Jos. († 1835) und Franz von Baader († 1841), R. Glutz-Blotzheim (Schweizer Geschichtschreiber, † 1818), Wiebeking, Baumeister († 1812), v. Aretin, Geschichtschreiber († 1824), v. Görres († 1848), Reichenbach († 1826), Fraunhofer († 1826), Utzschneider († 1840), Schlichtegroll († 1822), Spix, Naturforscher († 1826), Senefelder, Erfinder des Steindrucks († 1834), Gruithuisen, Professor der Astronomie († 1852), Westenrieder († 1829), letzteres ein Hautrelief in den Arcaden. — In den Bogenhallen zeichnen sich aus die bronzenen Bildsäulen des Oberstallmeisters v. Kessling, stehend, die liegende des Generals v. Beckers und die ruhend hingestreckte der jugendlichen Caroline von Mannlich mit auffallend langem Haar, nach Stiglmayer's Entwurf. Auf der andern Seite der Hallen Monument der Fürstin Maria Narischkin, geb. Prinzessin Czetwerynska († 1854), von Halbig in weissem Marmor als

Charitas dargestellt, dann Grabmal des herzogl. sächs.
Hofraths v. Ketté († 1864) u. A. m. — Im Mittelpunkte
der Arcaden oben in den Nischen eine Reihe von
Büsten verdienstvoller in München verstorbener Männer
mit Namen. — Vor den Bogenhallen Grabmal des 1853
verstorbenen Generals Frhrn. v. Leistner, liegende vergoldete Broncestatue, errichtet vom Prinzen Carl v.
Baiern. — In den Arcaden, welche die ältere Abtheilung in einem Halbkreise abschliessen, befinden
sich in deren Mitte die Wächterwohnung, Kanzlei,
Sectionssaal und Leichensäle, worin die Leichen bis
zur Beerdigung in offenen Särgen ausgestellt sind.
Es ist nämlich hier Vorschrift, dass die Leichen jeden
Standes einige Stunden nach dem Ableben aus den
Wohnungen hierher gefahren und von hier aus am
dritten Tage beerdigt werden.

Die neuere Abtheilung ist hier durch
eine offene mit 12 Kuppeln überwölbte Vorhalle
mit der älteren verbunden. Sie enthält 450 Fuss
im Geviert. Die Arcaden sowie die 33 Fuss hohe
Umfassungsmauer sind von glänzenden Backsteinen
von Fr. v. Gärtner erbaut.

Vom Eingange rechts Grabmal des 1847 verstorbenen Erbauers, dann des Bürgermeisters J. v. Bauer
(† 1854) und des Geh. Raths und Architecten Leo v.
Klenze († 1864) [Büsten]; Grabmäler des Privatiers
J. N. Schmauss und des Brauereibesitzers G. Brey, mit
den Gestalten der Genien des Glaubens und der Ver-
geltung, endlich Colossalstatue des Leibarztes und Prof.
Dr. Walther († 1849), von Halbig, des Bildhauers A. Sickinger († 1867), des Apothekers v. Zaubzer († 1861) von
Sickinger, die gräflich v. Vieregg'sche und andere Familiengrüfte. Links vom Eingange unter den Arcaden
Grabmal Schwanthalers († 1848), des Leibarztes Prof. Dr.
Breslau († 1851), und des Nationalökonomen v. Hermann
(† 1868), beide letzteren Colossalstatuen von Halbig;
des Grafen Saporta, die Herdy'sche Gruft, von Riedmiller,
die v. Arnhard'sche Familiengruft, von Hauttmann etc.

Auf dieser Seite sind die Wandflächen dreier Bogen-
wölbungen seit 1856 als Grabdenkmäler mit Fresco-
bildern geschmückt, nämlich: Auferweckung der Tochter
Jaïri und Auferstehung des Herrn, von Schraudolph.
— St. Ignatius Theophorus und St. Agnes, über ihnen
die Madonna mit dem Christuskind, von Seibertz.
Im Rondell, im Eck rechts, wird ein Monument Halbig's, ein betendes Kind (des Frhrn. v. d. Pfordten)
darstellend, weniger durch Grösse, als durch Lieblich-
keit fesseln.

In der Mitte des Gottesackers colossales Crucifix
von Halbig, nach Rauch und Rietschel's Urtheil das
schönste Werk dieser Art. Ferner am Hauptwege rechts:
Grabmäler des Prof. Schneemann († 1850), mit Büste von
Halbig; des Geh. Rath v. Schubert († 1860), des Geh.
Rath v. Thiersch († 1860), mit Büste; links: Grabmal des Historienmalers und Directors H. v. Hess
(† 1863), mit Medaillon-Porträt des Verstorbenen und
Madonna aus weissem Marmor, dann an einem Seiten-
wege rechts: das Denkmal des Rechtsgelehrten J. A.
v. Seuffert· († 1857), mit Colossalbüste von Halbig,
Marmorbüste Sophie Schröder's († 1868), Deutschlands
grösster Tragödin, von Zumbusch.

Nördlicher Friedhof, nach Zenetti's
Entwurf 1866—1869 angelegt; er enthält Raum
für 7272 Gräber und 30 Grüfte; eine 12 Fuss
hohe, von sieben Thoren durchbrochene Backstein-
mauer umgibt ihn; am Hauptportal zwei Statuen:
»Barmherzigkeit« und »Gerechtigkeit« von Oehl-
mann, zwei Engel von Weitze und zwei Reliefs
von Sickinger, in der Mitte das herrliche, 12 F.
hohe Crucifix, aus einem 306 Centner schweren
Blocke Kelheimer Marmors, von Halbig; an
den Seiten vier Brunnen; an der dem Hauptportale
gegenüber liegenden Seite Arcadenreihen mit Mo-
saikboden, für Familiengrüfte bestimmt, in deren
Mitte, etwas zurücktretend, zwischen den Leichen-

sälen eine Capelle im romanischen Styl; an der
Aussenwand derselben zwei Figuren: »Glaube« und
»Hoffnung« von Halbig, ein Relief die »Liebe«
(ein Pelikan, der seine Jungen mit dem eigenen
Blute nährt) und zwei Engel von Hautmann.

Israelitischer Friedhof mit vielen Denkmälern, u. A. dem des Dichters Michael Beer
(† 1833), Bruder des Tonsetzers (Meyerbeer),
liegt an der Landstrasse nach Thalkirchen, fast
eine halbe Stunde von der Stadt entfernt.

Frohnfeste (Gefängniss für in Untersuchung
Befindliche) am unteren Anger, 1824 — 26 von
Pertsch erbaut.

Frohnleichnamsfest, s. Feste, kirchliche.

Fürstenried, siehe Anhang.

Gärten, öffentliche, und Parks. Ausser dem
Hofgarten (s. d. Art.), dem Englischen Gar-
ten (s. d. Art.) vorzüglich der Park von Nym-
phenburg (s. Anhang), sowie der dabei gelegene
Hirschgarten. Vergnügungsgärten, in welchen
häufig Unterhaltungsmusik, sind: Garten des Café
National; Garten des Englischen Café, Ma-
ximiliansplatz (stets stark besucht); Garten der
Westendhalle, Sonnenstr.; Garten des Café
Reibl, Königinstr., nächst dem Englischen Garten;
Garten des Dianabads im Engl. Garten; Restau-
ration des Zoologischen Gartens; Garten vor dem
Schützenhause (Schiessstatt) an der Theresien-
höhe; Neusiglgarten, Wittelsbacherplatz Nr. 2;
Buttermelchergarten in der Strasse gl. N.;
Garten bei Brunnthal, dem Englischen Garten

gegenüber an der Isar gelegen, welcher auch schon in den Morgenstunden besucht wird.

Endlich gehören noch hierher die Gärten bei den Bierkellern (s. Einleitung).

Gasbeleuchtungs-Anstalt in der Thalkirchner-strasse vor dem Sendlingerthor, unweit des Gottes-ackers gelegen.

Gasthöfe, siehe Einleitung.

Gebär-Haus, in der Sonnenstrasse Nr. 16. Das neue Gebäude der **geburtshilflichen Klinik** ist ein längliches Viereck nach den Plänen von **Beyschlag** und **Bürklein** von **Zenetti 1853 bis 1856** ausgeführt.

Es ist 200 F. lang, 100 F. breit, bis zum Dache 68 F. hoch. In den oberen, höheren und grösseren Räumen die Gebär- und Wochenzimmer, im ersten Stock Arbeits- und Schlafsäle, im Mittelstock die eine Seite für die geheimen Pfleglinge, die andere für die Assistenten, Practicirenden und für die wissenschaft-lichen Sammlungen bestimmt. Im Erdgeschosse die Locale der Oeconomie etc. In der Mitte des Gebäudes oben die Haus- und Taufcapelle, unten der Hörsaal, sowie auch Krankenzimmer für Wöchnerinnen und Kin-der. Es können 300 Pfleglinge aufgenommen werden.

General-Bergwerks- *und Salinen-Administra-tionsgebäude,* siehe Bergwerks- etc. Gebäude.

Generaldirection der kgl. Verkehrsanstalten, siehe Postgebäude.

Geologische und geognostische Sammlung, siehe Academie der Wissenschaften.

Gemäldegallerien oder Pinakotheken, siehe Pinakothek.

Georgianum oder **Priesterseminar,** Ludwigs-strasse 19, der Universität gegenüber. Von **Gärtner**

erbaut, 1840 vollendet. Das Georgianum, von Georg dem Reichen 1495 gestiftet, ist für Candidaten der Theologie ·bestimmt, welche hier freie Verpflegung erhalten. S. d. Art. Universität.

Gesandtschaften, siehe Einleitung.

Getreidehalle oder die **Maximilians-Getreidehalle** (vulgo Schrannenhalle) in der Blumenstrasse (Plan E. 4).

Der Grundstein wurde am 9. October 1851 von König Maximilian II. gelegt, der Bau von Muffat 1851—53 ausgeführt. Das Eisenwerk dazu lieferten Kramer und Klett in Nürnberg und Maffei in München. Die Kosten (926,000 fl.) werden durch den Aufschlag von 3 kr. für den Schäffel getilgt.

Die Schranne, früher am Marienplatz, welcher bis dahin Schrannenplatz genannt wurde, wird am Samstag (Sonnabend) jeder Woche gehalten. Umsatz ca 650,000 Schäffel (1 baier. = c. 3 preussische = 2¼ Hectoliter) im Geldwerth von über 9 Millionen.

Länge des ganzen Gebäudes 1477 F. Mittelbau 80 F. lang, 105 F. tief und 85½ F. hoch. Flügelbauten je 76½ F. lang und 9) F. tief. Die offenen Hallen zwischen den Pavillons werden von vier Reihen gusseiserner Säulen getragen. Die Länge dieser beiden Hallen je 562 F., Tiefe 86 F., sie sind ausschliesslich für den eigentlichen Markt und den Verkauf des Getreides bestimmt.

Die beiden die Hallen begrenzenden Pavillons haben jeder eine Länge von 60 und eine Tiefe von 95 F. Im südlichen Pavillon ist die Aichanstalt für Flüssigkeits- und im nördlichen die Aichanstalt für Trockenmaasse.

Den Gibel des Mittelbaues schmücken 2 Frescobilder v. Hiltensberger, und zwar auf der einen Seite die heilige Jungfrau und auf der entgegengesetzten der heilige Benno, der Patron der Stadt.

Der Getreidehalle gegenüber befindet sich das Schrannenschreiberei-Gebäude und neuerdings eine Niederlage für unverkauft Gebliebenes, welches nach bestimmter Zeit verkauft werden muss.

Gewehrkammer, kgl. und kgl. *Sattelkammern,* im Gebäude des Oberstallmeister-Stabes, Marstallplatz 5, neben der kgl. Reitbahn (Plan G. 4), enthalten mehrere historisch-merkwürdige Gegenstände. Täglich von 9—11 Uhr zu sehen.

Gewerbeschule, s. Kreisgewerbeschule.

Glasmalerei-Anstalt, königl., Louisenstr. 18 (hinter der Glyptothek, Plan D. 2). Die verloren gegangene und mit den glücklichsten Erfolgen unter den Auspicien König Ludwigs I. wieder in's Leben gerufene Kunst der Glasmalerei hat hier ihre Werkstätten. Von hier aus giengen die herrlichsten Malereien hervor, z. B. die prächtigen gothischen Fenster der Mariahilfkirche in der Vorstadt Au, der Salvatorkirche zu Kilndown, Grafschaft Kent,. des Regensburger und des Kölner Domes und viele andere für das Ausland. Im Ausstellungssaal werden die fertigen Arbeiten gezeigt. (Trinkgeld 24 kr.) Täglich von 10—12 Uhr, für Fremde zu jeder Tageszeit, mit Ausnahme der Sonntage, geöffnet. Vorstand ist Inspector Max Ainmiller. — Ein sehr bedeutendes, namentlich durch die Sorgfältigkeit in der Ausführung berühmtes Atelier ist das der Gebr. Scherer (Karlsstrasse 40 a), von ihnen sind die drei grossen Fenstergemälde in St. Martin zu Landshut, ferner jene zu Heidelberg, Amsterdam, Stuttgart (Stiftskirche) u. s. w. Auch die Glaser Förstl (Gabelsbergerstrasse 19) und Hirschvogel (Hildegardstrasse 17) beschäftigen sich mit dieser Kunst.

Glaspalast, siehe Industrieausstellungs-Gebäude.

Glyptothek (Sammlung von Bildhauerarbeiten), Königsplatz (Briennerstrasse, Plan D. 3), geöffnet Montag, Mittwoch und Freitag, im *Sommer:* von 8—12 Uhr und von 2—4 Uhr (Mittwochs nur Vormittags); im *Winter:* von 9—2 Uhr · (Mittwochs nur von 9—1 Uhr). König Ludwigs I. erste Schöpfung, zur Aufnahme eines Schatzes von kostbaren Bildwerken bestimmt, welche er 1816 als Kronprinz unternahm und bis 1830 den Bau im jonischen Styl durch L. v. Klenze vollendete. Das imposante, leider etwas tief stehende Gebäude umschliesst im Viereck einen Hofraum, von welchem aus, sowie durch zwei Kuppeln, das Licht einfällt. An den äusseren Seiten sind statt der Fenster nur Blenden (Nischen) angebracht, in welchen an der Vorderseite die Marmorbildsäulen: Vulcan von P. Schöpf, Phydias von Schaller, Perikles von Lazzarini und Leeb, Hadrian von Haller und Leeb, Prometheus von Schaller und Dädalus von Lazzarini. In den Nischen der Westseite (links) die Plastiker des XV. und XVI. Jahrh.: Ghiberti, Donatello, Peter Vischer, Michelangelo, Benvenuto Cellini und Giovanni di Bologna. In den Nischen der Ostseite sind die Bildhauer unserer Zeit aufgestellt: Canova (mit dem Kopf des Paris), Thorwaldsen, Ranch (mit der sitzenden Statuette des Königs Max Joseph), Tenerani, John Gibson und L. v. Schwanthaler (mit der Statuette der Bavaria), beide von Brugger. Die Vorderseite des Gebäudes ist mit röthlichweissem Marmor bekleidet. Im Giebelfelde eine Gruppe nach L. v. Klenze's Idee von M. Wagner

•••• —

VII.   VIII.   Kleine Vorhalle.   IX.   X.

VI.

V.   Hofraum.   XI.

IV.

I.

Vestibule.

III.   II.   XIII.   XII.

• • • •

• • • • • • •

entworfen und von Schwanthaler in weissem Marmor ausgeführt; in der Mitte: Minerva mit dem
Oelzweig (Pallas Ergane), rechts von ihr: der
Thonbildner (Plastes) mit dem Modelliren einer
kleinen Figur beschäftigt; der Toreut, d. i. derjenige, welcher Statuen aus verschiedenen Stoffen
und Farben zusammengesetzt, mit einer Statuette;
der Verzierungsbildhauer oder Ornamentist, mit

einem Säulencapitäl, und der Statuen-Maler (En-
kaustes) mit einem kleinen Götterbilde; zur Linken
der Minerva der Erzgiesser (Statuarius); der Stein-
bildhauer (Sculptor oder Glyptes); der Holzbild-
hauer (Xyloglyphos), eine liegende Figur schnitzend
und der Töpfer (Kerameus) mit einer Vase. Der
Porticus wird von 12 jonischen Säulen und vier
Pilastern getragen; durch eine eherne Thür (links
in der Nische anläuten) betritt man das Vestibule,
der Thüre gegenüber der Assyrische Saal; dann
links der Reihe nach die weiteren Säle, von denen
jeder dem Character der betreffenden Kunstepoche
entsprechend ausgestattet ist. (Fussböden von
baierischem Marmor, Wandungen in Stucco-Marmor,
cassettirte Decken mit Stucco-Reliefs.) Das Bemer-
kenswertheste führen wir hier an (Catalog von
Prof. Brunn bei den Dienern, Preis 1 fl. 12 kr.).

I. *Assyrischer Saal.*

Abbild eines Gemaches aus einem Palaste zu Ninive
mit seiner Bemalung und Beleuchtung. Die Malereien,
alten assyrischen nachgebildet, stellen Genien, Stiere,
Löwen, eine Schlachtscene und eine Löwenjagd dar,
wie auch den Transport eines Stiercolosses vor dem
auf einem Wagen stehenden und von einem Sonnen-
schirm beschatteten Könige Sancherib (704—680 v.
Chr.) Das Letztere ist sehr interessant wegen der
Art, wie die Assyrier die colossalen Steine fortschaff-
ten und wegen der Schöpfgeräthe, Sägen, Hacken u. a.
Werkzeuge. Am Eingang 2 polychrom behandelte
Löwen mit Menschenhäuptern und Flügeln, den im
Louvre zu Paris befindlichen Originalen (das Exemplar
zur Rechten in Paris, jenes links in München) nachgebildet. An den Wänden 7 Originalreliefs aus Niniveh,
Genien darstellend, mit durchlaufender Keilschrift
(noch nicht definitiv erklärt).

II. *Aegyptischer Saal.*

(Dabei römische und indische Bildwerke.)

Nr. 1—4. Krüge, zur Aufbewahrung des hl. Wassers und der Eingeweide, aus der ältesten ägyptischen Zeit, sowie mehrere hier aufgestellte Werke, z. B. 30. König Ramses VI. (Sesostris) an 4000 Jahre alt. Einer späteren Epoche gehören an: 15. ägyptischer Antinous (aus Rosso antico). 16. Grabdenkmal, Mann und Frau, in Farben. 17. Isis. 18. Priesterstatue. 19. Votivtafel des Königs Amenophis II. 21. Porträtkopf. 23. Horus. 25. Brama. 29. Buddha, letztere beiden indische Gottheiten. 31. Obelisk, wahrscheinlich römischen Ursprungs.

III. *Incunabeln-Saal.*

Enthält Werke der ältesten griechischen und etrurischen Kunst. 32—38. Fragmente eines Triumphwagens, bei Perugia gefunden. 41. Apollo von Tenea. 42. Männlicher Kopf. 43. Römerin als Fortuna. 45. Spes, Göttin der Hoffnung. 44. Candelaber aus Bronce. 47. u. 48. Etrurische Aschenkisten. 50. u. 51. Bacchusstatuen. 52. Opferpriester, mit auffallendem Bart.

IV. *Aegineten-Saal.*

Enthält Bruchstücke von einem Tempel des Zeus Panhellenios auf der Insel Aegina, im J. 1811 gefunden, von Thorwaldsen restaurirt. Zwei Gruppen aus den Giebelfeldern und zwar fünf Figuren aus dem Vordergiebel, vermuthlich den Kampf Laomedon's gegen Telamon darstellend, die Körper in vollendeten Formen ausgeführt, die Köpfe mehr maskenartig. — 54. Hercules. 55. Sterbender Troer. 56. Vorkämpfer der Troer. 57. Rückwärts gefallener Kämpfer. 58. Vorwärts gebeugter Jüngling, im Begriff einen Gefallenen wegzuziehen. — Die 10 Gestalten des andern Giebelfeldes beziehen sich auf den Kampf um die Leiche des Patroklus, nach neueren Annahmen um jene des Achilles, in der Mitte 59. Minerva. 60. Achilles, im Niedersinken. 61. Ajas Telamonius. 62. Teucer (Stellung eines Bogenschützen). 63. Ajas, Sohn des Oileus.

64. Verwundeter Grieche. 65. Aeneas. 66. Paris.
67. 68. Troer.

V. *Apollo-Saal.*

Zeigt das Fortschreiten griechischer Kunst. 79.
Ceres. 81. Zeus Ammon. 82. Grabvase. 86. Minerva.
89. Gelockter Frauenkopf. 90. Apollo Citharödus,
herrliche Gewandstatue (nach welcher der Saal benannt
ist). 91. Mars. 92. Pallas, nach Phidias. 93. Diana,
schöner Kopf, Stirnkrone von kleinen Rehen.

VI. *Bacchus-Saal.*

Werke aus der Blüthezeit griechischer Plastik,
aus der Zeit des Phidias, Praxiteles, Skopas und Po-
lyklet enthaltend. 95. Schlafender Satyr (der sogenannte barberinische Faun), von vollendeter,
naturwahrer Ausführung, eine Perle der ganzen Sammlung. 96. Eirene und Plutos (früher für Ino Leucothea
gehalten). 98. Silen. 99. Lachender Satyr. 100. Sarkophag, worauf die Hochzeit des Bacchus und der Ariadne
dargestellt. 101. Trunkener Satyr. 102. Jugendlicher
gehörnter Pan, genannt der Faun Winkelmanns. 103.
Bacchus mit jungem Tiger. 104. Venus mit zartge-
formtem Körper. 105. und 106. Satyrstatuen. 108.
Bacchus und 112. Ariadne, seine Gemahlin. 109.
Schlauchtragender Satyrknabe. 110. Colossalkopf der
Venus. 111. Palemon auf einem Delphin. 113. Diana,
vorzügl. schöne Gewandfigur. 114. Silen, mit dem
Bacchuskinde; durch Adel der Gestalt von den ge-
meinen Darstellungen unterschieden. 115. Hochzeit
des Neptun und der Amphitrite.

VII. *Niobiden-Saal.*

Die Niobiden, als die Zierden dieses Saales, zeigen
hohe Vollendung in der Körperbildung. 123. Mercurius.
124. Colossalbüste der Roma mit (röm.) Broncehelm.
125. Muse. 126. Isis und Harpokrates. 128. Medusa,
genannt Medusa Rondanini, schönes aber seelenloses
Antlitz, Trübsinn und erstarrender Schmerz des Todes;
weiche Formen, höchste Vollendung der Technik. 129.
Minerva. 130. Venus. 131. Venus von Knidos (nach

Praxiteles). 133. Polyphem, einen Gefährten des Odysseus tödtend. 134. Porträt einer Frau. 135. Paris. 136. Schmückung einer Herme. 138. Clio. 139. Venusbüste. 140. Knabe mit einer Gans ringend. 141. Sterbender Niobide. 142. Knieender Niobide, genannt Ilioneus, von wunderbarer Vollendung, Wahrheit und Schönheit, übertrifft hierin alle anderen Reste der Niobiden-Gruppe. —

Die nun folgenden z w e i S ä l e enthalten die berühmten Frescen nach P. v. C o r n e l i u s, von ihm selbst, von S c h l o t t h a u e r, Z i m m e r m a n n u. A. 1820—30 ausgeführt. Sie umfassen die ganze Götter- und Heroensage der Griechen.

VIII. *Götter-Saal.*

In den Lünetten, an den Decken und Wänden die vier Elemente, die Jahres- und Tageszeiten und die drei Reiche der Kroniden, nämlich oben an der Decke auf rothem Grund: Eros mit dem Sinnbild des Wassers; Eros auf dem Adler, Sinnbild des Lichtes und des Feuers; Eros mit dem Pfau, Symbol der Luft, und Eros mit dem Cerberus, die Erde bezeichnend. Sodann dem Fenster gegenüber:

1. D e r M o r g e n. Aurora fährt mit ihrem Zweigespann, Blumen streuend, die Heroen umschweben sie.

2. D e r M i t t a g. Helios auf goldenem Wagen, von vier Rossen gezogen, den Thierkreis über sich haltend.

3. D e r A b e n d. Luna, die Mondscheibe in den Händen, fährt mit zwei Rehen auf dämmerndem Gewölk einher. Auf einem Reh sitzt Eros, und voran schwebt Hesperus, durch den Stern bezeichnet.

4. D i e N a c h t. Die Göttin fährt auf einem von Eulen gezogenen Wagen. Schlaf und Tod ruhen in ihren Armen, die Träume fliegen voraus. — Sämmtliche die Rundgemälde umgebenden Bilder dienen als Einleitung zum Ganzen.

Hauptgemälde:

I. (Ueber der Eingangsthüre.) D i e U n t e r w e l t, Pluto und Proserpina auf dem Thron; Orpheus erbittet sich von Pluto seine geliebte Eurydice; den

Eingang bewacht Cerberus, und die drei Höllenrichter Minos, Aeakos und Radamanthys sprechen ein Urtheil über einen Schatten; rechts oben der Styx; Eumeniden, Medusa, Danaiden füllen den übrigen Raum.

II. (In der Lünette dem Fenster gegenüber.) D i e W a s s e r w e l t; Hochzeit des Neptun und der Amphytrite, beide auf einem Muschelwagen, von Meerpferden gezogen, von Tritonen und Nereiden geleitet, links auf einem Delphin der zur Leier singende Arion, rechts Thetis, die Mutter der Nereiden.

III. (Ueber der Ausgangsthüre.) D e r O l y m p; Jupiter und Juno auf dem Thron von den Göttern umgeben; Jupiter reicht dem Herkules, welcher in den Olymp aufgenommen wird, den Nektarpokal, während Juno aus verschmähter Liebe sich abwendet; Hebe überreicht dem Herkules die Nektarschaale, Ganimed füttert den Adler. Zu beiden Seiten die übrigen Götter beim Mahle.

Ueber dem Eingange Ceres und Proserpina, Sinnbild neu erwachten Lebens; gegenüber Amor und Psyche als Symbol geistiger Liebe. Beides Reliefs von Schwanthaler.

Kleine Vorhalle.

In der Mitte Prometheus mit dem von ihm geformten Menschen, welchem Minerva das Leben gibt, dabei der Schmetterling als Symbol der Seele. Rechts wird der an den Felsen geschmiedete Prometheus von Herkules befreit, und links öffnet Pandora die ihr von Zeus geschenkte Büchse, welche die Plagen über das Menschengeschlecht verbreitet. In den Nischen: 147. Marc Aurel. 148. Hadrian.

IX. *Trojanischer Saal.*

In der Mitte des Deckengewölbes: die Hochzeit der Thetis mit Peleus, aus welcher Ehe Achilles hervorging. Reliefs von Schwanthaler, die 12 griechischen Gottheiten darstellend, umgeben das Bild. In der Runde umher folgen die Begebenheiten der grössten Helden des Krieges:

5*

Gewölbe, über dem Fenster: Achilles wird von
Menelaus unter den Töchtern des Lykomedes erkannt.
— Diomedes verwundet Venus und Mars.

Gewölbe rechts: Agamemnon wird von dem von
Zeus gesandten Traumgott zum Kampfe ermuntert. —
Menelaus im Zweikampfe mit Paris, — Venus beschützt
letzteren.

Gewölbe dem Fenster gegenüber: Ajax hat den
Hektor im Zweikampfe niedergeworfen, Apollo hebt
ihn auf. — Nestor und Agamemnon erwecken den
schlafenden Diomedes.

Gewölbe links: Priamus bittet Achilles um die
Leiche des Hektor. — Hektors Abschied.

Wandgemälde.

Ueber der Eingangsthür.

I. Streit des Achilles wegen der entführten
Chryseïs: ihr Vater Chrises erhält von Agamemnon
deren Freilassung; Chryseïs rüstet sich, auf einem
Maulthiere sitzend, zur Abreise, während Achilles im
Begriff ist, gegen Agamemnon das Schwert zu ziehen,
Minerva beschwichtigt ihn; dabei mehrere Helden im
Streite mit Ulysses.

Dem Fenster gegenüber.

II. Kampf um die Leiche des Patroklus,
welche Menelaus und Hermiones aus der Schlacht hin-
wegtragen, während Ajax der Telamonier sie gegen
Hektor zu vertheidigen sucht. Im Hintergrunde auf
der Stadtmauer zur Seite der Minerva erschreckt
Achilles durch seine Stimme die Feinde.

Ueber der Ausgangsthür.

III. Zerstörung von Troja. Im Vordergrunde
liegt Priamus und sein Sohn Polides, von Neoptolemus
erschlagen, der eben im Begriffe, den kleinen Astyanax
über die Stadtmauer zu werfen. In der Mitte sitzt in
Verzweiflung Hecuba im Kreise ihrer Töchter; Menelaus im blauen Mantel will Polyxena als Gefangene
entführen, während die schöne Helena an einer Säule
sich hält; die Seherin Cassandra spricht, durch Aga-

memnon vergebens verhindert, über das Haus der
Atriden den Fluch aus. Der Kopf des trojanischen
Pferdes ragt über die Stadtmauer hervor, links ziehen
die griechischen Helden Loose, um die Beute zu theilen;
rechts in der Ecke trägt Aeneas seinen Vater An-
chises aus der brennenden Stadt, sein Sohn Askanius
eilt voraus.

X. *Heroen-Saal.*

Uebergang der griechischen zur römischen Kunst.

149. Herme des Demosthenes, rechter Mundwinkel
verzogen, um das Stottern anzudeuten. 151. Statue
des Mercur, die Sandalen anlegend. 153. Alexander
der Grosse, als die einzig ächte Bildsäule dieses Königs
von Macedonien von Winkelmann anerkannt. 154.
Hannibal, rechtes Auge schief, er soll es durch Er-
kältung verloren haben. 155. Kopf des Hippokrates.
157. Büste des Perikles, wegen seines spitzen Schädels
immer im Helm dargestellt. 158. Domitian. 159. Büste
des Themistokles. 160. Bärtiger Heros. 162. Diomedes.
163. Ein Philosoph. 164 u. 165. Athleten. 166. Büste
des Sokrates.

XI. *Römer-Saal,*

enthält nur römische Bildwerke, die bemerkenswerthe-
sten darunter sind:

175. Agrippina, die ältere, Statue. — Büsten: 178.
Germanicus-Cäsar. 181. Nero. 183. Augustus. 186. Ves-
pasian. 192. Septimius Severus, Statue. 193. Marc
Aurel. 194. Tranquillina. 195. Aelius Cäsar. 196.
Trajan. 198. Antonius Pius, vorzüglich. 199. Titus.
202. Nero. 205. Sarkophag mit dem Tod der Niobiden.
206. Opfernde Victorien, oben an der Wand einge-
lassen. 208. Heliogabalus. 209. Standbild des Augustus.
212. Julia, Tochter des Titus, mit merkwürdiger Frisur.
216. Cicero. (?) 217. Hadrian. 219. Augustus. 220. Plautilla.
222. Orestes-Sarkophag. 226. Livia Drusilla, Gemahlin
des Augustus, Gewandstatue. 236. Tiberius. 238. Vitellius.
245. Septimus Severus. 249. Domitian, Statue. 251.
Alcibiades. 255. Comodus. 256. Antinous. 257. Lucius
Verus. 263. Faustina. 264. Tiberius. 265. Sabina. 266.

Scipio Africanus. 268. Trajanus. 276. Plotina, Trajans
Gemahlin. — Mehrere Aschenkisten und Candelaber.

XII. *Saal der farbigen Bildwerke.*

Bildwerke aus mehrfarbigem Marmor zusammengesetzt,
dann aus Erzguss.
In der Mitte des Saales: 293. Antikes Mosaik. 297.
Sokrates. 298. Ceres, aus schwarzem und weissem
Marmor. 299. Lachender Satyr. 303. Athlet. 306.
Alexander der Grosse. 309. Faun. 310. Junger Römer.
314. Weibliche Statuette, in trefflichem Erzguss. 315.
Venuskopf.

XIII. *Saal der Neueren.*

An der Decke die Medaillon-Bildnisse von Nicolo
Pisano, Michael-Angelo, Buonarotti, Canova und Thorwaldsen. 318. Paris von Canova, herrliche Bildsäule
von zarten, weichen Formen. 319. Sandalenbinderin,
von R. Schadow. 320. Napoleon, Büste 1808 gefertigt
v. Spalla. 321. Ludwig I., König von Baiern, als
Kronprinz, Büste v. Thorwaldsen. 322. Paris, Büste
von Canova. 323. Amor und die Muse, von C. Eberhard.
324. Graf v. Münnich, russischer Feldmarschall, von C.
Eberhard. 325. Kniecndes Christuskind, von A. Algardi.
326. Tromp, holländischer Admiral, Büste von Rauch.
327. Kaiser Friedrich Barbarossa, von F. Tieck. 328.
Raphael, Büste von gebrannter Erde. 329. Iffland,
Büste von Georg Schadow. 330. Friedrich, Churfürst
von der Pfalz, von Dannecker. 331. General v. Heideek,
Büste von Wolf. 332. Friedrich Leopold, Graf zu Stollberg,
Colossalbüste von Freund. 333. Victoria Caldoni, die
schöne Albaneserin, Büste von Rud. Schadow. 334. Katharina II., Kaiserin von Russland, Colossal-Büste von Busch.
In der Mitte des Saales: 335. Adonis, von jugend-
lich kräftiger Schönheit, von Thorwaldsen.

Gottesacker, siehe Friedhöfe.

Griechische Kirche, siehe Kirchen.

Grosshesselohe, siehe Anhang.

Gymnasien hat München vier. 1) Das Wil-
helms-Gymnasium (früher alte Gymnasium, Wilhel-

minum) in der Herzogspitalgasse 18; 2) das Maximilians-Gymnasium, Ludwigsstrasse 14, und 3) das
Ludwigs-Gymnasium (den Benedictinern übergeben)
in der Maxburg-Gasse; 4) das Realgymnasium
(1864 eröffnet) in der Louisenstrasse. Der Unterricht in der Religion und Geschichte wird für
Katholiken und Protestanten je von Lehrern ihrer
Confession vorgetragen.

Haidhausen, östlich von München, Vorstadt;
schon im Jahre 808 in Urkunden genannt, grösstentheils von arbeitender Classe bevölkert. — Sehenswerth die von Matth. Berger 1852 begonnene
und noch unvollendete Pfarrkirche.

Im Gothischen Style, ganz aus Ziegeln erbaut,
ist sie 240 F. lang, 80 F. breit und enthält drei
Thürme, Hauptthurm 330 F. Höhe. Vom Thurme
prächtige Aussicht, Rundschau über München und
die Gebirgskette.

An der Hauptfronte Stein-Sculptur-Gruppe: Christus am Kreuze mit Maria und Johannes, umgeben
von Engeln, von Prof. Jos. Knabl. Die Giebel-
flanken und Seitenstrebe-Pfeiler zieren Statuen, von
Westermayer und Waitzer. In das Innere
gelangt man durch drei Eingänge von der Westseite
aus, und zunächst in eine geräumige Vorhalle,
welche links und rechts durch achteckige Capellen
abgeschlossen ist; oberhalb dieser der Orgelchor.

Durch genannte Vorhalle führen drei grosse
Portale in das von kühnem Sterngewölbe überragte
Schiff; dasselbe hat 60 F. lichte Weite, ist 90 F.
hoch und 160 F. lang, 14 grosse, circa 50 Fuss
hohe Fenster.

Zum Priester-Chore führen 12 Stufen; er ist 54 F. lang, 36 F. breit, 70 F. hoch und mit 7 grossen Fenstern versehen. Die Kirche wurde grösstentheils aus milden Beiträgen aus ganz Baiern erbaut, welche der Thätigkeit des Pfarrers Georg Walser, des bekannten »Bettlers von Haidhausen«, zu verdanken sind.

Halbig's Atelier, siehe Künstler-Werkstätten.

Handelsschule, städtische, Damenstiftsgasse. Director: Dr. Brentano. — Drei Curse und ein Vorcurs, Frequenz ca. 200 Schüler.

Harlaching, Dorf, siehe Anhang.

Hauptwache, im Rathhause auf dem Marienplatze. Täglich 12 Uhr Wachtparade mit Musik.

Häuser, historisch merkwürdige, hat München mehrere, welcher früher im Besitze berühmter Männer waren; an diesen, sowie an den Gebäuden, die an der Stelle aufgeführt sind, wo früher feste namhafte Thürme oder ähnliche Bauwerke standen, sind Gedenktafeln befestigt, wie z. B. am Polizei-Gebäude. Von allgemeinerem Interesse dürfte aber das Haus am Marienplatz 5 sein, wo die Gedenktafel folgende Inschrift führt: *In diesem Hause hat Gustav Adolph König von Schweden im Jahre 1632 gewohnt.* Dann das Haus Nr. 6 der Burggasse, »am Sonneneck« genannt, in dessen zweitem Stocke, im Eckzimmer, Wolfg. Amad. Mozart im November und December 1780 seine Oper »Idomeneo« vollendete, ferner das Ministerium des Innern neben der Theatinerkirche, in welchem Gebäude, ehe es Kloster wurde, der aus dem

30jährigen Kriege bekannte General Tilly von 1611—1616 wohnte.

Heilig-Geistkirche im Thal, siehe Kirchen.

Herzog-Maxburg, zwischen der Gasse gleichen Namens und dem Dultplatz, hinter der Academie gelegen. Von Herzog Wilhelm V. (1579) erbaut, erhielt sie ihren Namen von Herzog Maximilian, dem nachherigen Churfürsten. Später diente sie noch anderen Mitgliedern des Regentenhauses als Wohnung; jetzt wird sie zu Staatszwecken benutzt, z. B. befindet sich hier die Staats-Schuldentilgungs-Commission, für welche neuerdings der gegen den Dultplatz gelegene Flügel stylgetreu, nur etwas bunt, restaurirt resp. vergrössert wurde.

Herzogspital-Kirche, siehe Kirchen.

Hessellohe, Gross-, s. Anhang Grosshesselohe.

Hirschgarten, siehe Anhang.

Hirschgeweih-Sammlung, eine der bedeutend-sten in Europa, im Besitze des Herrn Grafen Arco, Wittelsbacherplatz 1. Wird nach Anmeldung beim Portier gezeigt. (Trinkgeld.)

Hofbräuhaus, am Platzl (Plätzchen) 9. (Plan G. 5.) Der Ruf, dass das beste Bier in München hier gebraut werde, lockt häufig Fremde hierher. Was das Bier anbetrifft, so findet dieser Ruf in der Regel seine Bestätigung, hinsichts der Gesell-schaft aber, welche im Sommer in dem langen Hof des Gebäudes sitzt, beziehungsweise steht, sowie bezüglich der inneren Localitäten, überhaupt des Comforts findet sich mancher Besucher getäuscht, welcher glaubt, hier auch nur etwas der Benenn-

ung der Localität Entsprechendes anzutreffen. Es
gehört jedoch dazu, dass Derjenige, welcher Münchens Eigenthümlichkeiten kennen lernen will, auch
das Bier des Hofbräuhauses an Ort und Stelle
trinke und sich dabei die Gesellschaft ansehe. Neuerdings ist dasselbe mit etwas mehr Bequemlichkeit
in verschiedenen Filialen zu haben (Orlando di
Lasso und Hotel Leberwurst am Platzl, Café Scholastica, Lederergasse, · Deutsches Haus, Dienersg.,
Café de l'Opera, Maximil.-Strasse). — Neben dem
»braunen« das »Weisse Hofbräuhaus« (Weizenbier
auf dreierlei Arten, sogen. Doppelbier vorzüglich)
mit abonnirten Zimmern für Braunbier consumi-
rende Gesellschaften.

Hofgarten mit seinen Arcaden (Plan F. 4. 3,
G. 3). Der Hofgarten wurde ursprünglich im J. 1614
vom Churfürsten Maximilian I. im Geschmack damaliger Zeit angelegt; unter der Regierung Carl
Theodors verschwanden die Blumenbeete und Ra-
senplätze, dagegen entstanden die Baumpflanzungen
von Linden und wilden Kastanien; von vielen Fontainen blieben nur vier unbedeutende übrig. In
der Mitte steht noch aus jener Zeit der Brunnen-
tempel, oben mit einer Erzstatue der Bavaria geziert. An der Ostseite, wo jetzt die Caserne des
Leibregiments, befand sich früher ein grosser Weiher.
Der Brunnen vor der Seite des Bazars ist seit 1853
mit einer Nymphe aus Bronze nach Schwanthaler's
Modell geziert. Die grösste Zierde des Hofgartens
sind die offenen

Arcaden,

welche denselben an zwei Seiten umgeben, und die

König Ludwig I. mit historischen und landschaftlichen Frescogemälden schmücken liess.

Ueber dem Eingang aus der Residenz in die
Arcaden: B a v a r i a mit dem Wahlspruch des Königs:
»Gerecht und Beharrlich« auf dem Schilde (K a u l-
bach). Ueber den beiden mittleren Durchgängen:
allegorische Figuren der vier baierischen Ströme:
D o n a u und R h e i n , I s a r und M a i n . — Die
geschichtlichen Frescen, Arbeiten aus der
Cornelianischen Schule, stellen die Thaten baierischer
Fürsten aus dem Hause Wittelsbach, aus jedem
Jahrhundert zwei, dar.

Die Allegorien, den grösseren Bildern gegenüber, an den Pfeilern, dienen zur Characteristik
der Fürsten, deren Thaten in den Letzteren vorgeführt; ebenso sind an der Decke Wahlsprüche
der Fürsten, oder auf die Darstellungen bezügliche
Denksprüche angebracht.

Von der Residenz anfangend, über dem ersten Ausgang nach der Strasse das kleinere Bild:
Baiern erstürmen, die Ersten, eine türkische Ver-
schanzung vor Belgrad. 1717. (D. Monten.)
 A n d e r D e c k e: Reizet den Löwen nicht.

I. Befreiung des deutschen Heeres im Engpass von
Chiusa durch Otto den Grossen von Wittelsbach. 1155.
Gegenüber das Sinnbild der Stärke. (E. Förster.)
 A n d e r D e c k e: An Euch ist es, Pfalzgraf Otto, diese Schmach
zu rächen.

II. Pfalzgraf Otto von Wittelsbach wird mit dem
Herzogthume Baiern belehnt. 1180. Gegenüber Sinn-
bild der T r e u e. (Cl. Zimmermann.)
 A n d e r D e c k e: Ich meine Eures Treumuths zu gedenken.

III. Vermählung Otto's des Erlauchten mit Agnes,
Pfalzgräfin bei Rhein. 1225. (W. Röckel.) Gegenüber
Sinnbild des G l ü c k s. (Cl. Zimmermann.)
 A n d e r D e c k e: Bayern und Pfalz, Gott erhalt's!

IV. Einsturz der Innbrücke bei Mühldorf mit den
darüber fliehenden Böhmen. 1258. (C. Stürmer.) Gegenüber Sinnbild der Strenge (nach Eberle von
Hiltensperger), daneben Sinnbild des Krieges (von
E. Förster).

An der Decke: Tritt mich nit, ich leid's fein nit.

V. Sieg Kaiser Ludwig des Baiern bei Ampfing.
1322. Gemalt v. C. Hermann. Gegenüber Sinnbild der
Mässigung (nach Eberle v. Ph. Foltz).

An der Decke: Willkommen, Vetter, ich freue mich, Euch
zu sehen.

VI. Ludwig des Baiern Kaiserkrönung zu Rom.
1328. (H. Stilke.) Gegenüber Sinnbild des Ueberflusses (v. Schorn).

An der Decke: Mein Volk zu schirmen, trag' ich Schwert
und Scepter, es zu beglücken, meine Krone.

Ueber den Ausgängen nach der Strasse die beiden
kleineren Bilder:

Maximilian Joseph III. stiftet die Academie der
Wissenschaften. 1759. (Ph. Foltz.)

An der Decke: Ohne Geschichte des Vaterlandes gibt es
keine Vaterlandsliebe.

König Maximilian Joseph I. gibt seinem Volke die
Verfassungs-Urkunde. 1818. (D. Monten.)

An der Decke: Die Liebe meines Volkes ist das Glück
meines Herzens, soll der Ruhm meines Thrones sein.

VII. Baierns Herzog, Albrecht III. schlägt Böhmens
Krone aus. 1440. (Hiltensperger.) Gegenüber Sinnbild
der Frömmigkeit. (Ruben.)

An der Decke: Man mus Waisen schützen, nicht berauben.

VIII. Herzog Ludwig des Reichen Sieg bei Giengen.
1462. (Nach Lindenschmitt.) Gegenüber Sinnbild des
Reichthums (nach Kaulbach von Ph. Foltz).

An der Decke: Heut lebendig oder todt, bleib ich bei
meinem Volk.

IX. Herzog Albrecht IV. gründet das Recht der
Erstgeburt der Regentenfolge Baierns. 1506. (Ph.
Schilgen.) Gegenüber Sinnbild der Weisheit (nach
Kaulbach von Ph. Foltz).

An der Decke: Gottes Wille geleitet zu Rath und That.

X. Der Cölnischen Burg Godesberg Erstürmung
durch die Baiern. 1583. (Nach Stilke von Gassen.)

Gegenüber Sinnbild der Schutzwehr (C. Schorn), daneben Friedensgöttin (E. Förster).

An der Decke: Wenn Gott mit uns, wer ist dann wider uns?

XI. Maximilian I. Herzogs von Baiern Erhebung zum Churfürsten 1623. (A. Eberle.) Gegenüber Sinnbild der Religion. (Stürmer.)

An der Decke: Der die Krone eines andern ehrt, ist auch der Seinen werth.

XII. Churfürst Maximilian Emanuel erstürmt Belgrad. 1688. Gegenüber Sinnbild des Sieges. (C. Stürmer.)

An der Decke um das Bild der heil. Jungfrau: Baiern mir nach.

Ueber dem letzten Ausgang nach der Strasse das kleine Bild:

Baiern schlagen die Entscheidungsschlacht bei Arcis sur Aube mit. 1814. (D. Monten.)

An der Decke: Hört ihr's! schon jauchzt es uns donnernd entgegen, Brüder hinein in den blitzenden Regen.

Weit bedeutender als diese historischen die nun folgenden landschaftlichen Frescen von C. Rottmann; sie gehören zum Grossartigsten, was die neuere Landschaftsmalerei geschaffen[*] und es muss tief bedauert werden, dass sie schutzlos theils dem Verderben durch Feuchtigkeit etc., theils aber auch rohem Vandalismus preisgegeben sind.

Die Rottmann'schen Frescen stellen Gegenden aus Italien und Sicilien dar. Einzelner Anführung der Darstellungen bedarf es hier nicht, da jedes Bild mit Unterschrift versehen, ausserdem noch oben durch ein Distichon König Ludwigs I. illustrirt wird.

Aquarell-Copien derselben von Scheuchzer befinden

---

[*] Der Standpunkt unter den Arcaden selbst genügt nicht; man betrachte sich die Staffage in der Nähe, dann aber vom Hofgarten aus in einiger Entfernung (mit Operngucker) die wunderbare harmonische Wirkung des Ganzen.

sich im Kupferstich-Cabinet (Alte Pinakothek); die
Originalcartons und Entwürfe Rottmann's in Darmstadt.

Am Ende der westlichen Reihe Durchgang zur
Ludwigsstrasse (die Magazine an der westl. Reihe
gehen zu dieser durch); dann an der Nordseite
der Arcaden:

Bilder aus dem griechischen Befreiungskampfe, nach
P. Hess in Wachsfarben ausgeführt von Nilson;
leider in solcher Höhe über den leergelassenen Wandflächen (ursprüngl. für die griechischen Landschaften
Rottmann's [jetzt in der Neuen Pinakothek] bestimmt),
dass die kleinen, immer nur wenige Personen darstellen-
den Bilder kaum zu sehen; Farbenscizzen derselben
befinden sich in der Neuen Pinakothek.

1. Rigias begeistert durch seine Gesänge das griechische Volk. 2. A. Ypsilanti überschreitet den Pruth.
3. Metropolit Germanos erhebt zuert die Fahne der
Unabhängigkeit in Kalavryta. 4. Pope Dikas empört
den Stamm der Dervenochoriaten. 5. Des Patriarchen
Gregorios Leichnam in's Meer geworfen. 6. Oekonomos
erklärt die Unabhängigkeit in Hydra. 7. Petro Mauromichalis stellt sich an die Spitze der Mainoten. 8. Bo-
bolina blokirt Nauplia. 9. Anagnostaras schlägt die
Türken bei Tripolitza. 10. Tombasis verbrennt das
erste türkische Linienschiff. 11. Untergang der 400
Hierolochiten bei dem Kloster Dragaschan. 12. Me-
taxas schlägt die Türken am Kladeus. 13. Athanasius
von Agrapha vertheidigt sich am Pruth mit 500 Mann
gegen 12,000 Türken. 14. Kantakuzenos nimmt Mo-
nembasia durch Capitulation. 15. Tipaldo beschützt
die türkischen Gefangenen bei Navarin. 16. Georgaki
sprengt sich mit 4 Gefährten in die Luft. 17. Odysseus
und Gouras schlagen die Türken bei Fontana 'in den
Termopylen. 18. Kephalos pflanzt die Fahne der Unabhängigkeit auf die Trümmer von Tripolitza. 19.
Thomas Kanakaris nimmt Patras. 20. Maurokordatos
vertheidigt Missolunghi. 21. Capitulation der Feste
Akrokorinth an Panurias. 22. Kanaris verbrennt 3
Linienschiffe der Türken bei Tschesme. 23. Plaputas

vertheidigt die Derevenen. 24. Demetrius Ypsilanti vertheidigt Larissa bei Argos. 25. Kolokotronis bei Lerna verschanzt. 26. Nikitas schlägt in den Derevenen die Reiterei des Dram Ali. 27. Tod des Constantin Petmezas. 28. Staikopulos überrumpelt den Palamides. 29. Londos zwingt bei Vostizza die Türken durch Hunger zur Uebergabe. 30. Marco Bozaris Tod im Lager bei Karpenissi. 31. Gouras Sieg bei Marathon. 32. Sachturis Seesieg bei Samos. 33. Miaulis Seesieg bei Kos. 34. Die Mainoten schlagen Ibrahim Pascha bei Verga. 35. Karaiskakis siegt bei Arachona. 36. Makrijanis vertheidigt sich am Piräus. 37. Kolettis proklamirt die Wahl König Otto's. 38. Die Griechen huldigen in München dem König Otto. 39. König Otto's Landung in Nauplia.

An der Nordseite Steigerwald's Glasmagazin, dann zwischen den griechischen Bildern Eingänge zur Kunstgewerbeschule und zum Ethnographischen Museum (s. d. Art.), dann die Einfahrt in den Englischen Garten (rechts der »Harmlos«), endlich gegen den Platz vor der Caserne 7 colossale Gruppen, die Thaten des Hercules darstellend, im 17. Jahrh. nach Candid von Roman Boos aus Holz gearbeitet, kürzlich renovirt. Hier Aufgang zum Kunstverein (s. d. Art.).

Hofkapelle *in der alten Residenz,* 1601 von Maximilian I. erbaut. Bild des Hauptaltars, Mariä Himmelfahrt, von Christoph Schwarz.

Hofkapelle *(musikalische)*, kgl., unter Fr. Wüllner's Leitung, gibt im grossen Saale des Odeons während der Advent- und Fastenzeit ausgezeichnete Vocal- und Instrumental-Concerte. S. die Art. Concerte, Kirchenmusik.

Hof- und Nationaltheater, siehe Theater.

Hof- und Staatsbibliothek, s. Bibliothek.

Hohenschwangau, *Schloss,* siehe Anhang.

Jacobskirche am Anger, siehe Kirchen.

Jesuitenkirche, ehemalige, jetzt St. Michaels-Hofkirche, s. d. Art.

Industrie-Ausstellungsgebäude, Glaspalast im botanischen Garten vor dem Carlsthore, (Plan D. 4), zunächst für die grosse im J. 1854 stattgefundene Industrieausstellung bestimmt, in architectonischer Beziehung ähnlich dem Industriepalast im Hydepark zu London; unter Leitung des Oberbauraths v. Voit von Cramer-Klett in Nürnberg errichtet; Länge 800 (baier.) F.; Breite des Mittelbaues (Transsept) 300 F., der beiden Seitenflügel 160 F.; 3 Schiffe, das Mittelschiff 80 F. breit, eben so hoch; die beiden Seitenschiffe 40 F. breit, 37 F. hoch, haben aber inmitten eine Säulenreihe mit einer Säulenweite von 20 F. Der innere Flächenraum beträgt mit den Gallerien ca. 250,000 ☐-Fuss. Es wurden dazu 30,000 Ctr. Eisen und 78,000 Glastafeln verwendet.

Das grossartige Gebäude wird seitdem zu verschiedenen Festlichkeiten, Ausstellungen, militärischen Exercitien und verschiedenen Schaustellungen benutzt. 1855 fand hier das grosse Münchener Musikfest statt; 1856 das Festmahl bei dem 100jährigen Stiftungsfest des Cadettencorps. Im Jahre 1858 wurde zur Jubiläums-Feier des 700jährigen Bestehens der Stadt München eine Local-Industrie-Ausstellung auf der westlichen Seite des Gebäudes vom Münchener Gewerbe-Verein veranstaltet, während im östlichen Flügel von der Academie der bildenden Künste, zur 50jährigen Feier ihres Bestehens hervorgerufen, die denkwürdige deutsche allgemeine und histo-

rische Kunst-Ausstellung von Mitte Juli bis
Mitte October stattfand. — Im Jahre 1868 tagte hier
die General-Versammlung der katholischen Vereine
Deutschlands. — 1866 wurde ein Flügel zur Kaserne eingerichtet, — 1867 tagte hier der deutsche Juristen-
tag, — 1869 erfüllte die Räume die Erste internatio-
nale Kunstausstellung, der sich wiederum (im östl.
Flügel) eine Local-Industrieausstellung anschloss. —
Ausserdem werden die Räume zu Blumen-Ausstellungen
(Anfang Mai) und während des Octoberfestes zu solchen
von Früchten, Ackergeräthschaften und Modellen benützt.

Industrieschule, kgl., Damenstiftsgasse; für
jene bestimmt, welche ein technisches Fach wählen,
ohne in eine höhere technische Lehranstalt über-
zugehen. Rector: Professor Kleinfeller; 16
Lehrer, ca. 170 Hörer und Hospitanten.

Institut für krüppelhafte Knaben, Staubstr.
Nr. 13a (Plan D. 9); die Zöglinge werden in
Holzschnitzerei, Graviren, mechanischen Arbeiten
u. s. w. unterrichtet, um später zu einem Gewerbe
übergehen zu können.

St. Johanniskirche, in der Sendlingerstrasse,
siehe Kirchen.

Irren-Anstalt, Kreis-, für Oberbaiern, 1857
bis 58 vom Bauinspector Reuter im hochgele-
genen Theil der Vorstadt Au (»Auer Lüften«) erbaut, 1860 eröffnet.

Das Gebäude steht mit der Front gegen Süden zu,
hat eine Länge von 580 F. mit zwei Seitenflügeln und
Eckpavillon zu je 250 F. Länge, und ist mit blauen
Ziegeln gedeckt. Die etwa 27 Tagwerke umfassenden
Hof- und Gartenräume sind von einer Mauer umgeben.

Isarthor, mit Frescomalereien, welche König
Ludwig I. darauf anbringen liess, durch Gärtner

1833 in seiner ursprünglichen Bauart wieder hergestellt.

Die 3 Thürme bilden, durch 20 Fuss hohe Mauern
vereinigt, ein Viereck von 85 F. Breite und 60 F.
Tiefe mit 8 Eingängen nach verschiedenen Seiten. An
der Hauptfaçade (nach der Isar zu) im 75 F. langen
und 8 F. hohen Fries ein Frescobild, nach Cornelius
Angaben von Neher und Kögel gemalt, neuerdings
restaurirt: der Einzug Kaiser Ludwig des Bayern
nach der siegreichen Schlacht bei Mühldorf (Ampfing)
am 28. October 1322, welcher durch dieses Thor stattfand: Links das Thor selbst, welches Jünglinge und
Jungfrauen bekränzen; Geistlichkeit, Obrigkeit und
Volk erwartet den Kaiser. Ein Herold eröffnet den
Zug, hierauf Musikbanden, blumenstreuende Frauen
und Kinder, dann der Kaiser selbst mit den Reichs-
Insignien, auf weissem von zwei Rittern geleiteten
Rosse, hinter demselben König Johann von Böhmen,
der Erzbischof von Mainz (päpstlicher Legat), Herzog
Heinrich von Niederbaiern, hierauf des Kaisers Feld-
hauptmann, der greise Schweppermann, Burggraf
Friedrich von Nürnberg, die Grafen von Waldsee und
Oettingen, der Ritter von Rindsmaul mit den gefan-
genen, zu Fuss einhergehenden österreichischen Rittern,
Knappen mit Beutepferden, Kriegsleute mit bekränzten
Fahnen und Münchner Bürger, dabei die Zunft der
Bäcker, welche sich in der Schlacht besonders aus-
zeichneten, mit ihrem Banner.

Ueber den Seiteneingängen die Frescobilder der
Patrona Bavariae, der Jungfrau Maria mit dem Jesus-
kinde und des Schutzheiligen der Stadt, St. Benno.
Neben dem Haupteingang die colossalen Standbilder
des heil. Michael und heil. Georg von C. Eberhard
in Sandstein ausgeführt. Das Mittelbild des innern
Hauptthurmes (Kreuzigung) an Stelle eines alten
Bildes von Hans Mielich hat Baumann neu in
Fresco gemalt.

Kapuziner-Kloster, siehe Klöster.

Kaulbach's Atelier, siehe Künstler-Werkstätten.

Kindergärten, nach Fröbel's System, zählt München z. Z. sechs und zwar: Salvatorplatz 4, Wurzerstrasse 8, Schwanthalerstrasse 25, Müllerstr. 22, Türkenstrasse 12, Briennerstrasse 19.

Kirchen. *I. Aeltere Kirchen und Capellen.*

1) Metropolitan-Pfarrkirche zu Unser Lieben Frauen (s. Frauenkirche);

2) Pfarrkirche zu St. Peter am Rindermarkt (s. Peterskirche);

3) Pfarrkirche zum Heiligen Geist im Thal, eine der ältesten, aus der Mitte des 13. Jahrhunderts;

4) Pfarrkirche zum Kreuz (ehemals die Kirche Allerheiligen am Kreuz), Kreuzgasse;

5) St. Jacobskirche am Anger. Gehört zum Mutterkloster der armen Schulschwestern;

6) St. Michaelis-Hofkirche, ehem. Jesuitenkirche (s. d. Art. St. Michaeliskirche);

7) Hofkirche zum heiligen Cajetan oder Theatinerkirche (s. d. Art. Theatinerkirche);

8) Damenstifts- oder St. Annakirche in der Damenstiftsgasse;

9) Pfarrkirche zu St. Anna oder Franziscaner-Klosterkirche in der St. Annavorstadt, St. Annastrasse, in neuerer Zeit renovirt, erhielt 1853 zwei Thürme;

10) St. Johanniskirche, Sendlingerstrasse 62, ebenfalls neuerdings in prächtigem Roccocostil restaurirt;

11) Schul- oder ehemalige Carmeliterkirche am Promenadeplatz, jetzt für die Gymna-

sien bestimmt; daneben das ehemalige Carmeliter-
kloster, in dem sich jetzt das Erziehungs-Institut
der Benedictiner (»Holländisches Institut«) und
das Ludwigs-Gymnasium befinden;

12) D r e i f a l t i g k e i t s - ehem. Carmeliterin-
nenkirche, Pfandhausgasse (das Kloster der Carme-
literinnen, an die Kirche angrenzend, ist jetzt ein
Leihhaus);

13) B ü r g e r s a a l, Neuhausergasse, von den
Jesuiten 1710 für die marianische Congregation
der Bürger, abgesondert von der lateinischen Congregation, gestiftet;

14) H e r z o g s p i t a l - K i r c h e, Herzogspitalgasse. Daneben das Kloster der S e r v i t i n n e n,
welche sich dem Mädchen-Unterricht widmen;

15) J o s e p h s p i t a l - K i r c h e, Josephspital-
gasse 11; dabei das neuerdings vergrösserte Jo-
sephspital;

16) Kirche zu den E l i s a b e t h i n e r i n n e n,
Mathildenstrasse. Dabei das Kloster und die der
Leitung der Elisabethinerinnen anvertraute Pfründ-
neranstalt (Spital);

17) St. S t e p h a n s k i r c h e am alten Friedhof
(s. d. Art. F r i e d h o f);

18) Kirche der b a r m h e r z i g e n S c h w e s t e r n,
hinter dem allgemeinen Krankenhause, in welchem
sie die Krankenpflege besorgen;

19) H e r z o g - M a x c a p e l l e, Maxburg;

20) H o f c a p e l l e in der alten Residenz;

21) R e i c h e Capelle in der alten R e s i d e n z
(s. d. Art. R e s i d e n z);

22) Capelle zur schmerzhaften Mutter Gottes hinter dem alten Friedhof;

23) St. Nicolaikirche auf dem Gasteig;

24) Griechische Kirche, ehemals St. Salvatorkirche, Salvatorplatz, den in München lebenden Griechen zum Gottesdienst eingeräumt. Die kostbaren Kirchengeräthe Geschenk des Kaisers Nicolaus von Russland. Thurm neuerdings restaurirt.

25) und 26) Pfarrkirchen der Vorstädte Haidhausen und Giesing.

II. Neuere Kirchen.

1) St. Ludwigspfarr- und Universitätskirche (s. d. Art. Ludwigskirche);

2) Allerheiligen-Hofkirche (s. d. Art. Allerheiligen-Kirche);

3) Basilica, Pfarrkirche zum heiligen Bonifacius (s. d. Art. Basilica);

4) St. Mariahilf-Kirche in der Vorstadt Au (s. d. Art. Mariahilf-Kirche);

5) Neue Pfarrkirche in der Vorstadt Haidhausen, vergl. Haidhausen.

6) Protestantische Pfarrkirche (s. d. Art. Protestantische Kirche);

7) Neue Pfarrkirche in der Vorstadt Giesing von Dollmann, 1866 begonnen;

8) Neue Protestantische Kirche, wird für die circa 15,000 Seelen zählende Gemeinde erbaut werden, Bauplatz an der Gabelsbergerstrasse (Plan F. 3).

Die Synagoge der Juden, nach dem Entwurfe Metiviers 1826 vollendet, Westenrieder- (sonst

Theater-) Gasse am Isarthor. — Bau einer Neuen
Synagoge am Wittelsbacherplatz projectirt.

Kirchhöfe, siehe **Friedhöfe.**

Kirchenmusik der kgl. Vocalcapelle s. d. Art.
Allerheiligen-Hofcapelle.

Kirchthürme. Der eine Frauenthurm, sowie
der Petersthurm können (nur gegen Karten à 12 kr.)
besucht werden. Für ersteren sind solche beim
Hausmeister der Mädchen-Domschule am Frauenplatz, für letzteren bei den Ministranten der Peterskirche zu nehmen; Besuch des Protestantischen
Kirchthurms auf Anfrage beim Messner, des Auer
Kirchthurms auf Anfrage beim Kirchendiener, gegenüber der Auer Postexpedition, des Thurmes der
neuen Haidhauser Kirche noch nicht gestattet.

Frauen- und Petersthurm etwas unbequem zu be-
steigen, Auer (von einem Kanonier zweimal an der
Aussenseite erstiegen) und Protestantischer Thurm bequem; für den Ueberblick der Stadt Petersthurm zu
empfehlen; von allen Thürmen bei geeigneter Luft
Ansicht der Alpenkette (Panorama vom Thurme der
protestant. Kirche, von G. v. Bezold, Preis fl. 3); sehr
schönen Ueberblick gewährt auch die Plattform des
Hoftheaters, jedenfalls bequemer als ein Thurm, und
mit Besuch der höchst interessanten inneren Einrichtung (s. d. Art. Theater) zu verbinden.

Klöster bestehen in München folgende:

1) **Bonifaciusstift** (Abtei), Kloster der P. P.
Benedictiner hinter der Basilica des hl. Bonifacius; 2) **Franziscaner-Kloster,** St. Anna-
Vorstadt; 3) **Capuziner-Kloster,** hinter dem
südlichen Friedhof; 4) **Kloster der Servitinnen**
im Herzogspital; 5) **Nonnenkloster zum Guten
Hirten,** Vorstadt Haidhausen; 6) **Mutterkloster**

der armen Schulschwestern bei St. Jacob
am Anger; 7) Mutterkloster der barmherz.
Schwestern, zum allgemeinen Krankenhause gehörig; 8) Vincentinum der Schwestern des
heiligsten Erlösers von Niederbronn, für
Pflege von Kranken und alten Leuten, auch Krankenpflege in den Wohnungen.

Kochel- und Walchensee, siehe Anhang.

Königsbau, neuer, siehe Residenz.

Krankenhaus, das allgemeine, vor dem Sendlingerthor. Im J. 1813 auf König Maximilian
Josephs Befehl erbaut, enthält 54 Krankensäle
und 36 Zimmer für einzelne Kranke.
Jedes nicht in München ansässige Individuum ist
verpflichtet, je nach dessen Stande, einen jährlichen
Beitrag von 1 fl. 12 kr. bis zu 4 fl. zu entrichten, und
kann dafür bei eintretenden Krankheitsfällen freie
Aufnahme etc. beanspruchen. Ein separates Zimmer
kostet täglich von 24 kr. aufwärts extra.
Die Krankenpflege besorgen grösstentheils die barm-
herzigen Schwestern, denen Ordenshaus und Kirche
1847 daneben erbaut wurde. — Auch existiren zur Pri-
vatpflege viele Krankenwärter und Wärterinnen. In
neuerer Zeit auch die sogenannten Schwestern von
Niederbronn.

Gegenüber dem Allgemeinen Krankenhause wurde
im Jahre 1865 ein Aushilfs-Krankenhaus
(auch Reconvalescentenhaus) erbaut. Es enthält
9 Säle, für je 11 Kranke berechnet und ist mit
vortrefflicher Ventilations-Einrichtung nach dem
System von Dr. K. Böhm in Wien versehen.

Kreisgewerbeschule, Damenstiftsgasse (Real-
schule), zur Vorbereitung für den Uebertritt in
eine höhere Lehranstalt bestimmt.

Kreuth, Wildbad, siehe Anhang.

Kriegsministerium, Ludwigsstrasse (Plan G. 3).
Das Gebäude wurde von L. v. Klenze 1824 erbaut
und hat nach der Ludwigsstrasse zu eine offene
Bogenhalle von 7 Arcaden. Hier befindet sich das
topographische Bureau und das Hauptconservatorium
der Armee mit reichhaltiger Bibliothek und Land-
karten-Sammlung. — Der anschliessende Flügel in
der Schönfeldstrasse, worin die Wohnung des Kriegs-
ministers, ist von Häring erbaut.

Krippenanstalten, Ländstrasse 3, in der St.
Annavorstadt und Gabelsbergerstrasse 23, zur Aufnahme, Aufsicht und Verpflegung kleiner Kinder
und Säuglinge armer Leute, welche ihrer Arbeit
nachgehen müssen, gegen geringe Vergütung bestimmt.

Kunstanstalt (Mayer'sche) für kirchliche Arbeiten, Stiglmairplatz 1; erfreut sich eines Welt-
rufes, denn aus ihren zahlreichen Ateliers, in
welchen über 140 Arbeiter (darunter auch Künstler) beschäftigt sind, werden kirchliche Kunstwerke
nicht allein nach allen deutschen Ländern, sondern auch nach Frankreich, Italien, Belgien, England (Depot in London) und Nordamerika versendet.
Es werden Bildhauerarbeiten und Malereien, dann
sämmtliche zur Einrichtung und Ausschmückung
von Kirchen nöthige Gegenstände theils in der
Anstalt selbst gefertigt, theils durch sie besorgt.
Vorstand: Jos. Gg. Mayer.

Kunstausstellungs-Gebäude, Briennerstrasse,
der Glyptothek gegenüber, von Ziebland erbaut,
25. August 1845 mit der ersten Kunstausstellung

eröffnet. Wie die gegenüberliegende Glyptothek im
jonischen, so ist das gleichfalls fensterlose Gebäude
im corinthischen Baustil aufgeführt, der Unterbau
jedoch 5 F. höher als dort. Das von 12 Säulen
getragene Giebelfeld enthält sinnbildliche Marmor-
gruppen nach Entwürfen von Ludw. v. Schwanthaler, welche sich auf das neue Kunstleben in
Baiern beziehen: in der Mitte Bavaria, Kränze an
die bezüglichen Künstler austheilend, zu ihrer
Rechten der Architect, der Historienmaler, der
Genremaler, der Porcellanmaler und der Glasmaler,
zu ihrer Linken der Bildhauer mit der Büste König
Ludwigs I., dann der Erzgiesser und der Münz-
graveur. Durch eine eherne Thüre gelangt man
in das von Marmorsäulen getragene Vestibul, welches in die zweckmässig eingerichteten Gemächer
führt, in welchen die Kunst-Ausstellungen
stattfinden, zuletzt 1869 bei Gelegenheit der In-
ternationalen die Ausstellung älterer Meister. —
Von 1870 ab wird, zunächst versuchsweise, eine
Local-Kunstausstellung (s. d. Art.) der Münchener Künstler-Genossenschaft einen Theil der
Räume, in dem auch das Antiquarium (s. d.
Art.) untergebracht ist, einnehmen.

Kunstgewerbe-Verein, früher Verein zur
Ausbildung der Gewerke, in Verbindung mit
einer Zeichnungs- und Modellir-Schule für Handwerkslehrlinge, bei Gelegenheit des im J. 1850 für
König Ludwig I. veranstalteten Dankfestes gegründet. Dieser Verein gibt eine Zeitschrift heraus,
welche Zeichnungen und Entwürfe in den
mannigfaltigsten Stilarten für alle Gewerke

enthält. — Die Ausstellung desselben befindet sich z. Z. im National-Museum.

Kunstverein; besteht seit 1824 und war der erste dieser Vereine in Deutschland. Der jährliche Beitrag beträgt: 12 fl. Fremde können durch Mitglieder während eines Monats freien Zutritt erhalten. Jährlich wird eine bedeutende Summe, über 30,000 fl., zum Ankauf von Gemälden und Sculpturen verwendet, welche zur Verloosung unter den Mitgliedern bestimmt sind. Sein Local befindet sich über den unteren Arcaden des Hofgartens in dem 1866 aufgeführten Kunstvereinsgebäude und ist täglich, mit Ausnahme des Sonnabends, von 10 — 6 Uhr geöffnet. Fremde können nur durch Mitglieder eingeführt werden.

Künstler-Werkstätten, Ateliers. *Bildhauer*: Halbig, Damenstiftsgasse; Schwanthaler'sches Atelier, Schwanthalerstr. 2; Knoll, Hundskugel 7; Knabl, Stiglmairplatz 1; Widnmann, Academie. — *Maler*: Director Wilh. v. Kaulbach, die Professoren Carl von Piloty, Schraudolph, M. von Schwind, Hiltensperger u. A. m. in der Academie, Neuhausergasse; — grösstentheils nur auf Anfrage zugänglich (Kaulbach's Atelier von 12—1 Uhr).

Kunst-Zinkgiesserei, Carlsstrasse 31. Nach Anmeldung täglich von 8 — 12 Uhr und von 3 — 6 Uhr zu sehen.

Kupferstich- und Handzeichnungs-Cabinet. Im Erdgeschoss der Pinakothek, s. Pinakothek.

Laboratorium, siehe Chemisches.

Literarischer Verein, im Erdgeschoss des Odeon. Fremde haben, durch Mitglieder eingeführt, drei Tage freien Zutritt, ausserdem beträgt das Abonnement auf 3 Tage 30 kr., auf 8 Tage 45 kr., auf 14 Tage 1 fl., auf 1 Monat 1 fl. 30 kr., auf 3 Monate 3 fl., auf 6 Monate 4 fl., Jahresabonnement 8 fl. und 1 fl. Aufnahmsgebühr. Man findet daselbst die grösste Auswahl von politischen, belletristischen und wissenschaftlichen Zeitungen und Journalen. Von Morgens 8 Uhr bis Abends 9 Uhr geöffnet.

Local-Kunstausstellung der Münchener Künstlergenossenschaft im Kunstausstellungsgebäude, Königsplatz (Plan D. 3), seit 1870, täglich von 9—5 Uhr, Eintritt 12 kr.

Ludwigskirche, St. Ludwigspfarr- und Universitätskirche, Ludwigsstrasse (Plan G. 2), von F. v. Gärtner im byzantinisch-italienischen Stil erbaut. Der Grundstein wurde am 28. August 1829 gelegt, Einweihung 1843. Die Kirche, von Kalksteinquadern in Kreuzesform erbaut, hat eine Länge von 230 F., Façade 110 F. hoch, 150 F. breit, die beiden achtseitigen, pyramidalisch endenden Thürme 220 F. hoch, zur Rechten und Linken der Vorderseite schliesst sich ein an beiden Seiten offener Säulengang an, durch welchen man in den die Kirche umgebenden Garten gelangt, in welchem ein »Kreuzweg« mit vierzehn Stationen (von der Verurtheilung Christi bis zur Grablegung, al fresco von Fortner).

Das Dach der Kirche mit bunten Ziegeln gedeckt, auf dem vorderen Giebel ein Kreuz; an den beiden

Enden dieses Giebels links Petrus, rechts Paulus, Co-
lossalstatuen von L. v. Schwanthaler aus weissem
Kalkstein. Eine offene Säulenhalle führt zu den drei
Eingängen, über denen fünf Nischen mit colossalem
Standbild des Erlösers und zu beiden Seiten der vier
Evangelisten, nach L. v. Schwanthaler's Modellen
in weissem Kalkstein ausgeführt.

Das Gewölbe des Innern wird von mächtigen
Pfeilern getragen. Die 90 F. hohe, drei Kreuzgewölbe
bildende Decke des Mittelschiffs ist mit goldenen Sternen
auf blauem Grunde geziert, in den drei Schlusssteinen
das baier. Wappen, das Münchner Stadtwappen und
das des verstorbenen. Erzbischofs Frhrn. v. Gebsattel.
In den niederen Seitenschiffen an jeder Seite drei
durch offene Bogen verbundene, 22 F. im Geviert
haltende Capellen. Rechts vom Eingang die Taufcapelle mit reichen teppichartigen Frescen, ähnlich
ist die Glasmalerei der Fenster, in der Mitte der
Wölbung der heilige Geist in Gestalt einer weissen
Taube, an den Seiten vier Engel v. M. Heiler. Von
demselben sind die auf Goldgrund gemalten in den
Capellen am Querschiff befindlichen Bilder des heil.
Ludwig und der heil. Theresia.

Die herrlichen Frescomalereien von P. v. Cornelius, besonders das ganz von seiner Hand ausgeführte Hauptbild, das „jüngste Gericht" (63 F. hoch,
39 F. breit), welches die Wand hinter dem Hochaltar ein-
nimmt, bilden mit den schönsten Schmuck des Innern
dieser Kirche. In der Mitte der oberen Abtheilung:
Christus als Weltrichter, umgeben von den Heiligen
des alten und neuen Bundes, zu seinen Füssen Maria
und Johannes der Täufer kniend, gleichsam fürbitt-
end, über ihm sechs Engel mit den Marterwerkzeugen.

Alle diese Gestalten sind weit über Lebensgrösse,
die des auf dem Wolkenthrone sitzenden Christus 12 F.
hoch. In der mittleren Abtheilung in gleicher Grösse
in der Mitte eine Gruppe von vier Engeln mit den
Posaunen des Weltgerichts, der Engel der Offenbarung
mit dem aufgeschlagenen Buche des Todes und des
ewigen Lebens; rechts die Seligen von Engeln em-

pfangen, links die Verdammten durch Engel in den Abgrund gestürzt.

In der unteren Abtheilung über dem Altar die Gestalt des Erzengels Michael mit dem Schilde und dem erhobenen Schwert, gleichsam die Auferstandenen scheidend. Zur Rechten des Bildes neben einer Gruppe, das Wiederfinden von Vater und Sohn bezeichnend, das lorbeergekrönte Bildniss König Ludwig I., weiter nach unten das Wiedersehen zweier Liebenden und zweier Freundinnen. Unter den emporschwebenden Seligen die Gestalt Dante's, (im rothen Gewande), und Fiesole's, (im Dominikaner-Ordenskleide). Zur Linken unter dem Sturz der Bösen die Gruppen der Lasterhaften, von Teufeln in die Verdammniss gezogen. Unten in der Mitte, im Vordergrunde ein Engel, welcher mit dem Schwerte einen Teufel von einem auferstandenen Weibe abwehrt.

Die übrigen Frescen sind nach Cornelius Entwürfen von C. Hermann, C. Stürmer und andern seiner Schüler ausgeführt.

Deckengemälde über dem Altar im hohen Chor.

1) Gott der Herr, als Schöpfer der Welt, innerhalb des Thierkreises auf dem Erdball, welcher von geflügelten Cherubim getragen; in der Höhe über ihm die dreifach geflügelten Seraphim, daneben fünf Engelchöre, darstellend die Throni (Fürstenthümer), die Virtutes (Kräfte), die Scientiae (Einsichten), die Dominationes (Herrschaften) und die Potestates (Gewalten).

Rechts und links von der Weltschöpfung in den Ausschnitten die Ideal-Gestalten der Vorsehung;

2) abwehrende und streitende Engel unter Erzengel Michael, als Schiedsrichter;

3) schützende und vermittelnde Engel unter Erzengel Gabriel, als Engel der Verkündigung; Raphael als Führer des Tobias, der Fürsorger der Menschen; Uriel, künftige Wohnungen im himmlischen Jerusalem ausmessend, und die drei Engel, welche einst Abraham verheissend erschienen.

Seitenchor zur Rechten des Hauptaltars.

Anbetung des Christuskindes. In den Seitenfeldern: **Verkündigung** in den Gestalten der Maria und des Engels Gabriel. An der Decke: die vier Evangelisten.

Seitenchor zur Linken des Hauptaltars.

Kreuzigung Christi mit den Gruppen der Hohenpriester und Schriftgelehrten der Juden, so wie den wohlwollenden Römern mit dem vom wahren Glauben berührten Hauptmann an ihrer Spitze. Am Fusse des Kreuzes die ersten Anhänger Christi, dessen Mutter, Johannes, Magdalena u. s. w. In den Seitenfeldern: die Auferstehuug. An der Decke: die vier Kirchenväter.

Kreuzgewölbe im Querschiff.

Im Schlussstein des Gewölbes die Taube, als Symbol des heil. Geistes. In den vier Feldern:

1) die Patriarchen und Propheten;
2) die Apostel und Märtyrer;
3) die Kirchenlehrer und Ordensstifter;
4) die Verbreiter des Christenthums, die heil. Könige und Jungfrauen.

Ludwigsstrasse, durch die von König Ludwig I. darin geschaffenen Prachtbauten eine der schönsten Strassen Deutschlands, 60 Schritte breit, 1800 Schritte lang. Die Gebäude in derselben sind zum Theil in mannigfaltigen Formen des byzantinischen Stils ausgeführt.

Bedeutendere Gebäude an derselben, die ersten noch zum Odeonplatz gehörig.

Feldherrnhalle.

Links:	*Rechts:*
Theatinerkirche.	Residenz.
Odeon.	Bazar.
Leuchtenberg-Palais.	Kriegsministerium.
Herzog-Max-Palais.	Bibliothek.

Damenstift.	Ludwigskirche.
Blindeninstitut.	Priesterseminar.
Bergwerks- und Salinen-Administration.	Max-Josephstift, Töchter-Institut.

Universität, davor die Springbrunnen.

Siegesthor.

Zwischen Odeon und Leuchtenberg- (jetzt Prinz Luitpold-) Palais das Reitermonument König Ludwigs I.

Ueber die einzelnen Gebäude vergl. unter den betreffenden Artikeln.

Mariahilf-Kirche in der Vorstadt Au*) (Plan G. 8), 1831—1839 im gothischen Stil von Ohlmüller begonnen, nach dessen Tod von Ziebland vollendet. Die Einweihung fand am 25. August 1839 statt. Länge 235 F., Breite 81 F., Höhe 95 F. Auf einem Sockel von Tuffstein erhebt sich der Bau der Kirche aus rothen Backsteinen. Der über der Mitte des Portals zu einer Höhe von 280 F. aufsteigende Thurm, den Regeln des gothischen Stils entgegen mit der Kirche verbunden, aus einem Viereck in's Achteck übergehend, endigt in eine achteckige, 100 F. hohe durchbrochene Pyramide; auf derselben vergoldetes Kreuz. Thurm, Portal, Einfassung der beiden Fenster zur Seite desselben, Fensterrosen und Verzierungen, sowie Einfassung der Seiteneingänge sind von graugelblichem Sandstein. Das Dach mit buntglasirten Ziegeln teppichähnlich gedeckt.

Das Innere der Kirche zeigt die schönsten Verhältnisse, es wird durch neunzehn 52 F. hohe, 13 F. breite, mit herrlichen Glasmalereien geschmückte Fenster erhellt. Diese Malereien übertreffen an Schön-

---

*) Das Alter dieser Vorstadt reicht weit hinauf; im J. 1347 bestand hier schon eine Papiermühle.

heit der Zeichnungen alle älteren, an Farbenpracht die neueren gebrannten Gläser. Sie wurden in der k. Glasmalerei-Anstalt unter Leitung des Prof. H. v. Hess nach den Cartons der hierbei bemerkten Künstler ausgeführt und beziehen sich auf die Geburt und das Leben der heil. Jungfrau Maria.

Durch das Portal eintretend

vom Eingange links:

1) Verkündigung der Geburt Mariä. (Von W. Röckel.)
2) Heimkehr ihres Vaters Joachim. (A. Fischer.)
3) Geburt Mariä. (A. Fischer)
4) Erster Tempelgang Mariä. (A. Fischer.)
5) Vermählung Mariä. (A. Fischer.)
6) Verkündigung. (A. Fischer.)
7) Heimsuchung. (Schraudolph und A. Fischer.)
8) Geburt Christi. (A. Fischer.)
9) Tod Mariä. (A. Fischer und Schraudolph.)

vom Eigange rechts:

1) Anbetung der heiligen drei Könige. (Von A. Fischer.)
2) Verheissung Simeons im Tempel. (A. Fischer.)
3) Flucht nach Egypten. (A. Fischer.)
4) Christus als Knabe im Tempel. (Schraudolph.)
5) Hochzeit zu Cana. (W. Röckel.)
6) Christus Abschied von seiner Mutter vor der Kreuzigung. (A. Fischer.)
7) Kreuztragung. (A. Fischer und Schraudolph.)
8) Kreuzigung. (Chr. Ruben.)
9) Grablegung. (Chr. Ruben.)

Im mittleren Chorfenster.
Die Himmelfahrt Mariä. (Von Ruben.)

Auf demselben Fenster.
Die Grabtragung Mariä. Grau in Grau. (Von W. Röckel.)

Die Verzierungen in den Fenstern von Ainmüller.

Die beiden kleineren Fenster zur Seite des Portals zeigen das eine das baierische Wappen (König Ludwigs), das andere das sächsische (der Königin Therese).

Die Altäre sind mit Holzschnitzwerk von Schönlaub verziert. Am Hauptaltar die Kreuzigung, zur Seite der heil. Ludwig, welchem das Modell einer Kirche dargebracht wird; die Männer dabei stellen den Architecten der Kirche Ohlmüller und den Künstler des Holzschnitzwerks Schönlaub dar. Die heil. Theresia, welcher die Stiftungsurkunde ihres Ordens überreicht wird. An den Wänden der Seitenschiffe die Passionsgeschichte in Holzschnitzwerk.

Die polychromisch gefasste Kanzel ist von Entres in Holz gearbeitet, nach Ohlmüllers Zeichnung.

In der Eingangshalle zwei eherne Gedenktafeln mit bezüglichen Inschriften; auf jener zur Rechten ausserdem König Ludwig, welchem Ohlmüller den Plan der Kirche überreicht, daneben Hess und Ainmüller; auf der zur Linken die Bildnisse der beim Bau der Kirche beschäftigt gewesenen Künstler und Werkmeister.

König Ludwig I. schenkte der Kirche nicht nur die kostbaren Fenster, sondern gab auch zum Bau derselben einen Beitrag von 100,000 fl.

Mariensäule, siehe Denkmäler.

Marionetten-Theater, siehe Theater.

Maschinenfabrik des Hrn. von Maffei in der Hirschau am Ende des Englischen Gartens. Aus dieser Maschinenbau-Anstalt (einer der grössten Deutschlands, denn sie beschäftigt zuweilen 1200 Arbeiter) gingen die Locomotiven für die baierischen Eisenbahnen, die Dampfmaschinen für die Spinnereien in Augsburg, für die Dampfschiffe auf der Donau und dem Starnberger See, sowie die preisgekrönte Locomotive »Bavaria« für die Eisenbahn über den Semmering und vieles Andere hervor. Mit der Fabrik ist zugleich eine Eisengiesserei verbunden.

Eine Strassenlocomotive vermittelt den Transport der Locomotiven, Tender etc., welche von der Fabrik nach dem Bahnhof geschafft werden.

Eintrittskarten werden Promenadeplatz 18 bei Hrn. von Maffei ertheilt.

Maxburg, siehe Herzog-Maxburg.

Maximilianeum. Grossartige Stiftung König Maximilians II., bestimmt, zur Universität reifen besonders befähigten jungen Männern Baierns, ohne

Rücksicht auf Herkunft, welche sich dem höheren
Staatsdienst widmen wollen, völlig kostenfreie Aufnahme bis zur Beendigung ihrer Studien zu gewähren.
Director: Professor Steininger. — Das Gebäude
enthält 26 Einzeln-Wohnzimmer, dann Lehrzimmer,
Krankenzimmer, gemeinschaftliche Speise-, Conver-
sations- und Lesesäle, Wohnung des Directors u. s. w.
Ausserdem wird auch die kgl. Pagerie in das
Gebäude verlegt. Die Eintheilung des Innern ist
jedoch so, dass jedes dieser beiden Institute ohne
gegenseitige Berührung seine Aufgabe lösen kann.

Den Glanzpunkt des Innern werden jene Räume
bilden, welche zur Aufnahme von Kunstschöpfungen — als Mittel zur geistigen Anregung und
Erholung — bestimmt sind. In einem grossen
Vorsaale mit zwei 120 F. langen und 48 F. breiten
Sälen sollen nämlich dreissig, die Weltgeschichte
darstellende, zum Theil colossale Oelgemälde, wie
z. B. die Schlacht bei Salamis von Kaulbach
u. A. aufgestellt werden. In zwei weiteren Sälen,
lediglich für Frescomalereien bestimmt, ein die Stiftung des Maximiliansordens darstellendes Frescobild
und ein anderes, welches eine Zusammenstellung
der grössten Diplomaten repräsentirt; beide von
Seibertz. Standbilder auf Goldgrund, sechs der
grössten Feldherren und sechs der grössten Staats-
männer darstellend, von Pecht gemalt, werden
die Wände des einen Saales, zwölf der grössten
Gelehrten, Erfinder und Wolthäter von Hiltensperger jene des andern Saales schmücken. Die
beide Frescosäle verbindenden Loggien erhalten
24 Colossalbüsten der grössten Feldherren, Staats-

männer, Gelehrten und Erfinder von Schöpf und
Halbig. Vom grossartigen Vestibule des Erdgeschosses führt eine dreiarmige Prachttreppe, in
einem 65 Fuss im Quadrat haltenden, durch eine
Glaskuppel beleuchteten Treppenraume zu den vor-
genannten Kunstsälen.

Im Einklange mit der inneren künstlerischen
Ausstattung weist auch das leider immer noch
unvollendete Aeussere fünf grosse historische, stereochromisch behandelte Bilder auf; die drei mittleren von Piloty: Erbauung der Kirche und des
Klosters Ettal durch Ludwig den Baiern; links
Stiftung der Universität Ingolstadt durch Ludwig
den Reichen (1472); rechts Wolfram von Eschenbach beim Sängerkrieg auf der Wartburg; am
südlichen Seitenpavillon der Entsatz von Wien unter
Max Emanuel von Dietz; am nördlichen der
Hausvertrag von Pavia von Echter.

Ausser diesen Gemälden am Aeussern soll der
mittlere Pavillon durch eine 15 F. hohe geflügelte
Bavaria, Kränze austheilend, bekrönt werden, und
sollen an verschiedenen Punkten der Façade Statuen
geschichtlich bedeutender Baiern aufgestellt werden.

Den Plan dieses grossartigen Gebäudes hat,
nachdem eine Concurrenz ausgeschrieben war, bei
welcher der Entwurf Stülers in Berlin preisgekrönt,
seine Ausführung aber zu theuer befunden wurde,
auf Befehl Maximilian II. Friedr. Bürklein entworfen und soll der Bau auch nach des Königs
Tod aus hiezu testamentarisch bestimmten Mitteln
fortgeführt werden; trotzdem gleicht aber die
vordere Fronte fast einer Ruine.

Maximilians-Brücke, siehe B r ü c k e n.

Maximilians-Caserne, siehe C a s e r n e n.

Maximilians-Getreidehalle, siehe G e t r e i d e -
H a l l e.

Maximiliansstrasse, neue. Vom Max-Josephs-
Platz am k. Hoftheater ausgehend, mit 80 Fuss
Breite beginnend, erweitert sich dieselbe nach einer
Länge von 1400 F. zu einem mit Blumenparterres, Bosquets und Statuen geschmückten »Forum«
von 280 Fuss Breite und 1300 Fuss Länge, um
von dem Schlusse desselben in der normalen Breite
von 80 Fuss die Isar überschreitend, das jenseitige
Hochufer zu erreichen und nach einer durchmes-
senen Gesammtlänge von 5700 Fuss in die alte
Wienerstrasse der Vorstadt Haidhausen einzumünden.

Der Kosten-Betrag des Strassenareals wurde von
König Max II., dem Schöpfer dieser Strasse, aus
eigenen Mitteln bestritten, und der Entwurf sowie
die Oberleitung dem Generaldirections- und Baurathe
F r i e d r. B ü r k l e i n anvertraut. Die Kosten der Ausführung des Strassenkörpers und der B r ü c k e n dagegen
geschah aus G e m e i n d e m i t t e l n durch Z e n e t t i.

Die Reihenfolge der Gebäude ist durch die folgende Darstellung bezeichnet; nähere Details finden
sich unter den betreffenden Artikeln.

R e s i d e n z p l a t z.

Links:	*Rechts:*
Residenz.	Postgebäude.
Theater.	Münze und
Vier Jahreszeiten (Hôtel).	Café Maximilian.
Marstallplatz (Weg zum Hofgarten).	Café de l'Opéra (und Weg zum Hofbräuhaus).
Privathäuser.	Café Lorenz.

S t r a s s e n e r w e i t e r u n g.

Regierung.	National-Museum.

Vier Statuen, siehe Seite 36.
Bauplätze.
Drei Isarbrücken, siehe Seite 30.
Maximilianeum.
(Alles andere Privatbauten.)

Menterschwaige, siehe Anhang.

Metzgersprung, siehe Feste, Volksfeste.

Michaelis-Hofkirche, St., sonst Jesuitenkirche, jetzt zugleich Garnisonskirche, Neuhausergasse (Plan E. 5). Diese prächtige Kirche wurde
vom Herzog Wilhelm V. für die Jesuiten erbaut,
welche bereits von seinen Vorgängern nach München berufen waren, ebenso das daneben liegende
Jesuitencollegium (jetzt Academiegebäude).

Die Kirche, 1597 eingeweiht, hat keinen Thurm;
der zuerst erbaute stürzte schon während des Baues
10. Mai 1590 zusammen. Länge 284 F., Breite 114 F.
Die Façade hat zwei Portale von rothem Marmor, dazwischen in einer Nische die colossale Erzstatue des heil.
Michael, den Satanas überwindend. Im Giebel Christus als
Welterlöser; unter ihm Angehörige des baierischen Für-
stenhauses, in der Mitte Herzog Otto, zur Seite desselben frei stehend Theodo und Theodowalda. Darunter
in zwei Reihen in rothen Blenden aus Marmor folgende Standbilder: Karl der Grosse, Otto I. von Wittelsbach, Kaiser Ludwig der Baier, Kaiser Ruprecht
von der Pfalz, König Christian von Dänemark, Churfürst Ludwig der Brandenburger, Kaiser Maximilian I.,
Herzog Albrecht der Weise, Kaiser Karl V., Kaiser
Ferdinand, Herzog Wilhelm IV., Herzog Wilhelm V.
Oben die Inschrift: *Deo Opt. Max. Sac.* Unter der
ersten Reihe folgende: *In memoriam D. Michaelis
Archangeli dedicari curavit*, sodann unterhalb der
zweiten Reihe: *Guilielmus Comes Palatinus Rheni
Utriusque Bavariae Dux Patronus et Fundator.*

Das Innere der Kirche bildet ein durch seine
Kühnheit berühmtes von Wolfgang Miller (geb. 1537)

erbautes Tonnengewölbe, dessen Sprengweite 65 F.
beträgt. Freunde der mittelalterlichen Kunst finden
in der Seitencapelle rechts den reichen von Hans
Hemling aus Bremen im J. 1440 gefertigten kostbaren Reliquienschrein des heil. Cosmas und Damian.
Unter den Gemälden das des Hauptaltars der Sturz
der Engel von Chr. Schwarz bemerkenswerth. Das
bedeutendste Kunstwerk in der Kirche ist Thor-
waldsens Denkmal des Herzog Eugen von Leuchtenberg, Vicekönigs von Italien (Carrara-Marmor),
welches seine 1861 verst. Gemahlin, König Max Josephs Tochter, ausführen liess. Die Gestalt des Herzogs
nur mit einem einfachen, leicht über die Schulter ge-
worfenen Gewande bekleidet, mit der Rechten einen
Lorbeerkranz, an der Seite das Schwert, die Linke
am Herzen haltend, zu seinen Füssen Italiens eiserne
Krone, Helm und Harnisch, neben ihm die Muse der
Geschichte und die Genien des Todes und der Un-
sterblichkeit, steht vor der verschlossenen Grabespforte.
Ueber derselben sein Wahlspruch: *Honneur et Fide-*
lité. Inschrift am Sockel, von zwei Genien getragen:

Hic placida ossa cubant
Eugenii Napoleonis
Regis Italiae Vices quondam gerentis
Nat. Lutet. Parisior. d. III. Sept. MDCCLXXXI.
Def. Monachii d. XXI. Febr. MDCCCXXIV.
Monumentum posuit vidua moerens
Augusta Amalia
Maximil. Jos. Bav. Regis filia.

Unter dem Chore die zweite und grösste Fürstengruft, nur am Allerseelentage geöffnet. Unter den
vielen hier aufgestellten Särgen befinden sich die des
Gründers der Kirche Herzog Wilhelm V. und seiner
Gemahlin Renata, des Churfürsten Maximilian I. und
seiner beiden Gemahlinnen Elisabeth und Maria Anna,
des Herzog Maximilian Philipp und seiner Gemahlin,
des Herzog Eugen v. Leuchtenberg und seiner Gemahlin.

Militär-Zeughaus, siehe Zeughaus.

Ministerien, kgl., sind folgende:

Ministerium des k. Hauses und des Aeusseren, Promenadeplatz 22.

Ministerium der Justiz, Augustinergasse 2, im ehemaligen Augustinerkloster.

Ministerium des Innern und Cultus-Ministerium (Ministerium des Innern für Kirchen- und Schulangelegenheiten), Theatinerstr. 21, im ehem. Theatinerkloster.

Ministerium der Finanzen, Ludwigsstrasse 31 und Galleriestrasse 1.

Ministerium des Handels und der öffentlichen Arbeiten, Theatinerstrasse 21 rückw.

Kriegs-Ministerium, Ludwigsstrasse 24 und Schönfeldstrasse 1. Ebendaselbst auch das Topograph. Bureau (vgl. d. Art. Kriegsministerium).

Monopteros, siehe Engl. Garten.

Monumente, siehe Denkmäler, öffentl.

Münz- und Medaillencabinet, königl., im Academiegebäude, s. Academie d. Wissenschaften.

Münzgebäude, kgl., am Hofgraben 1 (Plan F. 5), ursprünglich 1573 als Turnierplatz erbaut, 1809 durch Gärtner (Vater) zum jetzigen Zweck umgestaltet, hat dasselbe in Folge der Ausführung der Maximiliansstrasse eine Erweiterung durch zwei Pavillons und dieselben verbindende Arcaden erhalten, deren östlicher sammt Arcaden 1859 bis 1863, der westliche 1862 bis 1864 von Bürklein erbaut ward. Das den Beginn der Maximiliansstrasse bezeichnende Gebäude erhielt an diesem Erweiterungsbau statuarischen Schmuck, indem die Attika der Arcaden 8 metallene Standfiguren, dar-

stellend den Bergbau, die Scheidekunde, die Gra-
virkunst, die Prägekunde, den Handel, die Industrie,
die Wissenschaft und die Kunst, modellirt von
Kirchmayr und Gröbmer, erhielt. An den
äussersten Ecken beider Pavillons die 9 Fuss hohen
allegorischen Standbilder der Baukunst und Gar-
tenkunst, beide von Halbig. Während der gegen
den Max-Joseph-Platz gerichtete Pavillon die Bureaus und Dienstwohnungen enthält, befindet sich
in dem entgegengesetzten Pavillon das elegant
eingerichtete *Café Maximilian* (siehe Einleitung).

Der Hof des alten Münzgebäudes (Ein-
gang aus der Querstrasse bei der Schildwache), ein
wohl erhaltener Turnierhof, verdient einen Besuch.

Museum, Promenadestr. 12, eine geschlossene
Gesellschaft und Ressource für die höheren Stände.
In den Räumen desselben Lesezimmer mit grosser
Auswahl von Zeitungen etc., Billardzimmer und
Restauration. Im Winter Bälle, Concerte, Vorles-
ungen u. s. w. Fremde können durch Mitglieder
eingeführt und vorgeschlagen werden. Der ausser-
ordentliche Beitrag beträgt dann monatlich 2 fl. 42 kr.

Museum, siehe auch „*Anthropologisches*" dann
„*Zooplastisches*".

National-Museum, Maximiliansstrasse 12 (Plan
H. 5); Schöpfung des Königs Max II., 1858 bis
1863 von Riedel erbaut. Länge des Gebäudes
500 F., Höhe des mittleren Pavillons 100 F., der
Nebenflügel 80 F., das Ganze nimmt einen Raum
von 45,000 Quadratfuss ein.

Zugänglich Sonntag und Donnerstag mit freiem
Zutritt, Dienstag, Mittwoch, Freitag und Samstag von

10—2 Uhr gegen 30 kr. Entrée. — Catalog von
Messmer und Kuhn 2 fl. 30. kr.

Auf dem Giebel des Mittelbaues die *Bavaria* mit
dem Löwen, von Kirchmayer (Zinkguss). Zu beiden
Seiten allegorische Figuren mit entsprechenden Wappen,
die Provinzen Baiern, Pfalz, Franken und Schwaben
darstellend, von Zell, Wagmüller, Ruf und
Zumbusch. Die acht Figuren an der Façade zwischen den Karyatiden sollen die acht Cardinal-Tugen-
den des Baiern - Volkes darstellen: Vaterlandsliebe,
Fleiss, Frömmigkeit, Treue, Weisheit, Gerechtigkeit,
Tapferkeit und Grossmuth, durch berühmte Männer
aus der baierischen Geschichte repräsentirt. — Die in
Relief aufgeführten Felder oberhalb dem Pavillon des
Mittelbaues veranschaulichen die Architektur und Malerei, jene der niederen Pavillons die Bildhauerkunst
und Erzgiesserei. Diesen entsprechend ober den Fenstern der Erdgeschosse in den Pavillons: Goldschmiede-
kunst, Glasmalerei, Weberei und Waffenschmiedekunst
(Portland-Cement).

Ausser diesen Decorationen trägt die Façade die
Aufschrift:

„Meinem Volk zu Ehr und Vorbild."

Die Sammlungen vereinigen eine Menge von in
königl. Schlössern und sonst in Baiern zerstreut gewesenen Alterthümern, namentlich auch solche, die auf
die Geschichte und Entwicklung des baierischen Volkes
Bezug haben. Durch Ankauf verschiedener Privatsammlungen, Einverleibung der Alterthumssammlung der Universität Erlangen, des kgl. Elfenbeincabinets, eines Theils
der kgl. Vereinigten Sammlungen u. s. w. erreichte das
National-Museum unter der verdienstvollen Leitung
seines Vorstandes, des Freiherrn K. M. von Aretin,
in der verhältnissmässig kurzen Zeit seines Bestehens
eine Höhe, welche es gegenwärtig in jeder Weise
den ersten Anstalten dieser Art gleichstellt. — Vorstand seit Aretin's Tod von Hefner-Alteneck; —
Conservatoren: Professor Dr. Messmer, Dr. Kuhn.

— 1866 eröffnet, nachdem die Schätze bis dahin in der Herzog-Maxburg untergebracht waren.

Allgemeine Uebersicht.

I. Erdgeschoss: Römische und Germanisch-keltische Alterthümer (links). — Romanische und Gothische (rechts).

II. Erster Stock: Historische Gallerie u. z. Z. noch Ausstellung des Kunstgewerbevereins.

III. Zweiter Stock: Gegenstände der Renaissance und Zopfzeit bis zum Napoleonischen Zeitalter.

Zur Zeit befindet sich die Sammlung in Reorganisation, es können also nachstehende Angaben keinen Anspruch auf unbedingte Richtigkeit machen.

I. Erdgeschoss, vom Eingange links:

Saal 1. Römische Alterthümer: Meilensteine von Augsburg, Grabsteine, Denk- und Votivsteine, Altäre.

Saal 2. Römischer Mosaikfussboden von Westenhofen (bei Ingolstadt).

Saal 3. Schränke mit römischen Thongefässen, Urnen etc.; — dann mit Ringen, Nadeln etc. aus der Keltisch-germanischen Zeit.

Saal 4. Schmuckkästchen aus dem 9. Jahrhundert (im Mittelschrank). — Goldener Schildbuckel (9. Jahrh.). — Broncehelm, Bernsteinschmuck u. A. aus Gräbern von Nordendorf. — Eltenbeintafel (6. Jahrh.). — Romanische Sculpturen. — 15 Figuren von Aposteln aus Wessobrunn.

Saal 5. Tunicella Kaiser Heinrichs II. — Kirchliche Geräthe. — Mitra aus d. 12. Jahrh.

Zwischen Saal 5 und der Ausgangshalle ein kleiner Saal mit Folterwerkzeugen.

II Erdgeschoss, vom Eingange rechts. Gothik.

Saal 1. (Zweite Hälfte des 13. Jahrhunderts.) Frescen aus Kloster Rebdorf. — Glaspocal, damascenische Arbeit. — Grabsteine (Gypsabgüsse aus dem Dom von Regensburg).

Saal 2. (Kirchliche Halle.) 14. Jahrhundert. Statuen, Sarcophagdeckel. (Gypsabg.) — Glasgemälde aus dem Dom von Regensburg (auch in den folgenden Sälen). — Grabsteine.

Saal 3. (Fortsetzung des 14. Jahrhunderts.) Am Plafond die Holzdecke des ehemaligen Augsburger Rathhauses. — Reliefs aus der Frauen- und St. Sebalduskirche zu Nürnberg (Gypsabg.). — Flügelaltar von Pähl. — Elfenbeinschnitzereien. — Reliquiarien.

Saal 4. (Erste Hälfte des 15. Jahrhunderts.) Modell des Grabmals Ludwig des Gebarteten. † 1441. (Solenhofener Stein.) — Flügelaltar aus Bamberg. — Eine der ältesten Landkarten (von Battista Ircharius zu Genua, 1426). — Glasmalereien. — Steinmetzzeichnungen von 1437.

Saal 5. (Zweite Hälfte des 15. Jahrhunderts.) Plafond und Wände aus dem Augsburger Weberhaus (1475). — Grabstein.

Saal 6. (Ende des 15. Jahrhunderts.) Originalholzdecke aus dem Deutschherrenhaus zu Nürnberg. — Teppich flandrischer Arbeit. — Schreyer'sches Denkmal von Adam Kraft. (Gypsabg.) — Original-Urkunde des schwäbischen Städtebundes, 1488.

Saal 7. (Ende des 15. Jahrhunderts.) Thürbekleidung und Holzdecke aus Oberhaus. — Hausgeräthe. (Bettstellen, Wandschränke.) — Gemälde. — Original-Siegel. — In den Fensterkästen Miniaturbilder, Perlmutterschnitzereien.

Saal 8. (Schluss des 15. Jahrhunderts.) Eichene Treppe.

Saal 9. Kirchliche Halle, in 7 Wölbungen oder Schiffe abgetheilt. (Beginn des 16. Jahrhunderts.) Die Glasgemälde aus der Carthause Prüll bei Regensburg; an den Wänden Gypsabgüsse der Kraft'schen Stationen. — Grabmal der Herzogin Anna von Brandenburg, † 1512. — Uhrwerk, ein Todtengeripp, auf einem Löwen reitend, welches beim Stundenschlag mit einem Knochen auf das Haupt des Löwen schlug, worauf dieser brüllte. — Denkmal Kaiser Heinrich II. (Gypsabguss). — Altarschrein aus Weissenburg. —

Schnitzwerk. — Processionsstangen der Ingolstädter Fischerzunft. — Flügelaltar aus Bozen. — Chorgestühl aus Tegernsee. 1450. — Flügelaltar aus der Franciscanerkirche in München.

Saal 10. (Uebergang von der Gothik zur Renaissance.) Golddurchwirkter Teppich. (16. Jahrh.) — Wegsäule von 1521.

Im Souterrain der Reisewagen, in welchem der baierische Gesandte, Graf Spaur, 1848 Papst Pius IX. zur Flucht aus Rom verhalf.

Im Hof colossale Broncegruppe: Jupiter, Juno und Ganymed von Hubert Gerhard (1584).

III. Erstes Stockwerk. Historische Gallerie.

15 Säle mit Frescen aus der Geschichte des baierischen Herrscherhauses und der einzelnen Landestheile; sämmtlich von meist jüngeren Münchener Künstlern gemalt (u. A. von Bauman, Beyschlag, Echter, Jos. Flüggen, Häberlin, Köckert, Mossdorff, Andr. Müller, Muttenthaler, H. v. Pechmann, Pixis, Ferd. Piloty, Rothbart; — jedes Bild mit betreffender Unterschrift; die Statuen stehen vorläufig, wohl aus baulichen Gründen, in der Mittelhalle zusammen.

Erläuternder Commentar von K. v. Spruner, „die Wandgemälde des baierischen National-Museums"; München 1868. Preis 5 fl.

In diesen Sälen sind theils aufgestellt, theils sollen erst aufgestellt werden:

Waffen und Costüme. — Gewebe, Fayancen, Majoliken, Porcellan. — Erzeugnisse der Schmiedekunst. 14.—18. Jahrh. — Musikinstrumente vom 15.—19. Jahrh. — Alles in chronologischer Folge, dem oft überreichen Inhalt anderer Säle entnommen.

Weiter befinden sich hier:

Ausstellung des Kunstgewerbe-Vereins, vom Eingang links. Ferner: Holzmodell von München von Seitz und Furtmayer.

Gypsrelief des Forstbezirks Reichenhall v. Wex.

Forstkarten von Reichenhall, Berchtesgaden und Tegernsee-Kreuth.

An den Wänden des Saales 14: Oelskizzen der von König **Max II.** für das Maximilianeum bestellten Gemälde von **Schraudolph, Friedr. Kaulbach, Karl** und **Ferd. Piloty, Hiltensperger, Ph. Foltz, P. Hess, Ramberg, Andreas Müller, Echter, A. Adam, Deger.**

Modelle, welche bei der Concurrenz für das Monument des Königs **Maximilian II.** vom Comité angekauft und dem Museum geschenkt wurden:

An der Nordseite die Entwürfe von **Schilling** in Dresden, **Zumbusch** in München (zur Ausführung bestimmt), **Hähnel** in Dresden.

An der Südseite jene von **Kreling** in Nürnberg, **Brugger** und **Widnmann** in München.

Modell der Eisenbahnschiffbrücke über den Rhein bei Carlsruhe, von **Basler.**

IV. Zweites Stockwerk. Renaissance und neuere Zeit.

Das Treppenhaus reich mit Waffentrophäen, Gobelins von Giulio Romano (aus Hannibals Leben) und Raphael (Schöpfungsgeschichte) und Gemälden geschmückt. — Originalplafond von Dachau.

1. Saal: Holzplafond aus Dachau. — Hautelisse-Tapeten nach Raphael's'schen Cartons, in Arras gewirkt. — 6 Holzreliefs, die 10 Gebote darstellend, von unbekanntem Meister. — 8 Reliefs in grauem Stein, Christi Passion. — Holzmedaillons von **Liegsalz.** — Silberne vergoldete Schlüssel; Schale aus einem Stück Rauchtopas. — Sammlung von silbernen Bechern origineller Formen. — Schachbrett.

2. Saal: Plafond aus Dachau mit vergoldeten Medaillons, golddurchwirkte Hautelisse-Tapeten nach Cartons aus der Raphael'schen Schule, gleichfalls aus Arras, Thürverkleidung aus dem Landschaftsgebäude in **Landshut.** Broncirter Gypsabguss des Sebaldus-Grabes von **Peter Vischer** in Nürnberg; Nachbildung (Kupfer) der Tucher'schen Tafel von Peter Vischer; daneben der Tod Mariä, Holzsculptur. — Brauttruhe der Herzogin Jacobäa von Baiern.

3. Saal: Schluss des Dachauer Plafonds, sowie der
Raphaelischen Hautelisse-Tapeten. — Nachbildung der
Raphael'schen Transfiguration (Solenhofener Stein). —
Sammlung von Venetianischen Gläsern.

4. Saal: Plafond- und Thür-Verkleidung aus dem
gräflich Fugger'schen Schlosse zu Donauwörth; Hautelisse-Tapeten, aus einer Fabrik in Lauingen, die Pil-
gerfahrt des Pfalzgrafen Otto Heinrich von Neuburg
nach Jerusalem 1521 darstellend. — Ein silberner,
vergoldeter Hammer (Meisterwerk der Goldschmiede-
kunst, nach Zeichnungen von Michel Angelo), welchen
Papst Julius III. zur Eröffnung des Jubiläums in Rom
1550 machen liess. — Eingelegte Tische. — Glas-
Industrie.

5. Saal: Plafond und das frei in Mitte stehende
reizende Closet stammen aus dem Fugger'schen Schlosse
in Donauwörth. In dem Closet herrlich gearbeiteter
Elfenbeinrahmen mit dem Bildniss Albrecht V. und
einem noch prachtvolleren Holzrahmen um ein Mosaikbild. — Bettstelle der Pfalzgräfin Susanna, mit Elfenbein eingelegt. — An der äussern Seite des Closets
kleiner Altar, aus Buchsbaumholz.

6. Saal: Plafond aus Donauwörth, Gobelins von
Arras nach Orley's Cartons, die Geschichte Abrahams
darstellend. — Aeltestes chinesisches Porcellan. —
Elfenbein-Kästchen. — Bunt bemalter Ofen. — Origi-
nal-Grabstein des Orlando di Lasso.

7. Saal: (Schluss des 16. Jahrhunderts.) Plafond
aus einem Nürnberger Privathause, Gobelins, Fortsetzung der vorigen. — Prachtvolle Uhr, mit Verzierungen in getriebenem Silber. — Der Pfalz-Neu-
burgische Fürstenschmuck aus der Ahnengruft zu
Lauingen, meist aus Gold. — In Wachs bossirte Porträts.

8. Saal: (Erste Hälfte des 17. Jahrhunderts.) Plafond aus Nürnberg mit Hängeleuchtern. Gobelin-Tapeten
nach Zeichnungen des Peter Candido in München ge-
webt. — Reich mit Schildplatt, Silber, Perlmutter, pietra
dura etc. eingelegter Schrank, gegenüber Seitenstück.
— Elfenbein-Schrank von Christ. Angermayer, mit
seltener Pracht in Emailarbeiten. — Schrank mit lapis

laguli eingelegt. — Auf dem Tisch Bergkrystall-Gefässe. — Elfenbeinpokal mit bacchantischen Darstellungen. — Elfenbeinschätze von nicht zu taxirendem Werth; namentlich eine Prunk- und eine Fischschüssel. — Elfenbeinstatuetten und Pocale von grosser Schönheit. — Crucifix und Heiligenfiguren in Elfenbein geschnitzt. — Astronomische Uhr mit Laubwerk in getriebenem Silber.

9. Saal: (Zeit des 30jährigen Krieges.) Plafond mit Malereien von Peter Candid. — Gobelins nach Candid, die Monate Mai bis December darstellend. — Bernsteinaltärchen und Schmuckkästchen. — Bettstelle vom Schlosse Plassenburg. — An den Wänden geschnitzte Refectorientische aus dem Kloster Indersdorf. — Bruderschaftsbuch von Alt-Oetting. — Feldcapelle des Churfürsten Maximilian I., die ihn auf allen seinen Kriegszügen begleitete. — Zwei Hunde und vier Statuen der Jahreszeiten, Erzgusswerke von Hans Grumpper.

10. Saal: (Mitte des 17. Jahrhunderts.) Plafond aus Fragmenten des ehemaligen Triumphbogens in der Frauenkirche. — Wandteppiche nach Candid, die Geschichte Otto's v. Wittelsbach darstellend. — Filigranarbeiten und Schmucksachen. — Elfenbein-Reliefs, namentlich 5 Gruppen tanzender und spielender Kinder von Fiamingo, vorzügliches Werk. — Göttermahl, grosses Elfenbeinrelief. — Prachtgeschirre in Zinn.

11. Saal: Fortsetzung des Vorigen, auch in den Wandteppichen. — Schrank mit Karyatiden. — Bronzestatue der Virtus, von Krumpper gegossen. — Grosser bemalter Glashumpen. — Römisches Mosaikbild nach Carlo Maratta.

12. Saal: (3. Viertel des 17. Jahrhunderts.) Plafond aus der Münchener Residenz, in dessen Mitte kleiner Gobelin, die Flucht nach Egypten darstellend. — Zwei silberne Uhren. — Schreibsecretäre, Tische und Kästen in Boulearbeit. — Grosse astronomische Uhr von Christ. Schöner in Augsburg. — Elfenbeinreliefs, namentlich Kindergruppen. — Schmuckkäst-

chen und gemalte Glasfenster aus der Carthause Prüll
bei Regensburg.

13. Saal: (2. Hälfte des 17. Jahrhunderts.) Plafond
aus den Gemächern der Churfürstin Adelheid; die
Wandteppiche französisches Fabricat. — Bettstelle mit
silberdurchwirktem Baldachin. — Zwei Scagliolaplatten.
— Glasgemälde, Scenen aus dem Leben des heiligen
Bruno.

14. Saal: (Aus den Zeiten des Churfürsten Max
Emanuel, letztes Viertel des 17. und Anfang des 18.
Jahrhunderts.) Plafond nach dem Muster des Breughel-
Zimmers im Schlosse zu Schleissheim. — Gobelins, in
Arras gewirkt. — Broncereliefs von Piemontini und
Crebello. — Broncedenkmal von G. de Crof. — Feld-
altar des Churfürsten Max-Emanuel; Gobelin, die
Flucht nach Egypten darstellend, nach Zeichnungen
von le Clerc. — In den Schaukästen eine grosse An-
zahl feiner Miniaturporträts, namentlich ein Email-
porträt Ludwig XIV. von Petitot. — Elfenbeinreliefs
von Ign. Elhafen.

15. Saal: Fortsetzung des Vorigen. Ueber der
Thür Gobelin-Landschaft mit Schafen. — Reiterstatuet-
ten von Ludwig XIV., August dem Starken und Max
Emanuel. — Planetarium und Globen. — Alte Berch-
tesgadener Schnitzereien (Cruzifix-Gruppe).

Durch den 14. Saal zurück und in den

16. Saal: (Zweites Viertel des 18. Jahrhunderts.)
Die Gobelins Münchener Fabrikate. — Kleidungs-
stücke Friedrichs des Grossen von Preussen. — Elfen-
beingeräthe von zierlichster Ausführung. — Bischofs-
stab von Elfenbein, Roccoco.

17. Saal: (Zeit Max Joseph's, 3. Viertel des 18.
Jahrhunderts.) Meissener Porcellane und Elfenbeinschnitzereien von Simon Troper, die Figuren mit
braunem Holz umkleidet.

18. Saal: (Letztes Viertel des 18. Jahrhunderts,
Churfürst Carl Theodor.) Letzte Gobelin-Tapeten,
welche die Münchener Fabrik lieferte. — 6 Römer-
gläser, einst Schillers Schwägerin, Caroline von
Wolzogen, gehörig. — Sammlung von Fächern.

19. Saal: Glasfenster, die ersten Proben der wieder-erwachten Kunst. — Napoleons Degen, welchen er in der Schlacht bei Ulm trug und andere Gegenstände von ihm.

Naturaliencabinet, im Academie-Gebäude, s. d. Art. Academie der Wissenschaften: Zoologisch-zootomische, mineralogische etc. Sammlungen.

Nymphenburg, kgl. Lustschloss, 1 Stunde von München, mit schönem Park. S. Anhang.

Obelisk, in der Mitte des Carolinenplatzes (Plan E. 3), aus erobertem Geschütz gegossen. König Ludwig I. liess denselben zum Andenken an die im russischen Feldzuge 1812 gefallenen Baiern errichten. Nach L. v. Klenze's Zeichnung von Stiglmayr gegossen, fand die Einweihung am 18. Oct. 1833 statt. Höhe 100 Fuss, das Metallgewicht 61,874 Pfund. Der Unterbau besteht aus drei Stufen von Marmor, welche einen Flächeninhalt von 1444 Quadrat-Fuss einnehmen. Den Sockel umgeben Kränze von Eichen- und Lorbeerblättern, an den Ecken von vier Widderköpfen gehalten.

Inschriften auf den vier Seiten über den Kränzen: 1) *Den Dreissig Tausend Bayern, die im russischen Kriege den Tod fanden.* 2) *Errichtet von Ludwig I. König von Bayern.* 3) *Vollendet am XVIII. Oktober MDCCCXXXIII.* 4) *Auch sie starben für des Vaterlandes Befreiung.*

Octoberfest, siehe Feste.

Odeon, kgl., am Odeonsplatz (Plan F. 3) unter König Ludwig I. von L. v. Klenze erbaut, 1828 eröffnet. Das Gebäude enthält drei Säle und viele

Zimmer, welche zu Concerten (s. d. Art.), Bällen etc. benutzt werden.

Der grosse, mit einer doppelten, übereinander-stehenden Säulenreihe geschmückte Saal ist 125 F. lang, 75 F. breit und 50 F. hoch und endigt in einem Halbkreis, wo in Nischen die Büsten von Beethoven, Mozart, Gluck, Händel, Haydn, Vogler, Mehul, Weber, Cimarosa und Winter aufgestellt sind; die mittleren dieser Nischen verdeckt nunmehr (merkwürdig genug!) die vor ihnen aufgestellte Orgel. An der Decke drei Frescogemälde: Apoll unter den Musen von W. von Kaulbach, Apoll unter den Hirten von A. Eberle, Urtheil des Midas, von H. Anschütz. Eine Gallerie läuft rings um den Saal. Der Einbau unter derselben, der Orgelrotunde gegenüber, ist die Königsloge.

Optisches Institut, Müllerstr. 11, gegründet von Utzschneider und Fraunhofer und durch diese Männer berühmt geworden, befindet sich jetzt im Besitz des Hofopticus G. Merz. Es lie-fert fortwährend ausgezeichnete optische und astro-nomische Instrumente: Refractoren und Heliometer (mit den reinsten Objecten von 16 bis 20 Zoll im Durchmesser), Cometensucher, Tuben, See- und Marinefernrohre, Mikroskope, Operngucker u. s. w.

Optische und mechanische Werkstätte von C. A. Steinheil, Landwehrstr. 15a, erfreut sich, obgleich erst 1855 gegründet, eines weitverbrei-teten Rufes durch ihre vorzüglichen Instrumente, insbesondere photographische Apparate. Ebenso ist das Ertel'sche mechanische Institut, Louisen-strasse 12, durch Anfertigung astronomischer und anderer Instrumente, dann durch die Reichen-bach'sche Kreistheilung berühmt.

Paläste. Ausser der k. Residenz (s. d. Art.) und dem Wittelsbacher Palast (s. d. Art.)

führen wir hier nur die Paläste der Prinzen des k. Hauses an.

1) **Palast des Prinzen Luitpold** von Baiern, sonst herzogl. Leuchtenberg'scher Palast, Odeonsplatz, 1823 von L. v. Klenze im neu-italienischen Stil erbaut. In einem der Säle befindet sich im Fries eine Wiederholung des Alexanderzugs von Thorwaldsen. (Die kostbare Gemäldegallerie und die Sculpturen Canova's, welche sich hier befanden, sind leider nach dem Tode des Herzog Maximilian von Leuchtenberg nach Petersburg gewandert.)

2) **Palast des Herzog Maximilian in Baiern** (-Birkenfeld), Ludwigsstr. 8, 1830 von L. v. Klenze im römischen Renaissancestil erbaut. Im Empfangssaal Frescogemälde von R. v. Langer mit Darstellungen aus den Mythen der Griechen. Im Tanzsaal Darstellungen aus der Mythe von Amor und Psyche, al fresco von W. von Kaulbach, an der Decke tanzende Figuren von Cl. Zimmermann. Im Speisesaal der Triumphzug des Bacchus, en relief von L. von Schwanthaler.

3) **Palast des Prinzen Carl**, Gross-Oheim des Königs Ludwig II., am Eingange des Englischen Garten, an den ehemaligen Theatinergarten anstossend, von C. von Fischer im Renaissancestil erbaut; der Prinz wohnt neuerdings fast ununterbrochen in Tegernsee.

Pasing, Dorf, an der Würm, s. Anhang.

Passage Schüssel, Kaufingerstr. 9 (Plan F. 5), eleganter Bazar mit Kaufläden, die Abends mit-

8*

unter brillant erleuchtet sind. Er verbindet die Kaufingerstrasse mit der Fürstenfeldergasse.

Peterskirche, älteste Pfarrkirche der Stadt aus dem Ende des 12. Jahrhunderts, 1327 bei der grossen Feuersbrunst fast gänzlich zerstört, 1370 umgebaut; 1607 wurden jedoch ihre damaligen beiden Thürme vom Blitze vernichtet, so dass ihre gegenwärtige Gestalt keine Aehnlichkeit mehr mit der ursprünglichen hat.

Die Altargemälde der Kirche stammen aus dem 17. und 18. Jahrh.; die Deckenmalereien, das Leiden und die Verherrlichung des hl. Petrus darstellend, sind von **Johann** und **Franz Zimmermann**, gleichfalls aus dem vorigen Jahrhundert. Besonders sehenswerth die *Orgel.* Sie wurde von Abt **Vogler** selbst 1806 — 1809 nach seinem berühmten Simplificationssystem erbaut, aber im Laufe der Zeit mannigfach verstümmelt, bis ihr Chordirector **Bode** 1865 nahezu ihre Urgestalt wiederzugeben verstand. Die Orgel hat 4 Claviere übereinander, jedes aus 61 Tasten bestehend, von welchen das unterste ein 32füssiges volles Werk darstellt, das zweite die Zungenstimmen, Oboe, Fagott, Dulcian u. dgl. enthält, mit welchen sich ein Crescendo und Decrescendo bis zum völligen Verlöschen des Tones hervorbringen lässt. Das dritte Clavier imitirt Streichinstrumente, Violen u. dgl.; das vierte enthält Flötenstimmen. Das Pedal besteht aus 27 Tasten. Die Orgel ahmt ein kleines Orchester mit einem eigenthümlichen Reize nach, und hat in einer nichts weniger als akustischen Kirche bei der geringen Zahl von 1398

Pfeifen auf 25 Registerzüge vertheilt, die imposante Wirkung manches dreifach grösseren Werkes. Gegenwärtig ist sie noch die einzige übrige, welche Vogler selbst nach seinem Systeme erbaute. Mendelssohn wurde bei seinem Aufenthalte in München von dieser Orgel ganz entzückt.

Petrefacten-Sammlung, siehe Academie der Wissenschaften.

Photographische Ateliers. Unter den vielen Photographen Münchens zeichnen sich durch ihre Leistungen besonders aus: Hofphotograph Jos. Albert, Briennerstr. 38; Hofrath Hanfstängl, Maximiliansstrasse 4c; Pössenbacher, Amalienstrasse 6; Neumayer, Neue Pferdstrasse 2; Hudemann, Sonnenstr. 11; Reulbach, Utzschneiderstrasse 13; Holz, Maximilianstrasse 5d. — Grosses Lager von Stereoscopen bei B. Köstler, Maximiliansstr. 4b.

Physiologisches Institut, Findlingsstrasse 3c (Plan C. 6), 1856 errichtet, enthält eine vergleichend-anatomische, physiologische und physiologisch-chemische Sammlung (u. A. den von Prof. Dr. Pettenkofer angegebenen Respirator). Anmeldung beim Hausmeister.

Physicalische Sammlung, siehe Academie der Wissenschaften.

Pinakothek, Alte, Sammlung von Gemälden älterer Meister, Barerstrasse 10 (Plan E. 2), täglich, Samstag ausgenommen, von 9—3 Uhr geöffnet. Das Gebäude, auf freiem, von einem Gitter umschlossenen Platze, die Hauptfront nach der Gabelsbergerstrasse, Eingang von der Barerstrasse, ist im Auftrage König Ludwigs I. von L. v. Klenze im römischen Palaststil erbaut. Der Grundstein wurde 1826 am 7. April, dem Geburtstage Rafaels gelegt, der Bau und die Aufstellung der Gemälde war 1836 vollendet, am 16. Oktober desselben Jahres wurde es eröffnet. Länge 520 F., Breite und Höhe 92 F. Auf der Südseite auf der Gallerie des ersten Stockwerks die Standbilder von 25 berühmten Malern nach Modellen von Schwanthaler in Kalkstein ausgeführt.

In der geräumigen von vier jonischen Säulen getragenen Vorhalle, welche man zunächst betritt, führt eine Doppeltreppe von Marmor, welche sich in der zweiten Hälfte in eine vereinigt, in den Vorsaal des oberen Stockwerkes, während oben links die Loggien beginnen.

Die Münchener Gallerie wurde vom Churfürst Maximilian I. gestiftet, durch König Maximilian I. mit den Gallerien von Mannheim, Zweibrücken und Düsseldorf, sowie durch Ankäufe in Paris und durch die von den aufgehobenen Klöstern hinzugekommenen Bilder vermehrt. Endlich wurde sie noch ganz besonders von König Ludwig I. durch den Ankauf der Boisserée'schen Sammlung und durch Erwerbungen in Italien bereichert.

Unter der Direction des Professor Ph. Foltz hat die Gallerie neuerdings eine durchgreifende Umgestaltung erfahren; das violette Oberlicht wurde durch mattweisse Gläser ersetzt, Saal 8 (Italiener) in zwei Hälften getheilt und durch angebrachte Vorhänge bessere Beleuchtung erzielt; ausserdem wurde eine vollständige Umstellung und im Allge-

Grundriss des oberen Stockwerkes der Alten Pinakothek zu München.

Ost.

Nord.

Cabinette.

Cabinette.

Zimmer des Inspect.

Saal der Stifter.

Vorhalle.

Stiegen-haus.

| 1 | 2 | 3 | 4 | 5 | 6 | 7 | 8 | 9 | 10 | 11 | 12 | 13 | 14 | 15 | 16 | 17 | 18 | 19 | 20 | 21 | 22 | 23 |

I. II. III. IV. V. VI. VII.

Nieder- und Ober-deutsche Schule. Niederl. Schule. Niederl. Schule. Rubens-Saal. Niederl. Schule. Span. und franz. Sch.Schule. Ital. Schule.

BOGENGANG oder LOGGIEN.

Süd.

IX. Ital. Schule.

VIII. Ital. Schule.

Direction.

West.

Die Säle sind unter einander und mit den Cabinetten im I., IV. und VIII. Saal durch Thüren verbunden.

meinen Tieferrückung der Gemälde durchgeführt, so dass Bedeutenderes nunmehr weiter unten, Unbedeutenderes aber in der Höhe angebracht ist; vieles wurde gänzlich entfernt, anderes wieder, bisher in Schleissheim oder Neuburg befindlich, hieher gebracht; letztere Gemälde, 108 Nummern, wurden theils in die Säle, theils in die Cabinette vertheilt, ihre Nummerirung reiht sich an jene der Cabinette an. Fast sämmtliche Gemälde tragen in kleinen Schildchen die Namen der Meister, leider die dem Laien grossen Theiles kaum bekannten Familien-, nicht die Künstlernamen; dagegen sind die Nummern dieselben geblieben.

Das Copiren in der Gallerie, früher nur in einem eigenen Copirsaal erlaubt, ist jetzt ebenfalls gestattet.

In 9 Sälen und 23 Cabinetten befinden sich hier nahe an 1400 Gemälde, soweit möglich nach Malerschulen geordnet.

Catalog von Rud. Marggraff 1 fl. 24 kr.

Saal der Stifter.

Enthält die Bildnisse der Regenten des churbaierischen und churpfalzbaierischen Hauses, welche die in der Pinakothek aufgestellten Kunstschätze gesammelt haben (in ganzer Figur).

Wand gegenüber dem Eingang:

Churfürst Johann Wilhelm von der Pfalz, Stifter der ehemaligen Düsseldorfer Gallerie († 1716). Gemalt von Richter.

Churfürst Maximilian Emanuel, Stifter der Gallerie zu Schleissheim († 1726). Gemalt von Maingaud.

Wand der Eingangsthür:

Churfürst **Maximilian I.**, Stifter der Gallerie in der von ihm erbauten Residenz († 1651). Gemalt von Prucker.

Churfürst **Karl Theodor** von der Pfalz, Stifter der Gallerie zu Mannheim († 1799). Gemalt von Battoni.

Wand der Eingangsthür in den ersten Saal:

König **Maximilian Joseph I.**, Gründer der Pinakothek († 1825), und König **Ludwig I.**, Erbauer der Pinakothek. Beide gemalt von Stieler.

Der unter dem Haupt-Gesimse dieses Vorsaales herumlaufende Fries ist mit Basreliefs geschmückt, Hauptbegebenheiten aus der Geschichte des baierischen Regentenhauses darstellend.

1) Garibald wird mit Waltrada getraut, 574. 2) Einführung geschriebener Gesetze, 641. 3) Arnulf weist die hungarischen Gesandten ab, 911. 4) Luitpolds Tod im Kampfe gegen die Hunnen, 907. 5) Heinrich der Löwe baut München, 1175. 6) Otto von Wittelsbach wird vom Kaiser mit Baiern belehnt, 1180. 7) Ludwig der Baier vertraut Land, Krone und Kinder Friedrich dem Schönen von Oesterreich, 1335. 8) Schlacht bei Giengen, 1462. 9) Albrecht der Weise, Beförderer der Künste, 1506. 10) Wilhelm V., Vater der Armen, 1579. 11) Maximilian I. wird mit der Pfalz belehnt, 1623. 12) Maximilian Emanuel schliesst Frieden mit den Türken, 1688. 13) Maximilian I. König von Baiern, 1806. 14) König Ludwig I. legt den Grundstein zur Walhalla, 1830.

I. Saal.

Oberdeutsche Schulen, dann einzelne Niederländer aus dem 15. und 16. Jahrhundert.

Die Nummern laufen seit der erwähnten Umhängung nicht mehr ausnahmslos wie früher von links nach rechts. Nachstehend ist nach bestem Ermessen das Vorzüglichere aufgeführt.

*1. *A. Dürer*, der Nürnberger Patricier St. Baumgärtner. 2. Derselbe, Geburt Christi. *3. Derselbe, der Nürnberger Patricier L. Baumgärtner. 4. *Marinus von Romerswalen*, Mann und Frau Münzen wägend. 6. *Hans Holbein d. ält.*, Maria's erster Tempelgang. 7. *M. Schaffner*, der englische Gruss. 9. *Holbein d. ält.*, Geburt Christi. 16. *Hans Holbein d. jüng.*, heil. Barbara. 17. Derselbe, Martyrium des heil. Sebastian. 18. Derselbe, die heil. Elisabeth. 19. *Holbein d. ält.*, Tod Mariä. 21. *M. Schaffner*, Reinigung Mariä. 22. *M. Wohlgemuth*, Christus am Oelberge. 25. *M. Schaffner*, Ausgiessung des heil. Geistes. 27. *M. Wohlgemuth*, Kreuzigung Christi. 34. Derselbe, Kreuzabnahme. 36. *M. Schaffner*, der Tod Mariä. 39. *M. Wohlgemuth*, Auferstehung Christi. 40. *Hans v. Kulmbach*, ein Heiliger. 43. Derselbe, Anbetung der heil. 3 Könige. 44. *Marinus*, Geschäftsstube eines Sachwalters. 45. *Horebout*, Anbetung der 3 Könige. *55. (Copie nach) *Hubert van Eyck*, Jungfrau Maria. 56. *Lucas Kranach*, Ehebrecherin vor Christo. 58. *H. v. Kulmbach*, Auferstehung Christi und Krönung Mariä. *61. Nach *Hubert van Eyck*, Johannes der Täufer. 63, 68, 69, 70, 75 Altarbilder von *M. Grunewald*. 65. *H. Burgkmair*, Johannes auf Patmos. 66. *Niederländische Schule*, Pieta. *71. *A. Dürer*, Johannes und Petrus. *76. Derselbe, Paulus und Marcus. (Diese beiden Bilder, lebensgrosse Figuren von wunderbarer Grossartigkeit, bezeichnen den Gipfelpunkt der altdeutschen Malerei.) 690. *Lucas Kranach*, ein junger Mann.

II. Saal.

Spätere deutsche und niederländische Schulen vom Beginn des 16. bis Mitte des 18. Jahrhunderts.

*77. *Neuchatel*, Bildniss eines Mannes. 80. *Qu. Metsys*, 2 Steuereinnehmer. 82. *Wohlgemuth*, Geburt Christi. 83. *Kranach*, Selbstmord der Lucretia. 93. *Dürer*, Selbstmord der Lucretia. 94. *Dürer*, Betrauerung Christi. 95. *G. Pencz*, Venus und Amor. 97. *H. Holbein*, Bildniss eines Mannes. 107, 112, 121, 123, 124, 126, 130, 132, 134, 145. 147, 172 sämmtlich von *J. H. Roos*. 108. *Mignon*, Früchte. 109. Derselbe, Blumenstück. 110. *Douffet*, Nicolaus V. in der Grabstätte des heil. Franz von Assisi. 113. *Pauditz*, Wolf und Fuchs. 120. *Neuchatel*, der Mathematiker Neudörfer seinem Sohne Unterricht ertheilend. 128. *M. K. Knoller*, heil. Benedict und heil. Scholastica. 146. *Hamilton*, Speisekammer. 152. *Angelica Kauffmann*, eigenes Bildniss. 153. *Raph. Mengs*, eigenes Bildniss. 155. Derselbe, Bildniss eines Capuzinermönches. 156. *Oefele*, eigenes Bildniss. 157. *A. Graff*, eigenes Bildniss. 168. *Dietrich*, Landschaft. 170. Derselbe, 2 Blinde. 693. *Fischer* (angebl.), Kreuztragung. 698. (Angebl.) *Tizian*, Johannes in der Wüste. 700. *Lot*, Agrippina wird aus dem Meer gezogen.

III. Saal.

Niederländische Schule, 16. und 17. Jahrhundert.

173. *Both*, Landschaft bei Sonnenuntergang. 174. *Champaigne*, Brustbild Turenne's. *175. *Van Dyck*, Maria mit dem Jesuskind. 177. *J. D. de Heem*, Früchte. 178. *J. Both*, Baumlandschaft. 180. und 186. Thierstücke von *Fyt*. 185. *Rembrandt van Ryn*, alter Mann in einem Lehnstuhl. 189. *Svanefeld*, Abendlandschaft. *193. *Van Dyck*, der Organist Liberti. *196. *Rembrandt*, eigenes Bildniss in hohem Alter. *198. *Van Dyck*, der heil. Sebastian. *205. *Snyders*, Küchenstück. *206. *Van Dyck*, Brustbild des Thiermalers Snyders. *207. Derselbe, eigenes Bildniss. *208. *Ph. Wouvermans*, Hirschjagd. *209. *Van Dyck*, Brustbild des Kupferstechers Mallery. *210. *Waterloo*, Landschaft. *211.

Millet, Landschaft. * 212. *Van Dyck*, Betrauerung
Christi. *217. Derselbe, Bildniss des Malers de Weil
und seiner Gattin. *221. Derselbe, Susanna im Bade.
225. *Everdingen*, Landschaft. 227. *Weenix*, Thierstücke. 228. *Berchem*, Landschaft. 231. *C. d. Vos*,
Familiengemälde. 241. *J. Breughel und Rubens*, Flora
wird geschmückt. 707. *Rembrandt*, heil. Familie.

IV. Rubenssaal.

Enthält nebst dem anstossenden offenen Cabinet XII
ausschliesslich Gemälde von P. P. R u b e n s.

*244. Graf. Arundel und seine Gemahlin, Veran-
schaulichung des damaligen ungezwungenen, vornehmen
Lebens. *245. Löwenjagd. 249. Aussöhnung der Sa-
biner mit den Römern. 250. Verdammung der Sünder.
253. Philipp IV. von Spanien. 254. Dessen Gemahlin
Elisabeth von Bourbon. *255. Simson und Delila. Von
vollster dramatischer Lebendigkeit. *256. Bildniss des
Künstlers und seiner ersten Frau, Isab. Brant. 258. Das
grosse jüngste Gericht. 260. Helene Froment, Rubens
zweite Frau. *263. 7 Knaben, ein Fruchtgehänge
tragend. 264. Engelsturz. *265. Trunkener Silen. *266.
Maria mit dem Kinde in einem Blumengewinde. *267.
Bildniss des Rechtsgelehrten van Thulden. *268. Bildniss eines Gelehrten. 270. Latona verwandelt die
Bauern in Frösche. 274. Schweinshetze. Thiere von Snyders. 275. Helene Froment. 276. Grablegung Christi.
277. Ein Franciscanermönch. * 279. Helene Froment
und ihr jüngstes Kind. *281. Sieg der christlichen
Religion über Abgötterei und Laster. („Das apokalyp-
tische Weib.") 283. Don Ferdinand von Spanien in
Cardinalstracht. *284. Landschaft mit der Heuernte
und dem Regenbogen. *286. Ein Schäfer umarmt ein
junges Weib. *287. Rubens und seine Frau in seinem
Garten zu Antwerpen. 289. Die Nymphen der Diana
von Waldgöttern belauscht. *291. Raub der Töchter
des Leukippos, Phoibe und Hileaira durch Castor und
Pollux. 715. Himmelfahrt Mariä.

V. Saal.

Niederländische Schulen des 16. u. 17. Jahrhunderts.

293. *Berchem*, Landschaft. 296. *Schalcken*, Nachtstück. 297. u. 305. *Snyders*, Thierstücke. 303. *Schalcken*, Magdalena. 298, 304. *Weenix*, Thierstück. 299. *D. Teniers*, italienischer Jahrmarkt. 309. *Wynants*, Landschaft. 310. *Honthorst*, Befreiung des heil. Petrus. 311. *Hals*, Familiengemälde. *313. *Van Dyck*, der Bürgermeister von Antwerpen und *315 dessen Gattin. 314. *Crayer*, Maria mit dem Jesuskinde von Heiligen umgeben. *316. *Van Dyck*, Maria und das schlafende Jesuskind. 317. *Snyders*, Schweinhetze. 319. *Wynants*, Abendlandschaft. 322. *Ruysdael*, Landschaft. 320, 326, 332. *Weenix*, Thierstücke. *321. *Van Dyck*, Bildniss des Bildhauers Colin de Nole, und *331 seiner Gemahlin. 323. *Rembrandt*, Bildniss des Malers Flink und 329 dessen Frau. 324. *Jordaens*, Satyr bei einem Landmann zu Tische. *333. *Van Dyck*, Bildniss der Gemahlin des Herzogs von Croi. 334. *J. Glauber*, Landschaft. 337. *Theodor de Keyser*, Bildniss eines jungen Mannes und 343. einer jungen Frau. 338. *Honthorst*, Cimon im Gefängniss von seiner Tochter genährt. 342 Derselbe, der verlorene Sohn. *345. *Van Dyck*, Herzog Wolfgang von Neuburg. *346. *Millet*, Landschaft von grossartiger Composition. *347. *Van Dyck*, Herzog Alex. von Croi. 716. *Van Dyck*, Maria Ruthven (seine Gemahlin).

VI. Saal.

Spanische und französische Meister des 17. und 18. Jahrhunderts.

*348, *349. *Murillo*, Bettelknaben und Gassenjungen. *351. *Zurbaran*, die Mutter des Heilands und Johannes vom Grabe Christi heimwandelnd. 353. *A. Cano*, Maria und Antonius von Padua mit dem Christuskind. *354. *Ribera, genannt Spagnoletto*, der sterbende Seneca. *357. *Murillo*, 2 Bettelknaben (358 wohl nur aus Murillos Schule). *363. *Spagnoletto*, Kreuzabnahme des heil. Andreas. 365. Derselbe, eine alte Frau mit einer Henne. 366. *Velasquez*, eigenes Porträt. 366a. Der-

selbe, Bildniss eines Mannes. *367. Derselbe, der Cardinal Rospigliosi. *368. *Murillo*, Mädchen und Knabe.
*371. *Murillo*, der heil. Franz heilt einen Lahmen.
373. *Zurbaran*, der heil. Franziscus. 376. *Murillo*,
ein Weib reinigt einem Knaben den Kopf. 379. *Coelho*,
der heil. Petrus von Alcantara. *380. *Velasquez*, Bild-
níss eines Mannes. 381. *Spagnoletto*, alter Mann be-
trachtet einen Todtenkopf. 383. Derselbe, der heil.
Bartholomäus. *391. *Claude Lorrain*, Abendlandschaft.
394, 396, 403, 409, 410, 412, 414, 419. *Jos. Vernet*,
Seestücke. 389. *Vivien*, Brustbild Fénélons. 399. *Claude
Lorrain*, Seehafen. 400. *Rigaud*, Christian III. von
Zweibrücken. 402. *Van der Meulen*, Belagerung Tour-
nays. 405. Derselbe, Einnahme der Stadt Lille. *407.
Claude Lorrain, Morgenlandschaft. 408. *N. Poussin*,
König Midas vor Bacchus. 416. *Claude Lorrain*, Nach-
mittagslandschaft (Staffage, wie bei 407, Hagar und
Ismael). 417. *Poussin*, Grablegung Christi. 418. *Van
der Meulen*, Ludwig XIV. vor Oudenaarde. 720.
Watteau, Scene im Park. 723. *Jouvenet*, P. Bourdaloue.
731. *Dughet*, gen. *G. Poussin*, Landschaft.

VII. Saal.

Italienische Schulen des 16., 17. u. 18. Jahrhunderts.

421. *Barbieri, gen. Guercino*, Dornenkrönung Christi.
424, 425. 429, 430. *Caliari, gen. Paul Veronese*, allegorische Figuren. 426. *G. C. Procaccini*, heil Familie.
432. *C. Procaccini*, heil. Familie. 433. *Tiarini*, Tan-
cred im bezauberten Wald. 434. *Cavedone*, Christus
von einem Engel beklagt. 435. *Lodov. Carracci*, der
heil. Franziscus hat die Vision eines Engels. *436.
Paolo Veronese, Bildniss einer Frau. *140. *Ann.
Carracci*, Susanna im Bade. *450. *Tizian (Vecellio da
Cadore)*, Maria mit dem Kind. Fast ganz übermalt.
*452. *Buonvicino, gen. il Moretto*, Bildniss eines Geistlichen. 453. *Carlo Dolci*, Maria mit dem Kind. 463.
Lodov. Carracci, Grablegung Christi. 464. *Vaccaro*,
Geisselung Christi. *467. *Tizian*, Bildniss, angeblich des
Pietro Aretino. 479. *Luca Giordano*, Selbstmord der
Lucretia. 480. *Albani*, Venus von Mars belauscht. 483.

Bordone, Bildniss eines Frauenzimmers. (Moderne Copie.)
736. *Palma d. J.*, Pieta. 737. *Tizian*, Dornenkrönung.

VIII. Saal.

Italienische Schulen des 15., 16., 17. und 18.
Jahrhunderts, durch eingebaute Zwischenwände
wurde Raum für früher im Saal VII und IX
befindliche Gemälde gewonnen.

485. *Paolo Veronese*, heil. Familie. 489 *Tizian*,
Bildniss eines Nobile. 492. *Paris Bordone*, ein Mann
und eine Frau. 496. *Tizian*, Kaiser Karl V. 500. *Caravaggio*,
Maria mit ·dem Kind. Ohne Zweifel alte
Copie eines ausgezeichneten Originals. 514. *Cignani*,
Himmelfahrt Mariä. 516 *Annibale Carracci*, Venus
und zwei Amor. 517. *Caravaggio*, Anbetung der
Hirten. 522. *Domenichino*, Susanna im Bade. 524.
Tizian, Venus weiht eine Bacchantin in den bacchischen
Dienst ein. Leider vollständig verdorben. 527. *Guido
Reni*, Himmelfahrt Mariä. 529. *Paolo Veronese*, Amor
hält 2 Hunde an Ketten 738. *G. Reni*, heil. Magdalena.
739. *Tintoretto* (*Robusti*), der englische Gruss.
740. *Paolo Veronese*, Hauptmann von Capernaum.

IX. Saal.
Italienische Schule (Fortsetzung).

*534. *Rafael Santi*, die heil. Familie aus dem
Hause Canigiani. *547. *Rafael*, Madonna della Tenda.
(Vierge à la Croix.) 548. *A. del Sarto*, heil. Familie.
553. *Lorenzo di Credi*, heil. Jungfrau vor dem Christuskind
knieend. *556. *Domenico Ghirlandajo*, die heil.
Katharina von Siena. *557. *Ghirlandajo*, Maria in der
Glorie von Heiligen verehrt. *558. *Ghirlandajo*, der
heil. Laurentius. *561. *Perugino* (*P. Vanucci*), die
heil. Jungfrau erscheint dem heil. Bernhard. *557.
Francesco Francia, die heil. Jungfrau kniet vor dem
Kind in einem Rosengehege. *580. *Schule des Correggio*,
die heil. Jungfrau von Heiligen verehrt. *582. *Giorgione* (*Barbarelli*),
Bildniss eines Fugger. 582a. Copie
nach *Rafael*, heil. Cäcilie. *585. *Rafael*, Brustbild des
Bindo Altoviti, lange Zeit für Selbstbildniss gehalten.

*587. *Tizian*, Maria mit dem Kinde. 588. *Palma Vecchio.* Maria mit dem Kind unter einer Rebenlaube. 591. *Tizian*, Maria mit dem Kind. 592. *Giulio Romano*, der Täufer Johannes. 742. *Giulio Romano*, Maria. 743. *Schule des L. da Vinci*, Maria.

Nun beginnen die Cabinete, Cab. 23 an Saal VIII anschliessend; deren Inhalt ist nach demselbem System geordnet, so dass die historische Nummernfolge mit Cabinet 1 beginnt.

Cabinet I.
Erste altcölnische Schule des Meisters Wilhelm (um 1380) und des Meisters Stephan (um 1440).

1—9. Von einem grossen Altarschrank von Heisterbach im Siebengebirge. 13. u. 14. *In der Art des Meisters Stephan*, Heilige. *15. *Wilhelm von Köln*, die heil. Veronica.

Cabinet II.
Niederrheinische Schule.

18, 19, 20, dem *Meister der Lyversberg'schen Passion* verwandt. 21, 22, 23, 24, 31, u. 32 vom *Meister der Lyversberg'schen Passion.*

Cabinet III.
Flämische Schule.

*35. *Rogier van der Weyden* (Schule der van Eyck), die Verkündigung. *36. Derselbe, Anbetung der heil. drei Könige. *37. Derselbe, Darbringung im Tempel. 38, 39, 40. *Meister des Boisserée'schen Bartholomäus*, Heilige. 41. *Mabuse*, Danae empfängt den goldenen Regen. *42. *Rogier v. d. Weyden*, der heil. Lucas malt die Madonna.

Cabinet IV.
Fortsetzung, italienische Anklänge.

*44. *Stuerbout* (von Harlem), die Juden sammeln Manna. *48. *Memling*, Johannes der Täufer. *49 Derselbe, Anbetung der drei Könige. *50. Derselbe, der heil. Christoph. 52. *Quintin Metsis*, dornengekrönter Christuskopf. *55. *Stuerbout*, Melchisedech und Abraham. 58. Derselbe, Gefangennehmung Christi. *63. *Memling*, die 7 Freuden der Maria. *65 *Unbekannter Meister*, Christus mit der Dornenkrone.

Cabinet V.
Fortsetzung.

*69. *Cölnischer Meister des Todes Mariä* (um 1510—30), der heil. Georg und der heil. Nicasius und zwei Stifter. *70. Derselbe, der Tod Mariä. *71. Derselbe, die heil. Christina, die heil. Gudula und zwei Stifterinnen. 88. *Hans von Melem*, eigenes Bildniss. 92. *Bartholomäus Bruyn*, Bildniss eines Mannes, hinten erscheint der Tod.

Cabinet VI.
Fortsetzung.

95. *Bruyn*, Heinrich der Heilige, die heil. Helena, vorne der Stifter und seine Söhne. 97. *Niederländische Schule*, die Kreuzigung. 102, 103, 104, 106, 107, 108, 112, 113, 114, 116, 117, 118 sämmtlich von *Bartholomäus Bruyn*.

Cabinet VII.
Oberdeutsche Schule.

*120. *A. Dürer*, Bildniss des Oswald Krell. Von demselben: 123. die hh. Joachim und Joseph. *124. Selbstbildniss. 127. Simeon und der Bischof Lazarus. 128. Bildniss seines Vaters. Copie. *139. Bildniss seines Lehrers M. Wohlgemuth. 147. Bildniss eines jungen Mannes. — 125. *J. Walch*, Kaiser Maximilian I. 142. *L. Cranach*, Maria mit dem Kind. *143. *Holbein d. j.*, Bildniss des Sir Bryan Tuke. 146. *H. Burgkmair* (?) Bildniss des M. Schongauer. 149. *Holbein*, Bildniss Carondolets. 764. *L. Cranach*, Friedrich der Weise. 151. *Lucas v. Leyden*, Maria mit dem Kind. 762. *Heemskerk*, Familienbildniss.

Cabinet VIII.
Fortsetzung.

155. *Feselen*, Porsenna vor Rom. 156. *M. Schaffner*, Bildniss des Grafen Wolfgang von Oetting. 157. *Lucas Cranach*, die Leiden Christi. 158. *M. Schaffner*, Bildniss des Mathematikers Appian. 164. *Lucas Cranach*, Maria mit dem Kind. *169. *A. Altdorfer*, Alexander besiegt den Darius. 175 und 187. *Denner*, Bildnisse. 177. *Caspar Netscher*, Bathseba im Bade. *185. Derselbe, musicalische Unterhaltung. *186. *A. Elzheimer*,

Flucht nach Egypten. 188. *Netscher*, Dame und Papagey. 773. *Gertr. Metz*, Blumenstück. 775. *A. Dürer*, Ruhe auf der Flucht nach Egypten.

Cabinet IX.
Flämische und Niederländische Schule (16. und 17. Jahrhundert).

191. *D. Teniers d. j.*, Wachstube. 193. Derselbe eine Bauerngesellschaft. 194, 195, 211. Derselbe, Affen. *212. Derselbe, Bauernstück. 198. *Jan Breughel d. j.*, genannt *Sammt*-Breughel, Landschaft. 199. *Brouwer*, kartenspielende Bauern. 201, 202, 205, 206, 214, 220, 222, 223, 226, 227, 228, 230, sämmtlich von *Jan Breughel*. 207. *Brouwer*, spanische Soldaten beim Würfelspiel. 219 und 221. Derselbe, Bauernstücke 783. *Waterloo*, Landschaft.

Cabinet X.
Fortsetzung.

235—240. *O. van Veen*, genannt *Otho Vaenius*, der Triumph der katholischen Kirche in 6 Allegorien. 243. *A. van Ostade*, Stillleben. 245 und 246. *Jan Breughel*, Landschaften. 247. *Jan* und *Andries Both*, Kartenspieler bei den Ruinen des Tempels der Concordia in Rom. 248, 249, 252. *Teniers*, Bauernstücke. 250 *Jan Steen*, Bauernschlägerei. 251. *Isaak van Ostade*, Winterlandschaft. 787. *Van der Neer*, Mondschein.

Cabinet XI.
Fortsetzung (17. und 18. Jahrhundert).

*255—260. *Rembrandt van Ryn*, Bilder aus dem Leben Christi. 267. Derselbe, Abraham verstösst Hagar. 272. *Gerard Dov*, eigenes Bildniss. 262 und 273. *A. Brouwer*, raufende Bauern. 275. *Franz van Mieris d. ält.*, zwei Knaben. 279. *Gerbrandt van den Eeckhout*, der 12jährige Christus im Tempel. 282 und 286. *A. van Ostade*, Bauernstücke. 284. *G. Dov*, der Marktschreier. *290. *Rembrandt*, Christus lehrt im Tempel.

Cabinet XII.
Rubens-Cabinet (Ergänzung zu Saal IV).

292. Zwei Satyre. 293. Soldaten und Bauern im Streit. *294, 295, 296, 299, 301, 302, 310, 311, 312, 315, 319, 320, 321, 326. Die wunderbar schönen Scizzen zu den für die Königin von Frankreich ausgeführten Allegorien. *297. Das (kleine) jüngste Ge-

richt. 309. Niederlage der Sanherib. 317. Bekehrung
Sauls. 324. Landschaft. *325. Amazonenschlacht. 330
Das Innere eines Waldes.

Cabinet XIII.
Flämische und Niederländische Schule, meist 17. und 18. Jahrh.

*334—338, 340, 342—348, 351 und 352. *A. van
Dyck*, Scizzen und kleine Bilder grau in grau. Unter
diesen folgende Bildnisse: 335. Maria von Medicis.
338. König Gustav Adolf. 345. Prinzessin Margaretha
von Lothringen. 346. Prinz Thomas von Carignan.
347. General Tilly. 348. Wallenstein, Herzog von Fried-
land. 341. *J. de Heem*, Blumenstück. 353. *Fr. van
Mieris d. ält.*, eigenes Bildniss. 359. *Dov*, Dienstmagd.
361. *Wouvermans*, Landschaft. 362. *Pynacker*, Landschaft. *363. *Van Dyck*, Christus am Kreuz. 374.
Kabel, Landschaft. 375. *Wynants*, Landschaft. 378.
Jan Both, Landschaft. 383. *A. van der Werff*, nächtliches Concert. 388. *Lodewyck de Vadder*, Landschaft.

Cabinet XIV.
Fortsetzung.

390. *Vlieger*, Seesturm. 392, 397, 398, 403—407.
Wouvermans, Pferdestücke. 394 und 401. *Dov*, Nacht-
stücke. *395 und 402. *A. van Ostade*, Bauernstücke.
400. *Schalken*, die klugen und thörichten Jungfrauen.
414. *Fr. v. Mieris*, Krieger bei einem Wirth einge-
schlafen. 427. *Wouvermans*, Winterlandschaft. 428.
Derselbe, die Schlacht bei Nördlingen. 429 und 436.
Corn. de Heem, Fruchtstücke. 441. *Wouvermans*, Jagd-
gesellschaft. 442. *Wouvermans*, Plünderung eines Dorfes.

Cabinet XV.
Fortsetzung.

*446, 455, 458. 469, 474, 475. *J. Ruysdael*, Landschaf-
ten. 448. *Fr. van Mieris*, ein Frühstück. *451 und 461.
W. van de Velde, Seestücke. 464 und 471. *Huysum*,
Blumen und Früchte. *465. *A. Brouwer*, Dorfarzt. 470.
Terburg, Trompeter überbringt einer Dame einen Brief.

Cabinet XVI.
Nur Bilder von Adrian van der Werff enthaltend.

478. Bildniss des Churfürsten Johann Wilhelm von
der Pfalz, und 482 seiner Gemahlin, Maria Anna von

9*

Medicis. 483. Abraham verstösst die Hagar. 496. Grablegung Christi.

Cabinet XVII.
Fortsetzung von Cabinet XV.

501. *Everdingen*, Landschaft. 504. *Ruysdael*, Winterlandschaft. 509. *Seghers*, ein Blumengewinde, *511. *Paul Potter*, ein Thierstück. 515. *Brouwer*, singende Bauern. *526. *Wynants*, Landschaft. *527. *A. Brouwer*, eine Barbierstube. 529. *Metsu*, Bohnenkönigsfest. *530. *Pieter van Hoogh*, Bauernstube, worin ein Weib liest. *533. *Teniers*, rauchende und trinkende Bauern.

Cabinet XVIII—XXI.
Enthalten ältere toscanische Schulen des 14. und 15. Jahrhunderts, dann Italiener des 15—8. Jahrhunderts.

539 und 540. Aus der Schu¹le des *Giotto*. 541. Angeblich *Rafael*, Kopf des heil. Johannes, auf einen Dachziegel al fresco gemalt. 544 Angeblich *Corregio*, Engelskopf al Fresco. 549. Nach *Michelangelo Buonarotti*, Christus am Oelberge. * 551. *Taddeo di Bartolo*, kleiner Flügelaltar. *556. *Giotto*, das heil. Abendmahl. 558. *Masaccio*, Selbstbildniss. *560. *Giotto*, Christus am Kreuz. 567. Dem *Gentile da Fabriano* verwandt, Anbetung der heil. drei Könige. 572. *Masolino*, der Englische Gruss. 577. *Fra Filippo Lippi*, Maria mit dem Kinde. 578. *Salvator Rosa*, das Kriegsvolk Gideons. 580. *Garofalo*, Maria mit dem Kinde. 581. *Rafael*, Taufe Christi. Jugendarbeit. *584. *Tintoretto*, Ecce Homo. 588. *Rafael*, Kopf des Erzengels Michael. 593. *Rafael*, Auferstehung Christi. 596. *Giulio Romano*, weibliches Brustbild. 600. *Carlo Dolci*, Jesus als Knabe. 602. *Soddoma*, heil. Familie. 604. *Bellini*, Brustbild des Künstlers. 605. *Schidone*, die heil. Magdalena. 608. *Cima da Conegliano*, Maria mit dem Kind. 609. *Domenichino*, Landschaft. Jupiter entführt die Europa. *Fiesole:* 612 und 613. Martyrium der Heiligen Cosmas und Damian. 615. Pietà. 616. Cosmas und Damian zum Opfer aufgefordert. *614. *Rafael*, Madonna di l'empi. 617, 618, 621, 622. *Canaletto*, Ansichten von Venedig. *619. *Tizian* (?), männliches Bildniss. 626.

Angeblich *Correggio,* Ecce homo. 629. *Dolci,* die heil. Magdalena. *794—796. Copien nach *Michelangelo.*

Cabinet XXII.

630. *Held-Stoccade,* männliches Brustbild. *631. *Tintoretto,* Bildniss des Anatomen Vesalius. *632. *Paolo Veronese,* Anbetung der heil. drei Könige. 635. *Pulzone,* Bildniss eines jungen Frauenzimmers. 637. *Sassoferrato,* heil. Jungfrau. 643. *Albani,* Venus und Adonis. Schule des *Guido Reni,* Evangelist Johannes. *646. *Tizian,* Jupiter und Antiope.

Cabinet XXIII.

654. *N. Poussin* (Copie), Bildniss des Künstlers. 656. *Batoni,* Bildniss des Künstlers. 659. *Lod. Carracci,* der heil. Franciscus. *660. *Annibale Carracci,* Betrauerung Christi. *661. Derselbe, eigenes Bildniss. 665. Angebl. *Correggio,* Faunskopf. 670, 671, 678, 679, 682. *Salvator Rosa,* Landschaften. 674. Angebl. *Correggio,* Faun, die Pansflöte blasend. 685. *Le Sueur,* Ludwig der Heilige.

Die Loggien,

ein Corridor mit Seitenlicht in 25 Abtheilungen an der Südseite der Säle oder beim Eintritt von der Treppe gleich links gelegen, enthalten in den Kuppeln und Wandlünetten halbkreisförmige Bilder, nach Entwürfen von *P. von Cornelius,* von *Cl. Zimmermann* und unter seiner Leitung von *W. Gassen* und Anderen al fresco ausgeführt. Die ersten 13 Abtheilungen beziehen sich auf die Geschichte der Malerei in Italien bis Rafael, die folgenden 12 umfassen die Entwickelung der Kunst in Deutschland, den Niederlanden und Frankreich bis Rubens. Beide Reihen beginnen an den Enden und vereinigen sich in der Mitte, in der Loge Rafaels.

Oestliche Reihe:	Westliche Reihe:
1.	
Kuppel: Bund der Religion mit den Künsten. David, Salomo, Lucas, Cäcilia.	Wiederholung dieser Allegorien, um den gleichen Ursprung der deutschen Kunst anzudeuten.

Lunette: König Ludwig
von seinem Genius zu den
Künstlern und Dichtern der
Vor- und Mitwelt geführt.
Rechts u. A. Klenze, Cor-
nelius, Zimmermann.

Der Genius der Mensch-
heit trägt die Kunst zu
den Göttern des Olymp.

2.

Kuppel: Bilder aus den
Kreuzzügen, als der Zeit
des Wiederauflebens der
Kunst: Bernhard v. Clair-
vaux predigt das Kreuz;
(1142) Schlacht bei Ico-
nium. In d. Bogenwinkeln:
Gottfried v. Bouillon, Rich.
Löwenherz, Barbarossa,
Ludwig der Heilige.
Lunette: Gründung des
Campo santo v. Pisa 1238.

Bonifacius predigt das
Christenthum in Deutsch-
land 725. Karl Martel
schlägt die Saracenen bei
Tours 732. Wolfram von
Eschenbach, Reimar der
Alte, Walter von der Vo-
gelweide, Heinrich von Of-
terdingen, Dichter des 13.
Jahrhunderts.
Karl d. Gr. unter Künst-
lern und Gelehrten.

3.

Kuppel: Cimabue(†1300)
besucht als Knabe grie-
chische Maler, und kommt
zu ihnen in die Lehre.
Lunette: Cimabue's er-
stes grosses Madonnabild
wird im Triumph nach der
Kirche St. Maria novella
getragen. In d. Bogenwin-
keln: Tafi, Duccio, Marga-
ritone und Gaddo Gaddi.

Heinrich I. erbaut Städte
919. Der Cölner Dom wird
gegründet 1248.

Der Kasten mit den Reli-
quien der heil. drei Könige
kömmt nach Cöln. Märtyr-
tod der heil. Ursula und des
heil. Gereon. Joh. Hütz,
Erwin v. Steinbach, Ger-
ard und Mstr. Pilgram.

4.

Kuppel: Cimabue findet
den Giotto. Giotto legt seine
Entwürfe dem Papst vor.
Bildnisse von Giotto, Dante,
Nicc. und Giov. Pisano.
Lunette: Wiedererwa-
chen der Kunst. Glaube,

Tod des Meister Wilhelm
von Cöln; dabei Meister
Stephan, Maler des Cölner
Dombildes und seine an-
deren Schüler.
Die Vorfahren Christi u.
die Kreuztragung (auf den

Liebe, Hoffnung. Giotto geht mit Clemens V. nach Avignon; malt in Neapel für König Robert.

Stoff in den Werken Zeit-blooms und Holbeins des ältern sich beziehend).

5.

Kuppel: Fiesole's Aufnahme unter die Seligen. Darunter die Kirchenväter. Die acht Seligpreisungen. Fiesole wird als Mönch eingekleidet, malt in den Klosterzellen; empfängt den päpstlichen Segen; legt dem Herzog Cosmus den Bauplan von San Marco vor.

Lunette: Fiesole schlägt die Würde des Erzbischofs aus; Engel pflegen den Garten seiner Kunst.

Gebrüder Johann und Hubert van Eyck. Hubert erfindet die Oelmalerei; unterrichtet seine Geschwister, zeigt seine Gemälde dem Herzog Philipp von Burgund. Johann unterrichtet Antonello von Messina in der Oelmalerei.

Anbetung des Lammes, in Bezug auf das Hauptbild der Brüder Van Eyck, das Gentner Altargemälde.

6.

Kuppel: Leonardo da Vinci, Rafael und Michel Angelo, welche ihre ersten Studien an d. Werken Masaccios gemacht. Masaccio beim Cardinal von S. Clemente, und malend bei den Carmelitern zu Florenz.

Lunette: Ahnung u. Anschauung, d. beiden Grundkräfte der Kunst.

Die heil. drei Könige. Memling im Kloster zu Brügge; malt die Offenbarung Johannis.

Wiederholung. In den Bogenwinkeln: Joh. Mabuse, Joachim Patenier, Bernhard v. Brüssel, Heinrich Bles.

7.

Kuppel: P. Perugino u. seine Schüler; die Eigenschaften seiner Kunst in allegorischen Figuren. — In den Bogenwinkeln: Ra-

Schoorel und seine Zeitgenossen Quintin Messys, Hemskerk, Mabuse, Luc. Cranach. — Melem, Anton Moro, L. Lombardus und

faellin del Garbo, B. Garofalo, A. Verrochio, D. Beccafumi.

Lunette: Perugino als Meister Rafaels. Friede u. Liebe zu beiden Seiten.

Martin Hamskerk in den Bogenwinkeln.

Lucas von Leyden auf dem Krankenbette zeichnend.

8.

Kuppel: A. Mantegna, D. Ghirlandajo, L. Signorelli, A. del Sarto; dazwischen die Geburt d. Venus (Schönheit), der Minerva (Gedanken); Venus belebt Galatea und Minerva den Menschen.

Lunette: L. Signorelli sieht im Geiste d. Gestalten seines jüngsten Gerichts.

H. Holbein d. J. sieht die Madonna in der Glorie; er empfängt von Erasmus Briefe an Thom. Morus; malt dessen Familie u. wird dem König Heinrich VIII. von England vorgestellt.

Holbein malt den Todtentanz. Daneben Gruppen seines Bauerntanzes.

9.

Kuppel: Der Sonnengott, Anspielung auf Leonardo's Scharfblick. Die 4 Temperamente in 4 mythologischen Bildern. Leonardo als Bildnissmaler; als Lehrer. In den Bogenwinkeln: Giacomo da Pontormo, Fra Bartolomeo, Lorenzo di Credi, Andr. del Sarto.

Lunette: Geburt Leonardo's; dann dessen Tod in Gegenwart König Franz von Frankreich.

Christus, der Hauptinhalt von Dürer's Werken: Dazwischen Malerei, Kupferstecherei, Bildhauerei und Mechanik. Albrecht Dürer's Eintritt in d. Lehre bei Wohlgemuth; Dürer und Pirkheimer. In d. Bogenwinkeln: Burgkmaier, Joh. Dürer, Luc. Cranach, und G. Pencz.

Kaiser Maxmilian hält Dürer die Leiter. Künstlerfest in Antwerpen.

10.

Kuppel: Correggio unter einen Schülern. Die Symbole der 4 Elemente. In den Bogenwinkeln: Fr. Mazzuoli, Fr. Francia, Gir. da

Claude le Lorrain; Amor rührt die Saiten, Psyche naht mit der Doppelflöte, Zephyr mit Kühlung. In den Bogenwinkeln: G.

Carpi. Taddeo Zuccheri.

Lunette: Correggio in Träume der Begeisterung versunken, umgeben von den Genien und Grazien. H. Cäcilia, Befreiung der Psyche.

Dov, A. Brouwer, G. Flink, F. Bol.

Rembrandt, Phantasus mit der Blendlaterne ihm voranleuchtend, hinter ihm tiefe Nacht.

11.

Kuppel: Venezia. Zwischenbilder: Geburt d. Venus aus dem Meer (Venedig). Argonautenzug (Welthandel Venedigs). A. Dürer bei Giov. Bellini; Gentile Bellini in Constantinopel. In den Bogenwinkeln: Fr. da Ponte, Giac. Palma, Giorgione, Paolo Veronese.

Lunette: Diana v. Ephesus als Sinnbild der Natur; Guilio Romano und Vasari besuchen Tizian; Tizian und Karl V., welcher ihm den Pinsel aufhebt.

Amor auf einem Schwan, Apollo u. Minerva beschützen Poussin. Poussin hält in Rom eine Kunstschule. In den Bogenwinkeln: Ch. le Brun, Simon Vouet, J. Milet, Jean Jouvenet.

Le Sueur arbeitet zur Nachtzeit; malt bei den Karthäusern in Paris das Leben des heil. Bruno.

12.

Kuppel: Malerei, Bildhauerei und Baukunst als die drei Künste M. Angelo's. M. Angelo malt die Decke der Sixtinischen Capelle; Zwischenbild: meisselt d. Moses; seine geistige Stärke und die Erhabenheit seiner Gedanken, und seine sinnliche Stärke. In den Bogenwinkeln: Aristotele, S. del Piombo, Giul. Buggiardini, Fr. Granacci.

Lunette: M. Angelo ent-

Rubens Genius enthüllt das verschleierte Bild von Sais, in Gegenwart von Rhein und Schelde, zur Andeutung des Geburts- und Sterbeorts des Rubens; dieser umgeben von der Göttin Abundantia, Amor u. einer Bacchantin; Rubens u. Maria v. Medicis. In den Bogenwinkeln: J. Jordaens, A. Diepenbeck, Fr. Snyders, Ant. v. Dyk.

Rubens als Maler u. Ge-

wirft die Kuppel d. Peterskirche. Daneben die christ-
liche Dichtkunst, die griechische Dichtkunst.

sandter bei Karl I. in England. — Prometheus stiehlt
das Feuer vom Himmel. —
Bacchanal.

13.

Kuppel: Rafael (1483—1520) mit seinem Schutz-
engel vor der Madonna knieend. Rafael als Knabe in
seines Vaters Werkstatt; kommt zu Perugino; zeigt
dem Papst Julius II. seine Entwürfe; malt im Vatican.
Seine Schüler Giulio Romano, il Fattore, Vinc. di S.
Gemignano, G. da Udine.

Lunette: Rafaels Tod. — Papst Leo X. und der
Cardinal Bembo nahen sich dem auf einem Paradebett
liegenden Leichnam, über welchem sein letztes Werk,
die Transfiguration, aufgestellt ist; Fornarina, Rafaels
Geliebte, wirft sich über den Leichnam; il Fattore be-
netzt seine Hand mit Thränen; daneben sitzt Giulio
Romano, Marc Antonio steht trauernd dabei. In den
Bogenwinkeln: Giulio Romano, Francesco Penni il
Fattore, Vinc. di San Gemignano und Giovanni da Udine.

Im Erdgeschoss der Alten Pinakothek befinden sich noch: 1) das Kupferstich- und
Handzeichnungen-Cabinet, 2) die Sammlung
griechischer und etruskischer Vasen.

Kgl. Kupferstich- und Handzeichnungen-Cabinet.

Conservator: Professor J. Thäter.
Geöffnet Dienstag und Freitag 9—12 Uhr.

Dasselbe enthält an Kupferstichen und Handzeichnungen gegen 800,000 Blätter, von dem Ent-
stehen der Holzschneide- und Kupferstecherkunst
an bis auf unsere Tage. Besonders interessant
sind die dort unter den Incunabeln befindlichen
ältesten bis jetzt bekannten Holzschnitte aus der
2. Hälfte des XIV. Jahrhunderts, fast 100 Jahre

vor der Erfindung der Buchdruckerkunst; sie stammen aus Tegernsee in Baiern. Ebenso zeichnet sich die Sammlung aus durch eine Auswahl von Werken der bedeutendsten Meister der verschiedensten Perioden; diese ist unter Glasverschluss in chronologischer Uebersicht mit Beifügung der Namen und Geburtsorte der betr. Künstler geordnet. Die äusserst reichhaltigen Mappen der einzelnen Meister werden Kunstfreunden auf Verlangen vorgelegt.

Unter den Handzeichnungen der hervorragenden Meister befinden sich auch die Original-Entwürfe für die Prachtrüstungen französischer Könige von der Hand deutscher Künstler und das Originalbild Heinrichs VIII. von England von Hans Holbein, erst in neuerer Zeit aufgefunden.

Das Vorzüglichste der Handzeichnungen wie der Kupferstiche ist theilweise auf photographischem Wege veröffentlicht.

Die Sammlung griechischer und etruskischer Vasen.

Conservator: Professor B r u n n.
Geöffnet Sonntag, Dienstag, Donnerstag von 9-1 Uhr.
Catalog von Professor O. J a h n: Kurze Beschreibung 36 kr., Wissenschaftl. Catalog 7 fl. (beim Diener.)

Diese reiche Sammlung ist in fünf Sälen aufgestellt. Der Fussboden der drei ersten Säle ist mit Stuccomarmor parquettirt, im vierten Saal ein grosses antikes Mosaikbild, Helios im Thierkreise, daneben die Erde mit den Jahreszeiten; Geschenk des Herzog Eugen von Leuchtenberg, auf dessen Gütern in Italien ausgegraben.

Die vielen zum Theil prachtvollen Gefässe
wurden in Grabkammern Italiens und Griechenlands
aufgefunden. Sie sind ein Beweis, wie sehr das
ganze griechische Leben bis zum Handwerk vom
Geiste der Schönheit durchdrungen war. Die ältesten Vasen, im Stil jenen in Niniveh gefundenen
verwandt, haben Thier- und Pflanzen-Ornamente,
dann folgt die Darstellung menschlicher Gestalten
schwarz auf rothem Grunde. In der Blütheperiode
der Kunst (etwa 440—300 v. Chr.) heben sich
die feingezeichneten Figuren roth vom schwarzen
Grunde ab, später finden sich auch andere Farben,
die Ausführung wird prunkvoller und eleganter, artet
aber auch nicht selten in decorative Flüchtigkeit aus.

I. Saal. 2. 4. 44. Darstellung eines Hochzeitszuges.
54. 114. Herakles kämpft mit Antäos. 125. 138.

II. Saal. 198. 208. Europa mit dem Stier. 209.
211. Dodwells Gefäss. Eberjagd. 234. 273. Dionysos
und eine Bacchantin. 301. 326.

III. Saal. 332. Bacchus und Bacchantinnen. 341.
342. Herakles und Busiris. 368. 370. Achill und die
Penthesilea. 376. Boreas. 386. 401. 402. 408. 418.

IV. Saal. 530. 679. 731. Töpferwerkstätte. 745.
749. 753. 776 805. Medea und Jason. 810. Dieselben.
849. Orpheus vor Pluto.

V. Saal. 1035. 1244. 1330.

Pinakothek, Neue, der Alten gegenüber, Eingang von der Barerstrasse.

Geöffnet Sonntag, Dienstag, Donnerstag und
Samstag von 8—12 und 2—4 Uhr.

Der Grundstein wurde von König Ludwig I.
im October 1846 selbst gelegt, der Bau vom
Oberbaurath von Voit ausgeführt, 1853 wurde
die Gallerie eröffnet.

Rottmann-Saal.

6.

1.	5.	14.
		13.
		12.
2.	4.	11.
		10.
		9.
3.	3.	8.
		7.
		6.
4.	2.	5.
		4.
		3.
5.	1.	2.
		1.

Grundriss der Neuen Pinakothek. Oberes Stockwerk.

Länge 368 F., Breite 101 F., Höhe 184 F. Kosten 545,270 fl. Die Neue Pinakothek ist nur für Gemälde aus unserem Jahrhundert bestimmt; sie ist nunmehr Eigenthum des k. Familiengutes. Neuerdings wurden die Gemälde umgehängt und vermehrt; wir geben nachstehend den vollständigen Catalog.

An der Aussenseite Frescomalereien, von Nilson in colossalen Verhältnissen nach den von W. v. Kaulbach in Oelfarben gemalten Scizzen ausgeführt, welche sich im dritten der kleineren Säle der Neuen Pinakothek befinden; wir weisen auf die Erklärung derselben hin; die Frescen, stark sarkastischen Inhalts, gehen ihrem Untergang entgegen. —

In der Vorhalle im Erdgeschoss, der Eingangsthüre gegenüber, das Modell der Bavaria und der mit Löwen bespannten Quadriga, welches sich auf dem Siegesthor (s. d. Art.), in Erz ausgeführt, befindet. Links und rechts führen Marmortreppen hinauf.

I. Saal.

König Ludwig I., in der Tracht des königl. baierischen Hausordens vom heil. Hubertus von *W. von Kaulbach* in Lebensgrösse gemalt.

In der Mitte des Saales Vase von Malachit, Geschenk des Kaisers Nicolaus von Russland, ausserdem auf Tischen mit Porphyrplatten drei andere Vasen von schwedischem Porphyr, Geschenke des Königs Karl XIV. Johann von Schweden.

Darauf folgen fünf grössere Säle, II. bis V. die nachstehend verzeichneten Gemälde, VI. die griechischen Landschaften von *Rottmann* enthaltend. Zur Linken dieser grösseren Säle, an der Südseite

sind 5 kleinere Säle, zur Rechten, oder an der Nordseite, 14 **Cabinette.**

Grössere Säle II—V.

*1. *J. A. Fischer*, 'der Leichnam Christi wird zu
Grabe getragen. 2. *Bayer*, Inneres der Franciscanerkirche zu Salzburg. 3. *Vermeersch*, Partie eines Canals
in Venedig. 4. *Gugel*, Familienscene. 5. *Riedel*, eine
neapolitanische Fischerfamilie. 6. *Martin*, Knabe mit
Hund. 7. *Kirchner*, Ansicht von Verona. 8. *Bosboom*,
das Innere der neuen Kirche zu Amsterdam. *9. *M.
Ainmüller*, Theil des Innern der Westminsterkirche
zu London. *10. Derselbe, Chor der Westminsterabtei.
*11. *Carl von Piloty*, Seni vor Wallenstein. *12. *Carl
Schorn*, die Sündfluth. (Unvollendet.) 13. *J. Etzdorf*,
Eisenhammer in Schweden. 14. *W. Melchior*, Wild-
stück. 15. *H. Heinlein*, der Ortler. 16. *M. Wagenbauer*, junger Stier. 17. *J. Jakobs*, Schiffbruch. 18. *Fr.
Füger*, heil. Magdalena. 19. *B. Adam*, todte Hirsche.
*20. *A. Böcklin*, Pan. 21. *H. von Hess*, Florentinerin.
22. *J. Lange*, Gosausee. 23. *Fr. Voltz*, Heimkehr.
24. *W. von Kaulbach*, der Landschaftsmaler Heinlein
als Ritter von Schellenberg beim grossen Künstler-
maskenzug 1840. *25. *Derselbe*, Zerstörung Jerusalems.
26. *G. Flüggen*, Vorzimmer eines Fürsten. 27. *W.
von Kaulbach*, der Schlachtenmaler Monten als Hauptmann der Landsknechte bei genanntem Maskenzuge.
28. *Jul. Lange*, Gosausee. 29. *Fr. X. Winterhalter*,
Portrait des Grafen von Jenison. 30. *W. von Kobell*,
Schlacht bei Hanau. 31. *J. B. Weiss*, Dreimaster über-
segelt ein Dampfschiff. 32. *H. von Hess*, heil. Abendmahl (unvollendet). 33. *I. von Schraudolph*, Fischzug
Petri. 34. *Angelica Kauffmann*, Christus und die Sa-
maritanerin. 35. *P. von Hess*, Einzug des König Otto
in Nauplia. 36. *Alb. Zimmermann*, Gebirgslandschaft.
*37. *Ed. Schleich*, Landschaft an der Isar. 38. *Schraudolph*, Christus heilt die Kranken. 39. *J. A. Koch*,
Historische Landschaft. 40. *M. Kellerhoven*, der letzte
Abt von Steingaden. 41. *Alb. Zimmermann*, Felsen-
landschaft. Centauern im Kampfe mit Leoparden. 42.

Max Zimmermann, Winterlandschaft. 43. *Andr. Achenbach*, Seesturm. *44. *L. von Hagen*, im Garten musicirende Gesellschaft. 45. *Benno Adam*, Hirschjagd.
46. Derselbe, Ziegen. 47. *Gust. König*, Nathan, David
zur Busse mahnend. 48. *W. von Schadow*, heilige
Familie. 49. *von Schraudolph*, Himmelfahrt Christi.
50. Derselbe, Maria mit Jesus und Johannes. 51. *J. C.
Dorner*, das Kind Jesu. *52. *Millner*, Abend auf der
Kampenwand. 53. *J. Frey*, die beiden Memnons-Säulen.
54. *F. S. Navez*, die Spinnerinnen von Fondi. *55. *A.
Zwengauer*, Sonnenuntergang. 56. Derselbe, Landschaft im Abendlichte. *57. *Ad. Wichmann*, reich ge-
kleidete Dame vertheilt Früchte. 58. *J. C. Dorner*,
Maria mit dem Jesuskinde und Johannes. 59. *C. Millner*, Partie auf der Kampenwand. 60. *Friedr. Overbeck*,
die heil. Maria und Elisabeth. *61. *H. von Hess*, Altargemälde. 62. *J. von Schraudolph*, Maria und Magdalena mit Johannes sehen Christus an das Kreuz nageln.
63. *J. Dorner*, der Walchensee; Staffage von M. Wagenbauer.

VI. Saal.

**23 landschaftliche Darstellungen aus Griechenland,
von Carl Rottmann im Auftrage Königs Ludwig I.
nach der Natur aufgenommen und in enkautischer
Manier, d. h. mit Wachsfarben gemalt.

1. Nemea. Im Mittelgrunde König Ludwig I.,
umgeben von Griechen, die ihm mit Palmzweigen in
den Händen ihre Ehrfurcht bezeigen. 2. Mycenä mit
dem Löwenthor. 3. Corinth mit der Acropolis. 4.
Brunia, Vorstadt von Nauplia. 5. Copaisee. 6. Naxos.
7. Chalkis. 8. Aegina. Auf einem Hügel der Tempel,
in dessen Giebelfeldern die Statuen gestanden, welche
sich in der Glyptothek unter dem Namen „die Aegi-
neten“ befinden. 9. Paros. 10. Marathon. 11. Epi-
daurus. 12. Aulis. 13. Delos. 14. Gebirge von Sparta
mit dem Taygetos. 15. Ebene von Sparta. 16. Das
Thal von Olympia. 17. Salamis. 18. Sikyon. 19. Sikyon;
in der Ferne der Parnass. 20. Cyklopen-Mauern von

Tirynth. 21. Ruinen von Theben. 22. Eleusis mit
der heiligen Strasse. 23. Athen.*)

Die fünf kleineren Säle.

Die Nummerirung derselben läuft fort, den ersten
derselben betritt man, aus dem Rottmann-Saal durch
den grossen Saal V zurückkehrend.

64—68. *Ed. von Heuss,* 5 Marienbilder. 69. *W.
Pfeifer,* alter Bauer, der eine Vogelscheuche aufge-
richtet. 70. *Rich. Zimmermann,* Kartoffelernte. 71.
Cl. von Zimmermann, Cimabue findet den kleinen
Giotto. 72. *Jodl,* Hohenschwangau. 73. *Wilh. Lich-
tenheld,* Mondnacht. 74. *B. Stange,* Venedig im Mondlichte. 75. *Th. Weller,* italienische Feldarbeiter. 76.
Benno Adam, Viehmarkt im baierischen Gebirge. 77.
Amalie, k. Prinzessin von Baiern, Villa bei Madrid.
78. *Fischbach,* Watzmann, Untersberg und Lattenge-
birge von Schloss Aign. 79. *Max Haushofer,* von
Bergen umgebener See. 80. *Dorner,* Wasserfall. 81.
Joh. Kirner, Kartenschlägerin. 82. *Verboekhofen,* Schaf-
stall. 83. *Eugen Hess,* Ritter als Gast bei Domini-
kanern. 84. *W. Gail,* Kirche zu Cordova. 85. *Wagenbauer,* Landschaft. 86. *Gerhardt,* Löwenhof der Al-
hambra. 87. *Ed. Coignet,* Tempel zu Pästum. 88.
Moritz Müller („*Feuermüller*"), Bauernhochzeit. 89.
Albr. Adam, Erstürmung der Düppler Schanzen. 90.
Leys, holländische Dorfgasse. 91. *Leo von Klenze,*
Athen mit der Acropolis. 92. *G. Steffan,* Landschaft
aus der Hochalpenregion. 93. *Vermaersch,* Hafenparthie.
94. *W. Schoen,* Bursche und Mädchen im Zwiege-
spräch. 95. *Reinh. Zimmermann,* der Vorleser. 96.
Fr. Adam, französische Cuirassiere. 97. *Ed. Schleich,*
Alpe. 98. *E. Kirchner,* Grabmal des Grafen Borco
zu Verona. 99. *L. Gallait,* Mönch, Arme speisend.
100. *A. Riedel,* Mutter und junges Mädchen. 101.

---

*) Zum Verständniss dieser Bilder ist das Büchlein: „Die Grie-
chischen Landschaft-gemälde von Carl Rottmann, beschrieben von
Lange, k. griech. Baurath," München, Chr. Kaiser, Preis 18 kr.
besonders zu empfehlen.

Helisena Girl, Mädchen füttert Tauben. 102. *Lichten-
held*, Schatzgräber. 103. *Hanno Rhomberg*, Schlitten-
schnitzer. 104. *Chr. Morgenstern*, Seesturm. 105. *Derselbe*, Haide am Fusse der Vogesen. 106. *Franz Catel*,
Palermo. 107—125. *Wilh. von Kaulbach*, Oelscizzen
zu den an der Aussenseite der Neuen Pinakothek von
Nilson ausgeführten Frescen. 107. König Ludwig I.
umgeben von Künstlern und Gelehrten. 108. Rechts
die Historienmaler, links die Schlachten-, Landschafts-
und Genremaler, welchen der König Aufträge er-
theilte. 109. Die mit Ausführung monumentaler Bauwerke betrauten Architecten in Mitte ihrer Werke.
110. Ebenso die Bildhauer. 111. Kunstthätigkeit der
Glasmalereianstalt. 112. Drei allegorische Gestalten,
Baukunst, Bildhauerkunst und Erzgiesskunst. 113.
Drei allegorische Gestalten, Frescomalerei, Glasmalerei
und Malerei auf Vasen. 114. Künstlerfest. 115. Die
Erzgiesserei. 116. Die Künstler Münchens überreichen
König Ludwig ein Album. 117. Innerer Raum der
Porcellanmalerei. 118. Bekämpfung des Zopfes. 119.
Studium der deutschen Künstler in Rom. 120. Künstler
erhalten Aufträge vom König. 121. Thorwaldsen und
Klenze. 122. P. von Cornelius, Ohlmüller und P. von
Hess. 123. Fr. von Gärtner, J. von Schnorr, H. von
Hess und C. Rottmann. 124. Ziebland, Schwanthaler
und Schorn. 125. Wilh. von Kaulbach und J. von
Schraudolph.

126. *Rich. Zimmermann*, Winterlandschaft. 127.
J. C. Reinhardt, Landschaft. 128. *Albr. Adam*, Schlacht
von Custozza. 129. *Didai*, Gebirgslandschaft. 130. *Albr.
Adam*, Schlacht bei Novara. 131. *J. A. Koch*, der
Schmadribach. 132. *Max Zimmermann*, Waldgegend.
133. *E. Kirchner*, Hof in Venedig. 134. *Carl Rott-
mann*, die Akropolis von Sikyon. 135. *Derselbe*, der
Eibsee. 136. *El. Gerhardt*, Inneres der St. Marcus-
Kirche. 137. *Max Zimmermann*, Landschaft mit
Eichen. 138. *Jacquard*, Zigeuner. 139. *Max. Zimmer-
mann*, Eichwald. 140. *W. Gail*, Dogenpalast zu Ve-
nedig. 141. *Christ. Mali*, St. Giorgio in Verona. 142.
Fr. Bamberger, Felsschlucht in Spanien. 143. *Knud*

Baade, Marine. 144. *Marko*, die Flucht nach Egypten.
145. *Andr. Achenbach*, Herbstmorgen in den Pontini-
schen Sümpfen. 146. *J. Geyer*, Concilium Medicum.
147. *Carl Rottmann*, Insel Ischia. 148. *H. Rhomberg*,
Schulknaben bei einem Cigarrenhändler. 149. *Friedr.
Overbeck*, Italia und Germania. 150. *Catel*, Aricia gegen das Meer. 151. *Jacobs*, Sonnenaufgang im Archipel.
152. *J. Geyer*, Ende eines Maskenballes. 153. *Sarazin
de Belmont*, baumreiche Gegend. 154. *Rich. Zimmermann*, Winterlandschaft. 155. *Aug. Riedel*, Felice Be-
raidi aus Albano. 156. *Derselbe*, Judith mit dem
Schwerte. 157. *Derselbe*, Mariuccia Joli aus Alvito.
158. *H. Koekoek*, Marine. 159. *K. Heilmayer*, Schleich-
händler. 160. *Jos. Stieler*, Königin Therese. 161. *Derselbe*, Prinz Carl von Baiern. 162. *Schrotzberg*, Erzherzogin Mathilde. 163. *Jos. Stieler*, Prinz Adalbert von
Baiern. 164. *Derselbe*, König Otto von Griechenland.
165. *Derselbe*, Prinzessin Alexandra von Baiern. 166.
Derselbe, Erzherzogin Adelgunde. 167. *Derselbe*, Erzherzogin Hildegard. 168. *Derselbe*, Grossherzogin von
Hessen. 169. *Derselbe*, Königin Amalie von Griechenland. 170. *Derselbe*, Prinzessin Auguste von Toscana.
171. *Schrotzberg*, Herzogin Therese von Württemberg.
172. *Derselbe*, Kaiserin Elisabeth von Oesterreich.

Die 14 Cabinette.

Die Reihenfolge derselben beginnt wieder beim Eingang, vom grossen Saal I. rechts.

173. *A. Terlink*, Ansicht von Aricia. 174. *W. Camp-
hausen*, gefangene englische Familie. 175. *J. Moerenhout*, Canal mit Schlitten. 176. *C. Rottmann*, Corfu.
177. *P. van Schendel*, nächtliche Marktscene. 178. *A.
von Bayer*, Klosterhof. 179. *C. Rottmann*, Monreale
bei Palermo. 180. *W. H. Schmidt*, niederländische
Schulstube 181. *P. von Hess*, walachischer Pferdefang.
182. *Jos. Rebell*, Molo von Portici. 183. *E. Fries*, Wasserfall des Liris. 184. *C. W. von Heideck*, Brücke
bei Cuenca in Spanien. 185. *Ch. Schleissner*, Kupfer-
schmied. 186. *C. Rottmann*, der Obersee und der hohe

Göll. 187. *H. van Hove*, Haùsflur. 188. *E. Lepoittevin*,
der Maler Adrian Brouwer. 189. *C. W. von Heideck*,
Löwenthor von Micenä. 190. *F. Catel*, Capuzinergarten
in Syracus. 191. *L. Robert*, Procidanerin mit ihrem
Kinde. 192. *J. C. Reinhardt*, Giardino di Malta in Rom.
193. *F. Catel*, Sonnenuntergang bei Neapel. 194. *F.
W. Völker*, Blumentisch. 195. *J. B. Maes*, Landmäd-
chen aus der Umgegend Roms. 196. *C. Rottmann*, Bran-
nenburg mit dem Wendelstein. 197. *Th. Mattenheimer*,
Früchtenstück. 198. *C. L. Dreibholz*, Seestück. 199.
I. Vermeersch, Strasse in einer italienischen Stadt.
200. *Mich. Neher*, Inneres der alten Capelle auf der
Trausnitz. 201. *D. Wilkie*, Testaments-Eröffnung. 202.
G. von Dillis, der Tegernsee. 203. *H. Reinhold*, Capuzinergarten bei Sorent. 204. *D. Quaglio*, Abtei zu
Rouen. 205. Derselbe, St. Sebalduskirche. 206. Derselbe,
Giardino di Malta. 207. *G. Haanen*, Winterlandschaft.
208. *A. von Bayer*, Klosterhalle. 209. *J. von Schrau-
dolph*, heilige Agnes. 210. *Friedr. Overbeck*, Vittoria
Caldoni aus Albano. 211. *I. van Regemorter*, Inneres
einer Dachkammer. 212. *Andr. Achenbach*, Nordsee.
213. *J. A. Koch*, Winzerfest bei Olevano. 214. *H. Rhomberg*, Knabe bei einem Vogelhändler. 215. *Ch. van
Beveren*, Beichte eines kranken Mädchens. 216. *C.
Kuntz*, Landschaft. 217. *P. von Hess*, der Räuber
Barbone. 218. *J. Jacobs*, Seehafen bei Constantinopel.
219. *Fioroni*, Nachtstück. 220. *C. Kuntz*, Landschaft.
221. *C. von Enhuber*, Grossvater mit seinem Enkel. 222.
C. Rottmann, Gräberstadt bei Syracus. 223. *C. W.
von Heideck*, zwei Esel. 224. *Ivo Vermeersch*, Thor
einer italienischen Stadt. 225. *Ch. Reinhard*, Landschaft.
226. *C. Rottmann*, der Aetna von Taormina aus. 227.
Ch. Reinhard, Landschaft mit Wasserfall. 228. *C. W.
von Heideck*, italienische ·Fischer. 229. *F. Catel*, Seesturm. 230. *J. von Schnorr*, Scene aus dem Nibelun-
genliede: Hagen und Dankwart verweigern Chrimhilden
den Gruss. 231. *F. M. Granet*, Savonarola. 232. *A.
Hess*, heilige Theresia. 233. *F. Braeckeleer*, Nieder-
länder Bauernstube. 234. *J. Stieler*, Bildniss Göthe's.
235. *H. von Hess*, Thorwaldsen. 236. *Nic. de Kayser*,

Mönch bei einem Almosenstock. 237. *Jos. Stieler*,
Prinz Eduard von Sachsen-Altenburg. 238. *Ch. Reinhard*, Landschaft. 239. *Ed. Gerhardt*, Inquisitions-
palast in Cordova. 240. *Chr. Ruben*, Sennerin auf einer
Hochalpe. 241. *M. Artaria*, Kirchgang in der heil.
Christnacht. 242. *C. Kuntz*, Schweizerlandschaft. 243.
W. Gail, San Lazaro. 244. *J. M. Wittmer*, die Leiche
der heil. Katharina wird von Engeln zu Grabe getragen. 245. *L. van Kuyck*, Inneres eines Pferdestalles.
246. *C. Kuntz*, Landschaft. 247. *Albr. Adam*, Fuhr-
pferd. 248. *H. Backhuysen*, Winterlandschaft. 249.
C. L. Seeger, Rheingegend. 250. *Albr. Adam*, Inneres
eines Pferdestalles. 251. *P. Hasenclever*, Jobs im Examen.
252. *J. Ch. Dahl*, Winterlandschaft. 253. *B. Adam*,
Katze bei einem Schimmel im Stall. 254. *A. F. Schel-
ver*, Tyroler Fuhrwagen. 255. *C. Schneider*, Gegend
am Rhein. 256. *Ang. Quaglio*, Landschaft mit gothischer Kirche. 257. *P. von Hess*, Ansicht von San
Marino. 258. *M. Wagenbauer*, Morgenlandschaft. 259.
N. Simonsen, rauchender Matrose. 260. *Ch. Schleissner*,
Geflügelhändler. 261. *P. von Hess*, zwei Männer vor
einer Locanda. 262. *C. Gugel*, Porträt. 263. *J. A.
Schulze*, Genrebild. 264. *C. von Enhuber*, Bildschnitzer
in seiner Werkstatt. 265. *L. Gurlit*, Gegend bei
Berchtesgaden. 266. *M. Müller*, Scene aus dem Tiroler-
krieg. 267. *H. Bürkel*, Winterlandschaft. 268. *F.
Braeckelaer*, holländische Bauernstube. 269. *I. Ver-
meersch*, Thurm an einer alten Stadtmauer. 270. *J.
Becker*, Schnitter gewahren einen Brand. 271. *Aug.
Riedel*, die Römerin Nazarena Trombetti. 272. *van der
Laar*, Tochter ihren Vater um Verzeihung anflehend.
273. *A. Schelfhout*, Winterlandschaft. 274. *B. Stange*,
Aussicht von einem Thurmfenster. 275. *P. Hasenclever*,
Mann und Frau schmollend. 276. *A. Quaglio*, Kinds-
taufe. 277. *A. Achenbach*, Seestück. 278. *G. H.
Brandes*, Gegend bei Salzburg. 279. *A. von Bayer*,
Kreuzgang der Stiftskirche zu Berchtesgaden. 280.
P. von Hess, Zug griechischer Landleute. 281. *H.
van Bakhuysen*, Winterlandschaft. 282. *D. Quaglio*,
altes Thor der Festung Salzburg. 283. *I. von Regemorter*,

Mann und Frau. 284. *Mathilde*, Grossberzogin von
Hessen, Magdalenencapelle in Nymphenburg. 285. *W.
Lindenschmitt*, Tod des Herzog Luitpold in der
Schlacht bei Pressburg. 286. *F. X. Luckx*, alte Frau
mit Spitzenklöppeln beschäftigt. 287. *J. Rebell*, Landschaft. 288. *C. W. von Heideck*, Aufgang zur Acropolis.
289. *J. Moerenhout*, Dame auf einem Schimmel. 290.
C. Vennemann, niederländische Bauernscene. 291. *J.
Rebell*, Morgenlandschaft. 292. *F. Schmitt*, Früchtenstück. 293. *Albr. Zimmermann*, Landschaft. 294. *Ed.
Scholz*, Officierswittwe. 295. *A. Schelfhout*, Seeküste.
296. *F. Catel*, Grotte der Aretusa bei Tivoli. 297. *J.
von Schraudolph*, heil. Jungfrau mit dem Jesuskinde.
298. *M. Wagenbauer*, Landschaft. 299. *J. M. Wittmer*,
Hirten erscheinen bei der Geburt des Heilandes. 300.
Derselbe, Geburt des heil. Johannes. 301. *M. Schnitzler*, todtes Federwild. 302. *J. Rieppenhausen*, Maria
mit dem Jesuskinde. 303. *M. Wagenbauer*, Landschaft.
304. *J. Kirner*, Freischärler. 305. *J. Klotz*, Ansicht
von München vor dem ehemal. Schwabingerthor. 306.
J. Geyer, Arzt. 307. *Fr. Schmitt*, Früchtenstück.
308. *Muzzinoni*, italienische Landschaft. 309. *Mich.
Neher*, Klosterkirche zu Babenhausen. 310. *J. Kreul*,
ein Bäcker untersucht ein Geldstück. 311. *Ph. A.
Schilgen*, Entführung der Helena. 312. *H. von Hess*,
Landleute pilgern nach Rom. 313. *J. Haier*, Spielge-
sellschaft. 314. *M. Wagenbauer*, Gegend bei Marquard-
stein. 315. *Giov. Migliara*, Kloster San Maurizio
316. *N. Ott*, Castiliani und Gaëta. 317. *F. Gaertner*,
Klosterhof. 318. *von Rechberg, Gräfin*, Villa Panella.
319. *J. W. Preyer*, Stillleben (Bockbild). 320. *H. J.
Fried*, die blaue Grotte auf Capri. 321. *G. Mayer*,
Kirche in Italien. 322. *F. Catel*, Castel Gandolfo.
323. *J. Dorner*, Landschaft bei Pasing. 324. *Cl. von
Zimmermann*, Landleute pilgern nach Loretto. 325.
Mathilde, Grossherzogin von Hessen, Aussicht von
Puzzoli. 326. *Ant. Graff*, Eigenes Bildniss. 327. *Lib.
Hundertpfund*, der Director von Dillis. 328. *C. Rahl*,
der Bildhauer Martin Wagner. 329—33. *P. v. Hess*,
40 in Oel gemalte Scizzen, Darstellungen aus dem

griechischen Befreiungskampfe, unter den Arcaden des
Hofgartens al fresco ausgeführt von Nilson, siehe S. 76.
334. *J. H. Marr*, Capuziner auf einem Esel. 335.
Schaumann, Affe. 336. *Rebell*, sturmbewegtes Meer.
337. *M. Neher*, römische Strassenscene. 338. *Schnitzler*, ein Geyer erwürgt eine Taube. 339. *H. Bürkel*,
Kühe. 340. *J. Dorner*, Gewitterlandschaft bei Reutte.
341. *Fr. Gaertner*, Inneres eines maurischen Baues.
342. *Heideck*, zwei Esel. 343. *M. Neher*, Thomaskirche
in Prag. 344. *Albr. Adam*, Cavalerie-Lager. 345.
J. Klein, Gegend an der Tiber. 346. *Fr. Schmitt*,
Früchte. 347. *Fr. Bamberger*, San Geronimo in Ca-
stilien. 348. *B. Adam*, von einem Hunde bewachte
Eule. 349. *F. Treml*, eingeschlafener Bauer. 350. *M.
Schnitzler*, todtes Geflügel. 351. *Wilh. Scheuchzer*,
Schweizer Landschaft. 352. *Heinrich Bürkel*, Cam-
pagna di Roma. 353. *W. Melchior*, Hunde haben einen
Fuchs gefangen. 354, 355. *J. von Schraudolph*, schwe-
bende Engel. 356. *G. von Dillis*, Gegend bei Grotta
ferrata. 357. *Baumann*, Madonna. 358. *M. Schnitzler*,
todtes Federwild. 359. *H. Schönfeld*, der Metzger-
Quai in Stassburg. 360. *M. Neher*, St. Veitskirche in
Prag. 361. *Catel*, spanische Weinschenke in Rom, in
der König Ludwig I. viel mit Künstlern verkehrte.
Die Personen nach dem Leben gezeichnet. 362. *H.
Bürkel*, italienische Landschaft. 363. *Casp. Scheuern*,
Winterlandschaft. 364. *M. Neher*, Lichtenthal bei Ba-
den-Baden. 365. *J. Migliara*, Klosterhof. 366. *P. von
Hess*, Schütze. 367. *Friedr. Dürk*, Carl Graf von
Seinsheim. 368. *Angelica Kauffmann*, Kronprinz Lud-
wig. 369. *J. P. Schotel*, Sturm auf der See. 370. *M.
Ainmüller*, Dom zu Rheims. 371. *Dürk*, Freiherr von
der Tann. 372. *Neher*, St. Martinskirche in Braun-
schweig. 373. *P. von Hess*, italienische Familie. 374.
Striebel, Abschiedsscene. 375. *Mecklenburg*, Canal in
Venedig. 376. *B. Stange*, Venedig begräbt seinen Do-
gen. 377. *C. Mayer*, Klosterhof in San Giovanni zu
Rom. 378. *B. Adam*, verwundeter Soldat. 379. *R.
Eberle*, Schafe. 380. *F. Jodl*, Maria-Hilf in der Vorstadt Au. 381. *D. Quaglio*, Dom zu Orvieto. 382.

A. Huber, Madonna. 383. *Bruils*, der segnende Heiland. 384. *F. Rhoden*, heil. Familie. 385. *E. Kirchner*, der Churfürst-Friedrichsbau in Heidelberg. 386. Derselbe, Schlosshof der Ruine Heidelberg. 387. Derselbe, Theil des Churfürst-Friedrichsbau zu Heidelberg. 388. *Romaco*, die Poesie. 389. *F. Ammerling*, mit Rosen geschmückter Mädchenkopf. 390. *F. Bischof*, der erste Schnee. 391. *E. Hess*, General Wrangel bei Dachau von den Baiern überfallen. 392. *L. Kupelwieser*, Adalbero, Altmann und Gebhard, später Bischöfe, träumend. 393. *Baumann*, Madonna. 394. *M. Neher*, Dom zu Magdeburg. 395. *J. J. Frey*, der Samum. 396. *R. S. Zimmermann*, Innere eines Gemaches zu Schleissheim. 397. *B. Stange*, Landschaft im Mondlichte. 389. *A. Adam*, Grafen v. Radetzky. 399. *Romacco*, Sevillanerin. 400. *A. Riedl*, Bildniss der Hofsängerin Pellegrini. 401. Derselbe, Bildniss des Hofsängers Pellegrini. 402. *J. Stieler*, Bildniss der Hofsängerin Vespermann. 403. *F. Ammerling*, Studienkopf. 404. *A. Loeffler*, 22 Ansichten, Oelscizzen aus dem Morgenlande. 405. *C. Bögler*, der ehemalige Dechanthof. 406. *M. Neher*, der ehemalige Larosée-Thurm zu München. 407. *C. Bögler*, die ehemalige Herzog Maxburg. 408. *D. Quaglio*, der ehemalige gräflich Zweibrücken'sche Garten. 409. *F. Mayer*, das ehemalige Graf Hompesch-Schlösschen. 410. *J. Klotz*, das Schwabinger Thor vor seiner Demolirung. 411. *D. Quaglio*, Max-Joseph-Platz. 412. *H. Adam*, Ansicht des Max-Joseph-Platzes. 413. *D. Quaglio*, Rückseite der Residenz. 414. *M. Neher*, das ehemalige Einlassthor. 415. *D. Quaglio*, die alte Reitschule in München. 416. *Derselbe*, die alte Reitschule. 417. *Derselbe*, Ansicht des Hofes der k. Residenz. 418. *H. Adam*, Ansicht des Marienplatzes. 419. *D. Quaglio*, Ansicht der Residenz-Schwabinger Strasse. 420. *M. Neher*, der ehemalige Residenzflügel gegen den Hofgarten. 421. *F. Petzl*, Ansichten der Frauenkirche vor Restauration 1858. 422. *D. Quaglio*, ehemalige Ostseite der k. Residenz. 423. *F. Jodl*, Gasthaus „zum Bauerngörgel." 424. *F. Mayer*, der ehemalige Woltergarten (Graf Arco-Haus). 425. *F. Jodl*, Gasthaus „zum Bauerngörgel.“ 426. *H. Gottfried*, die vormalige Franciscanerkirche. 427. *Bögler*, das alte Militär-Zeughaus. 428. *M. Artaria*, ursprüngliche Façade des Mannheimer Theaters. 429. *F. Mayer*, St. Nicolai-Spital auf dem Gasteig.

Im Erdgeschoss der Neuen Pinakothek befindet sich u. A. die

Porcellangemälde-Sammlung.

Zugänglich: Sonntag, Dienstag, Donnerstag, Samstag. Sie enthält eine Anzahl kleiner Porcellangemälde auf Vasen, Tellern und schöngeformten Platten, welche in den gelungensten Nachbildungen und in ursprünglicher Farbenpracht die vorzüglichsten Bilder der Alten Pinakothek, sowie der Schönheitengallerie in der Residenz wiedergeben. Gegenstand und Name des Künstlers sind bei jedem Gemälde bemerkt. — Besuch sehr zu empfehlen.

Ausserdem im Erdgeschoss Photographien aus Venedig, Rom und Athen, sowie Cartons, ältere Gemälde und Gypsbüsten von Künstlern und Gelehrten.

Planegg, Eisenbahnstation, 2 St. von München, *s.* Anhang.

Plätze zählt man in München an zwanzig, von denen wir nur jene namhaft machen, welche mit öffentlichen Gebäuden oder Denkmälern besetzt sind: **Max-Josephs-Platz** (dem Volkswitz zufolge der grösste Platz der Welt, weil er zwölf Postsäulen Länge habe!) mit dem Denkmal König Max Josephs I. — **Wittelsbacher-Platz** mit dem Denkmal Churfürst Maximilians I. — **Carolinenplatz** mit dem ehernen Obelisk. — **Königsplatz** mit den Propyläen, der Glyptothek und dem Kunstausstellungsgebäude. — **Marienplatz** mit der Mariensäule. — **Promenadeplatz** (früher

Kreuzplatz, Paradeplatz) mit den S. 35 erwähnten 5 Denkmälern. — Odeonsplatz mit Reiterstatue König Ludwigs I. — Gärtnerplatz mit
Statuen der Architecten Gärtner und Klenze. —
Maximilians- oder Dultplatz. — Carlsplatz.
— Sendlingerthorplatz, ausserdem Plätze an
mehreren Kirchen.

Polizei-Direction, königl., Weinstrasse 13
(Plan F. 5).

Polytechnicum, königl., oder neue **Polytechnische Schule**, Arcisstrasse gegenüber der Westseite der alten Pinakothek (Plan E. 2). Unter
Leitung und nach Entwurf von Professor Gottfr.
Neureuther aufgeführt. Der grossartige Neubau
nimmt den ganzen Raum zwischen der Gabelsber-
ger- und Theresienstrasse ein, er hat eine Länge
von 800 Fuss.

Der mittlere 425 F. lange und 2 Stockwerke
hohe Theil des Gebäudes enthält die Räume für
den Unterricht in der Mathematik, Physik, Geodäsie,
im Zeichnen, der Ingenieurwissenschaft, in der
Architectur u. s. w., der nördliche Flügelbau die
Maschinenbauschule, der südliche die Schule für
Chemie. Jeder der beiden einstöckigen Flügel hat
eine Länge von 192 Fuss. Das Ganze ist, dem
Pinakothekgebäude entsprechend, im Stile des cinque
cento erbaut; das Erdgeschoss aus Granit, das
obere Stockwerk Backstein, unter dem First eine
Reihe von Medaillons. Director: Professor C. M.
Bauernfeind, 44 Professoren und Docenten,

ca. 500 Studenten, Hörer und Hospitanten, darunter etwa ¼ Nichtbaiern.

Porcellan-Manufactur, kgl., in Nymphenburg, s. Anhang, Niederlage derselben Dienersgasse.

Porcellangemälde-Sammlung im Erdgeschoss der Neuen Pinakothek, s. Pinakothek, Neue.

Postgebäude, kgl., am Max-Josephsplatz und der Dienersgasse (Plan F. 5) im ehemal. gräflich Törring'schen Palais; der jetzige Bau zeigt nur noch gegen die Residenzstrasse seine ursprüngliche Gestalt, während die 300 F. lange, 66 F. hohe, gegen den Max-Josephs-Platz gelegene Façade 1835 — 1836 durch Erbauung einer auf toskanischen Säulen ruhenden Vorhalle durch L. von Klenze verändert, jene gegen das alte Münzgebäude und gegen den Hofgraben aber 1858 bis 1860 von Bürklein theils umgebaut, theils ganz neu aufgeführt wurde.

Im Erdgeschosse befinden sich sämmtliche Bureaus für die Brief- und Gepäckpost, sowie für die Zeitungsexpedition, im 1. Stockwerk ein Telegraphenamt und Bureaus der Generaldirection der Verkehrsanstalten, erstere von der Dienersgasse kommend links, die Fahrpostexpedition rückwärts über dem Hofe, gegen die Münze.

In der Vorhalle gegen den Max-Josephs-Platz auf dunkelrothem Grunde in pompejanischem Stile Rossebändiger von Prof. Hiltensperger.

Praterinsel zwischen zwei Isararmen (Plan H. 5); früher befand sich hier ein Vergnügungslocal mit Garten, wo im Sommer Feuerwerke, im

Winter Productionen und Bälle stattfanden, jetzt
Spiritusfabrik des Herrn Riemerschmied.

Priesterseminar oder *Georgianum*, s. Universität.

Privatsammlungen. Unter diesen ist z. Z.
die bedeutendste die Gemäldegallerie des Herrn
Legationsraths von Schack, Briennerstrasse 19
(ausserhalb der Propyläen); auf besondere Anmeldung wohl zugänglich. Sie enthält eine Reihe bedeutender Werke neuerer Künstler (M. von Schwind,
C. von Piloty, Genelli, Steinle, Feuerbach, Böcklin,
Spitzweg, Lenbach, Stademann, Lier u. A.) sowie
Copien von älteren Gemälden. —

Die neuere Kunst ist ausserdem vertreten in
der Localkunstausstellung (s. diesen Art.).

Promenadeplatz, s. d. Art. Denkmäler, S. 35.

Propylaeen am Königsplatz (Plan D. 3). Präch-
tiges Thor mit zwei Thürmen, von L. v. Klenze
im Dorischen Stil erbaut, 1862 vollendet. Zwischen
der Glyptothek und dem Kunstausstellungsgebäude
und mit diesen beiden die drei Grundformen antiker Architectur, die Dorische, Jonische und Ko-
rinthische Säulenordnung repräsentirend, erhebt es
sich auf dem Königsplatze, mitten in der Briennerstrasse. Ein dreifaches Portal, von 16 Säulen
gebildet, führt zwischen den Thürmen durch.
Sechs Dorische Säulen tragen nach zwei Seiten
die Giebel, in deren Feldern Reliefs-Darstellungen
aus dem griechischen Freiheitskampf und der Regierung König Otto's, von Xaver Schwanthaler.
Mit einem Kostenaufwand von mehr als 700,000

Gulden liess König Ludwig I. die Propyläen zur Verherrlichung der Wiedergeburt Griechenlands erbauen, am Tage nach deren Eröffnung (30. Oct. 1862) zog sein Sohn König Otto I. († 1867), nach 30 jähriger Regierung von den Griechen vertrieben, wieder in München ein.

Protestantische Kirche (ältere), vor dem Carlsthor, links am Carlsplatz (Plan D. 5). Von Pertsch 1827—1832 in Rotundenform in einer Breite von 150 F. und einer Tiefe von 90 F. erbaut. Der viereckige Thurm erhebt sich 170 F. über den geschmacklosen Bau. Altargemälde*), Kreuzigung Christi, nach Schnorr's Composition von G. Jäger ausgeführt. Deckengemälde, Himmelfahrt Christi, al fresco von C. Hermann. Die silbernen Altarleuchter sind ein Geschenk der verstorbenen Königin Caroline; die Altar- und Canzelbekleidungen von der Königin Therese, das silberne Crucifix von den Freiherren v. Lotzbeck und v. Schäzler, der Abendmahlskelch vom Freiherrn v. Rast geschenkt.

Der Bau einer zweiten **Protestantischen Kirche** für die jetzt ca. 15,000 Seelen zählende Gemeinde wird projectirt; es wurde theils durch Zuschüsse des Königs und der Königin Mutter, dann der Gemeinde München, theils durch freiwillige Beiträge und Sammlungen ein Baufond gebildet und dafür bereits ein Bauplatz an der Gabelsbergerstrasse (Plan F. 3) erworben.

---

*) Nach demselben ist ein Ihrer Majestät der Königin-Mutter gewidmeter Kupferstich von J. P. Barfuss erschienen.

Rathhaus, altes, am Ende des Marienplatzes gelegen (Plan F. 5), durch Thurm und Schwibbogen mit dem »Thal« verbunden; 1863—1865 unter Leitung Zenetti's im Geiste des 15. Jahrhunderts restaurirt. Am Thurme zwei Gemälde, zwei Rathsherren mit dem Verse:

„Gerechtigkeit war stets ein Grund,
Darauf ein biederer Mann bestund",

und zwei Bannerträger mit dem Verse:

„Wir stehen fest in jeglichen Gefahren
Die gute Stadt und deren Recht zu wahren",

stereochromisch ausgeführt von Franz Seitz. Die Giebel schmücken die Statuen Heinrich des Löwen als Gründer der Stadt München, und Ludwig des Baiern als Förderer derselben, von Conr. Knoll (Zinkguss). Sehenswerth der neu hergestellte grosse Saal, mit vielen Wappen baierischer Geschlechter und Städte; in demselben sind Schwanthaler's Gypsmodelle zu den Colossalstatuen der Ahnen des baierischen Königshauses im Thronsaal der neuen Residenz aufgestellt. In einem kleineren Saal befinden sich alte Gemälde mit Ansichten der Stadt in der Vorzeit.

Ein neues grossartiges Rathhaus (eigentlich städtisches Verwaltungsgebäude) wird an der Ecke des Marienplatzes und der Dienersgasse, an der Stelle des demolirten ehemaligen Regierungs- (früher Landschafts-) Gebäudes (Plan F. 4), erbaut. Backstein-Rohbau, Thore und Gesimse aus Sandstein. Die Baukosten sind auf mehr als eine halbe Million Gulden veranschlagt; nach Vollendung soll das

Gebäude, dessen einer Flügel nach Hauberris-
sers Plan bereits vollendet, s. Z. die ganze Fronte
des Marienplatzes einnehmen.

Der Bau erhält zwei Hauptfronten, die eine
gegen den Marienplatz mit 165, die andere gegen
die Dienersgasse mit 240 Fuss Länge, aus ersterer
erhebt sich ein 60 Fuss breiter Mittelbau mit drei
Portalen; in Mitten des Gebäudes zwei grosse Höfe;
die Dächer mit farbigen Ziegeln gedeckt; am First
kunstvolles Eisengitterwerk.

Regierungsgebäude, Neues, Maximiliansstrasse
6. (Plan H. 5), enthaltend Bureaus und Sitzungs-
säle der k. Regierung des Kreises Oberbaiern.
Der Plan wurde im Auftrage Königs Maximilian II.
von Bürklein entworfen, das Gebäude als Terra-
Cotten-Bau in den Jahren 1858 bis 1864 hergestellt. Bei einer Länge von 600 Fuss erhebt sich
der mittlere Theil desselben bis zu einer Höhe
von 110 Fuss. Der ganze Bau enthält gegen
250 Räumlichkeiten, nämlich gegen 200 Bureaus,
7 grosse Säle, gewölbte Registraturen und Acten-
depots, mehrere Wohnungen, in allen Etagen mit
Trinkwasserleitung und Feuerlöschvorrichtungen.
Besondere Beachtung verdient das an der Hauptfronte verwendete Baumaterial — Terracotten —
die auf der vom Könige Maximilian II. zu diesem
Zwecke eigens aus Privatmitteln hergestellten
Terracottafabrik bereitet wurden, und in einer
Vollendung gelungen sind, wie sie anderwärts
umsonst gesucht werden. Auch die 10 F. hohe
Statue des Mittelbaues, die »Gerechtigkeit«
(von Halbig) und die beiden auf den zwei Thürm-

chen stehenden kleineren Statuen, »Weisheit«
und »Klugheit«, sind Terra-Cotta-Figuren, d. h.
aus Lehm gebrannt.

Reiche Capelle, siehe Residenz.

Reisingerianum, Sonnenstrasse 17 (Plan D. 5),
Institut zur Ausbildung in der practischen Medicin.
Es trägt den Namen seines Stifters, Hofrath von
Reisinger, ehemaligen Lehrers an der Universität. Das Gebäude, vom Baubeamten Leimbach
1861 aufgeführt, enthält einen Saal und zwei
Krankenzimmer für die Polyklinik, einen Hörsaal,
eine Bibliothek mit Lesezimmer für die Studirenden,
besondere Zimmer für mikroscopische, chemische
Untersuchungen, Droguen- und Instrumentensamm-
lungen und einen Garten mit Arzneigewächsen.

Reitbahn, kgl., am Marstallplatz, hinter der
kgl. Residenz gelegen, im Jahre 1822 von L.
von Klenze im römischen Stil erbaut. Am Portal
die colossalen Büsten von Castor und Pollux, an
der Façade kämpfende Centauren und Pferdeköpfe,
aus Kupfer getrieben.

Daneben befinden sich: die königl. Marställe
und Wagenremisen, sowie die kgl. Gewehr-
und Sattelkammern, s. Gewehrkammer.

Residenz, kgl. (Plan F. 4, G. 4.) Der weit-
läufige Bau der Residenz besteht aus drei Theilen*), nämlich der Alten Residenz, zu deren
beiden Seiten die Neue Residenz, einerseits mit
dem Königsbau, andererseits mit dem Festsaalbau.

---

*). Siehe den angefügten Plan der Residenz.

Von diesen steht die **Alte Residenz** gegen die
Residenzstrasse, der **Königsbau** gegen den Max-
Josephs-Platz und die Residenzstrasse, der **Festsaal-
bau** gegen den Hofgarten und den Marstallplatz.

Die Alte Residenz.

An den Wochentagen (wenn überhaupt) präcis 11 Uhr
Vorm. zu sehen, Versammlung im Herculessaal, Aufgang
vom Capellenhof, links.

Zwischen den beiden neu angebauten Flügeln
oder dem neuen Residenzschlosse und dem Saalbau.
Der Bau ward von Maximilian I. um das Jahr
1600 an Stelle der »Alten Veste« begonnen und
1616 vollendet, nach Zeichnungen von Peter Candid.
Das Gebäude umfasst 4 Hofräume: Kaiserhof, Küchenhof, Capellenhof und Brunnenhof genannt, von
denen der Brunnenhof mit einem Brunnen nach
Pet. Candid, einem schönen Denkmal früherer Erz-
giesserkunst, geziert ist. (In der Mitte des steinernen Bassins über allegorischen Figuren [Vulkan,
Neptun, Juno, Ceres — dann Isar, Inn, Lech,
Donau] die eherne Bildsäule Otto's von Wittelsbach, des Stammvaters der baierischen Fürsten, in voller Waffenrüstung.) — Unter dem Thor-
bogen zwischen dem Brunnenhofe und dem Capellenhof liegt ein grosser 364 Pfund schwerer
Stein an eiserner Kette; daneben an der Wand
sind drei grosse Nägel über einander eingeschlagen;
die Tafel dabei erklärt dieses Denkmal der körper-
lichen Stärke eines baierischen Fürsten:

> Als nach Christi geburt gezeblt war
> Vierzehnhundert neunzig Jahr
> Hat Herzog Christoph hochgeboren
> Ein Held aus Bayern auserkoren
> Den Stein gehebt von freier Erdt
> Und weit geworffen ohn geferdt

Wiegt dreihundert Vier und sechzig Pfund
Das giebt der Stein und Schrift Urkunt.

Drei Nägel stecken hie vor Augen
Die mag ein jeder Springer schaugen,
Der höchste Zwelf schuech von der Erdt
Den Herzog Christoph Ehrenwerth
Mit seinem Fueß herab thet schlagen.
Kunrath luef bis zum andern Nagel
Wol von der Erdt zechenthalb schuech,
Neunthalben Philipp Springer luef
Zum dritten Nagel an der Wandt
Wer höher springt, wird auch bekannt.

Von hier aus gelangt man durch eine Thüre
rechts in den kleineren Grottenhof mit Gärtchen,
in welchem Erzstatuen; am Ein- und Ausgang
unter der Halle Frescomalereien aus der besten
Zopfzeit, Ovids Verwandlungen entnommen, links
das kunstreiche Grottenwerk, ein Brunnen mit
Figuren und Zierrathen, welche aus einzelnen Steinen
und Muscheln zusammengesetzt sind, Alles neu
restaurirt, sehr bemerkenswerth. Neben dem Brunnen ist der Eingang zu dem 230 Fuss langen
Saal, in welchem sich früher das Antiquarium
(s. d. Art., jetzt im Kunstausstellungsgebäude)
befand.

Im obern Stockwerk der Alten Residenz befinden sich: die Kaiserzimmer, welche Kaiser
Carl VII. und später König Maximilian Joseph I.
bewohnte; der Speisesaal; der Audienzsaal, mit
zwölf Portraits römischer Imperatoren, angeblich
von Titian; die Grüne Gallerie, mit Gemälden
niederländischer und italienischer Meister, unter
andern zwei Gemälde von Carlo Dolce und Domenichino; das Schlafcabinet, mit einem Bett,
dessen goldgestickte Gardinen für 800,000 Gulden
Goldwerth haben; das Spiegelcabinet, mit

kostbaren goldenen und silbernen Geschirren und Candelabern; das Miniaturcabinet, in demselben ein kostbares Blatt, St. Hieronymus von Albr. Dürer; der Herculessaal; die kölnischen Zimmer. Den ehemal. grossen Kaisersaal liess König Max Joseph I. in zwei Stockwerke umbauen, wovon das obere von ihm, das untere von der Königin Caroline bewohnt wurde. Bett und Schreibtisch des Königs stehen noch an ihrer ehemaligen Stelle. Die steinernen oder griechischen Zimmer, geschmückt mit florentinischer Mosaik.

Die Schatzkammer

ist auf unbestimmte Zeit geschlossen. Sie enthält den Hausfideicommissschmuck und viele andere Kostbarkeiten von grossem Werth. Besonders merkwürdig ist der blaue Brillant von 36 Karat im Orden des goldenen Vliess; die berühmte pfälzische Perle, halb weiss, halb schwarz; die grossen baierischen Perlen; die Reiterstatuette des heiligen Georg mit dem Lindwurm, ganz aus Gold, Perlen, Brillanten und Achat bestehend; mehrere historisch merkwürdige Kronen, z. B. die Kronen Kaiser Heinrich des Heiligen und seiner Gemahlin Kunigunde vom Jahre 1010, die böhmische Krone Friedrichs V. von der Pfalz, 1620 am Weissen Berge erbeutet. Die 6 Fuss hohe Nachbildung der Trajanssäule, woran ein Goldschmied 20 Jahre gearbeitet, und viele andere Kostbarkeiten. Das Vorzimmer, der sogenannte Stammbaum, enthält viele Familienbildnisse aus dem Hause Wittelsbach.

Die Reiche Capelle,

gegründet 1607 von Maximilian I., ist ebenfalls
auf unbestimmte Zeit geschlossen. Diese Capelle
enthält einen Schatz von Brillanten, Perlen, Gold
und Silber und Kunstwerken, der sich auf viele
Millionen beläuft. Die gewölbte Decke ist von
Gyps und reich vergoldet, der Fussboden mit
Marmor und Porphyr ausgelegt, die Wände ganz
florentinische Mosaik. Besonders merkwürdig ist
hier: der kleine Hausaltar der Königin Maria
Stuart; ein Relief von Michel Angelo, die
Kreuzesabnahme Christi, in Wachs bossirt; ein
überaus reiches Kreuz von B. Cellini u. s. w.

Der Königsbau oder die Neue Residenz.

Der Grundstein wurde am 18. Juni 1826, dem
Jahrestag der Schlacht von Belle-Alliance, gelegt
und der Bau nach L. von Klenze's Plan (nach
dem Vorbild des Palazzo Pitti in Florenz) 1835
vollendet. Die Façade nach dem Max-Josephplatz
ist 430 F. lang, hat zwei Stockwerke und ein
die Hälfte der ganzen Länge einnehmendes Ober-
geschoss in der Mitte. Drei hohe Portale führen
in eine von sechszehn Marmorsäulen getragene
Vorhalle. Die inneren Räume, mit Sculpturen und
Malereien neuerer Künstler geschmückt, sind es
vorzüglich, welche den Ruf dieses Königssitzes so
weit verbreitet haben.

Die Nibelungensäle im Erdgeschoss sind täglich
Punkt 12 Uhr, auch wohl des Nachmittags zu sehen,
Versammlung im Grottenhof, Trinkgeld beliebig.

Die oberen Stockwerke, die Gemächer des verstorbenen König Max II., dann jene der Königin-
Mutter enthaltend, sind nicht zugänglich.

Erdgeschoss. — Nibelungensäle.

In ·5 Sälen 19 grosse Wandbilder und eine Anzahl kleinerer Bilder al fresco gemalt; theilweise nach Julius Schnorr von Carolsfeld, jetzt Director der Dresdener Academie, Scenen aus dem Nibelungenlied. — Diese Frescen gehören zu dem Bedeutendsten, was München an Kunstwerken besitzt. — Die Hauptscenen sind folgende.

I. **Saal.** Die Hauptpersonen des Gedichts. Heinr. von Offterdingen (der muthmassliche Dichter); Krimhild, Siegfried, Brunhild, Günther, Hagen, Volker, Dankwart.

II. **Hochzeitssaal.** Siegfried mit den gefangenen Dänen- und Sachsenkönigen. — Begrüssung zwischen Brunhild und Krimhild. — Vermählung Siegfrieds mit Krimhilde. — Siegfried vertraut Krimhilde, dass er König Gunther, durch die Tarnkappe unsichtbar, beigestanden, der Walkyre Brunhilde den Leibgürtel zu entwenden.

III. **Saal des Verraths.** Streit der Brunhild und Krimhild um den Vortritt. — Hagen ermordet Siegfried. — Ausstellung der Leiche Siegfrieds. — Hagen versenkt den Schatz der Nibelungen im Rhein.

IV. **Saal der Rache.** Hagen und Volker verweigern Krimhild den Gruss. — Kampf auf den Treppen des brennenden Schlosses. — Dietrich von Bern ringt mit Hagen. — Krimhild ersticht Hagen, fällt aber durch Hildebrand's Hand.

V. **Saal der Klage.** Beweinung der Todten. — Bischof Pilgrim lässt Todtenmessen singen.

Erstes Stockwerk (nicht zugänglich).

Die Gemächer des Königs (rechts gegen den Wintergarten) enthalten Darstellungen nach Motiven aus Griechischen Dichtern (Hesiod, Homer, Anacreon, Aeschylus, Sophocles, Aristophanes, Theokrit) von H. von Hess. Schwanthaler, Schnorr,

Cl. Zimmermann u. A., theils al fresco, theils in enkaustischer Manier. — Jene der Königin-Mutter (links, gegen die Residenzstrasse) Motive aus Deutschen Dichtern (Walther v. d. Vogelweide, Wolfram v. E., Bürger, Klopstock, Wieland, Göthe, Schiller, Tieck) von Ph. Foltz, W. von Kaulbach, M. von Schwind.

Die Räume des

oberen (zweiten) Stockwerks

sind dem geselligen Vergnügen gewidmet: **Ball-saal** mit enkaustischen Gemälden von Hiltensperger und Anschütz. Im **Conversationszimmer** zur Rechten Landschaften von Rottmann, in jenem zur Linken Reliefs in Gyps von Schwanthaler, Darstellungen aus der Mythe der Venus.

Der k. Wintergarten.

In der Regel täglich 12 Uhr Mittags zugänglich; Versammlung im Hercules-Saal.

Verbindet die Residenz mit dem Hoftheater. König Maximilian II. liess diesen mit heimischen und exotischen Pflanzen köstlich geschmückten Garten nach des Architecten **Kreuter** Entwurf 1856 anlegen. Das gusseiserne Säulengerippe lieferte die berühmte Fabrik von Cramer-Klett in Nürnberg.

Einen neuen, grossartigeren Wintergarten liess sich König Ludwig II. erbauen, und zwar neben den von ihm bewohnten Zimmern im Eckpavillon der Alten Residenz (gegen die Feldherrenhalle); derselbe nimmt den ganzen Raum des Daches zwischen diesem Eckpavillon und dem Festsaalbau ein und soll·prachtvoll ausgestattet werden. (Fontänen, Frescen von Bamberger u. A.)

Der Festsaalbau.

Eintritt nur an den Wochentagen. Versammlung präcis 11 Uhr im Herculessaal, Aufgang vom Capellenhof. — Trinkgeld 18—30 kr.

1832 — 42 im Prachtstil des Palladio nach L. von Klenze's Entwurf erbaut. Die Vorderseite einschliesslich des westlichen, eigentlich zur Alten Residenz gehörigen und nur architectonisch mit dem Festsaalbau verbundenen Flügels 800 F. lang, nach dem Hofgarten zu gelegen, hat in der Mitte einen prächtigen Balkonvorbau aus einer doppelten Arcadenhalle, jede von 9 Bogen, die untere mit drei Portalen. Auf den starken Pfeilern der untern Halle erheben sich die oberen, vor welchen zehn jonische Säulen. Auf dem Gesims zwischen zwei sitzenden Löwen acht allegorische Figuren von Marmorkalkstein, die Provinzen des Königreichs darstellend. Die Reliefs in den Wölbungen der oberen Halle stellen Scenen aus der baierischen Geschichte dar.

Durch das offene mittlere Thor des Arcadenvorbaues gelangt man in das von vier starken dorischen Säulen aus grauem Marmor getragene Vestibul, welches den Durchgang vom Hofgarten in den Küchenhof der Residenz vermittelt.

In diesem links der Eingang zu den im Erdgeschosse liegenden

Odyssee-Sälen,

mit Wandbildern aus der Odyssee, nach Schwanthaler's Compositionen von Hiltensperger ausgeführt. Jeder Saal behandelt vier Gesänge.

Gegenwärtig auf unbestimmte Zeit geschlossen.

I. Saal. Vorsaal. 1) Homer mit der Lyra, neben ihm Kalliope. Beschluss der Götterversammlung, dass Odysseus von der Insel Kalypso heimkehre. 2) Telemach und die Freier der Penelope. 3) Penelope trennt allnächtlich das Gewebe wieder auf. 4) Athene in Mentors Gestalt geht mit Telemach zu Schiffe. 5) Telemach bei Nestor. 6) Telemach bei Menelaos und Helena. 7) Hochzeit der Tochter der Helena. 8) Traum der Penelope.

II. Saal. 1) Merkur theilt der Kalypso den Befehl des Zeus mit, dass Odysseus sie verlassen müsse. 2) Odysseus Abfahrt von der Insel der Kalypso. 3) Nausikaa, Tochter des Alkinous, beginnt die Linnenwäsche. 4) Odysseus trifft die Nausikaa nach dem Schiffbruch am Meere. 5) Odysseus bittet am Palast des Alkinous um Aufnahme. 6) Nächtliches Gastmahl daselbst. 7) Zwischen den Fenstern: Odysseus als Discuswerfer. 8) Demodokos den Untergang Trojas besingend.

· *III. Saal.* 1) Odysseus erzählt dem König Alkinous seine Abenteuer. Ueber der Thür: a) Odysseus erhält von Aeolus den verzauberten Windschlauch. 2) Odysseus flüchtet sich vor den Lästrigonen. 3) Odysseus bei der Circe. b) Hermes zeigt ihm das Zauberkraut. 4) Odysseus in der Unterwelt. c) Odysseus auf dem Ocean heimkehrend. Zwischen den Fenstern: 5) Odysseus und die Sirenen. 6) Die Scylla. 7) Die Begleiter des Odysseus schlachten die heiligen Rinder auf Trinakria.

IV. Saal. 1) Odysseus erkennt, nachdem Pallas die Nebel entfernt hat, sein Vaterland Ithaka wieder. In der Ecke Telemach; darüber a) die Nacht. 2) Das Gastmahl beim göttlichen Sauhirten Eumäos. b) Aeolus. In der Ecke: Penelope. 3) Theoklymenos deutet dem Telemach den Flug der Vögel. Ueber der Thüre: Entführung des Eumäos. Zwischen den Fenstern: Telemach gibt sich zu erkennen. 4) Beschluss der Freier,

den Telemach zu ermorden. Ueber der Thüre: Poseidon versteinert das Schiff des Odysseus.

V. Saal. 1) Odysseus wird von seinem Hund Argos
erkannt. 2) Odysseus, als Bettler mit Eumeos nachfol-
gend, wird vom Ziegenhirt Melanteus misshandelt. 3)
Odysseus kämpft mit dem Bettler Jros. 4) Penelope
besänftigt die Freier durch Hoffnung und empfängt Geschenke. 5) Odysseus wird beim Fusswaschen von der
Pflegerin Euryklea an der Narbe erkannt. 6) Odysseus
wird auf der Jagd von einem Eber verwundet. 7)
Verwirrung der Freier, welche in wilder Lust den
Tod ahnen. 8) Der weissagende Theoklymenos wird
verhöhnt, und verlässt den Saal.

VI. Saal. 1) Penelope holt in der Rüstkammer
den Bogen. 2) Odysseus spannt den Bogen und trifft
durch die Eisen. 3) Odysseus erschiesst den Antinoos,
und entdeckt sich den Freiern; Eurymachus bittet um
Schonung. 4) Der Sänger und Medon der Herold werden von Odysseus verschont. 5) Reinigung des Saales;
Odysseus räuchert das Haus. 6) Penelope erkennt
Odysseus. 7) Die Neuverbundenen erzählen sich ihre
Leiden. 8) Hermes führt die Seelen der erschlagenen
Freier in die Unterwelt. 9) Odysseus entdeckt sich
seinem Vater Laertes.

An der östlichen Seite der Eingangshalle, welche
vom Hofgarten her in den Küchenhof führt, führt
eine breite Marmortreppe, zum Empfang hoher
Gäste bestimmt, neben einer durch eine Wand
davon getrennten, zum gewöhnlichen Gebrauch
bestimmten Treppe in das erste Stockwerk.

Durch das Vorzimmer gelangt man in das
Empfangszimmer und in den Ballsaal.

An den Schmalseiten Gallerien von jonischen
Säulen getragen, oben mit Karyatiden (weiblichen
Gewandgestalten) von Steinpappe, vielfarbig bemalt,
welche die reich cassettirte Decke tragen. An

den untern Wänden Reliefs von Schwanthaler, Amazonen- und Bacchantinen-Tänze darstellend.

Die beiden S p i e l z i m m e r, auch S c h ö n h e i t e n- C a b i n e t t e, mit einer Reihe von Frauenbildnissen, meist von S t i e l e r (in Stich und Photographie erschienen).

Es sind Folgende: im ersten Zimmer: 1) Lady The- rese Spence aus Florenz. 2) Auguste Strobl aus Mün- chen. 3) Helena Sedelmayer, Schuhmacherstochter aus Traunstein. 4) Anna Bartelmann aus Frankfurt a/M., Hofschauspielerin, jetzt Frau von Greiner. 5) Amalie von Schintling, Hauptmannstochter. 6) Maximiliana Borzaga aus München. 7) Mathilde von Jordan, jetzt Gattin des österreichischen Reichskanzlers Grafen von Beust. 8) Lady Jane Erskine. 9) Rosa Julie von Bonar. 10) Marquise Florenzi. 11) Gräfin Isabella von Tauff- kirchen-Engelburg. 12) Cornelia Vetterlein, jetzt Ba- ronin von Künsberg. 13) Anna Kaula. 14) Anna Hillmayr aus München. 15) Charlotte von Hagn, Hof- schauspielerin (in der Rolle der Thekla in Schillers Wallenstein). 16) Antonie Wallinger, Hoftheatertän- zerin. 17) Wilhelmine Sulzer, Hofschauspielerin. 18) Janthe Digby.

Im zweiten Zimmer: 1) Lady Milbanke, Gattin des englischen Gesandten. 2) Friederike Freiin von Gump- penberg. 3) Prinzessin Alexandra von Baiern. 4) Char- lotte von Breidbach-Bürresheim, Gräfin von Boos- Waldeck. 5) Katharina Bozaris, Tochter des in den griechischen Freiheitskämpfen gefallenen Helden Marco Bozaris. 6) Regina Dachsenberger aus München, jetzt Fr. von Fahrnbacher. 7) Irene, Gräfin von Arco-Stepperg. 8) Sophie, Erzherzogin von Oesterreich, geborne Prin- zessin von Baiern, Mutter des Kaisers Franz Joseph. 9) Marie, Königin-Wittwe von Baiern, geborne Prin- zessin von Preussen, Mutter König Ludwigs II. 10) Auguste, Prinzessin von Toscana, Gemahlin des Prinzen Luitpold. 11) Caroline, Gräfin von Waldbott-Bassen- heim 12) Crescentia, Fürstin von Oettingen-Wallerstein. 13) Josepha Conti aus München. 14) Caroline Licius aus Aschaffenburg. 15) Maria Dietsch, Schneiderstochter aus München. 16) Elisabeth List aus Stuttgart, Frau von Pacher. 17) Amalie Freiin von Krüdener, Gattin des russischen Staatsraths.

Daneben der Bankett- oder Schlachtensaal, mit 14 Schlachtenbildern, in Oel gemalt von P. Hess, Adam, von Kobell, von Heideck und Monten, Scenen baierischer Tapferkeit aus den Feldzügen von 1805 bis 1815. 1) Erstürmung von Bodenbühl, 2) Uebergabe von Brieg, 3) Belagerung von Breslau, 4) Gefecht bei Arnhofen, 5) Schlacht bei Eckmühl, 6) Treffen bei Wörgl, 7) Schlacht bei Wagram, 8) bei Polozk, 9) bei Borodino, 10) Treffen bei Brienne, 11) bei Bar sur Aube, 12) Schlacht bei Arcis, rechter Flügel, 13) Schlacht bei Arcis, linker Flügel, 14) Gefecht bei Saarbrücken.

In den Ballsaal zurückkehrend, führt dessen entgegengesetzte Thüre in die drei Kaisersäle mit grossen historischen Wandgemälden und kleineren Bildern, nach Julius Schnorr von Carolsfeld, theils von ihm selbst, theils von seinen Schülern in enkaustischer Manier gemalt, und zwar:

Saal Karls des Grossen mit sechs grossen Wandgemälden. I. Salbung Karls zum Frankenkönige durch Papst Stephan II. — II. Einzug in Pavia nach dem Sturz des Longobardenreiches. III. Schlacht gegen die Sachsen bei Fritzlar. IV. Taufe der Sachsen. V. Concilium zu Frankfurt a/M. VI. Die Krönung Karl's als Kaiser in Rom durch Leo III. — Die zwölf kleineren Bilder im Fries stellen dar: 1) Karl empfängt als zwölfjähriger Knabe den Papst Stephan II., der sich zu Pipin flüchtet; 2) besteigt den Thron; 3) kämpft gegen die Sachsen; 4) wird von den Gesandten des Papstes um Hilfe gegen den Longobardenkönig Desiderius gebeten; 5) besiegt den Desiderius und dringt in Italien ein; 6) wird vom Papst an der Peterskirche in Rom empfangen; 7) kämpft gegen die Mauren bei Saragossa; 8) ist Zeuge bei Wittekind's

Taufe; 9) hält den Reichstag zu Regensburg; 10) besiegt die Avaren; 11) schenkt die erbeuteten Schätze der Kirche; und 12) sein Tod zu Aachen.

Saal Friedrich II. Barbarossa, mit sechs grossen Wandgemälden: I. Friedrich wird zu Frankfurt als deutscher Kaiser ausgerufen. II. Einzug in das eroberte Mailand. III. Zusammenkunft und Friedensschluss mit Papst Alexander III. in Venedig. IV. Das grosse Reichsfest in Mainz. V. Die Schlacht bei Iconium (dritter Kreuzzug). VI. Sein Tod im Calykadnus bei Seleucia. —•An den Fenstern vier kleinere Bilder: 1) Verbannung Heinrichs des Löwen; 2) Verleihung Baierns an Otto von Wittelsbach; 3) die allegorische Figur des Reichs (Imperium), und 4) die der Kirche (Ecclesia). Ueber den Thüren: 1) Friedrich erobert Crema und schützt Verwundete; 2) Friede zu Constanz; 3) er empfängt seinen Sohn nach der Schlacht bei Iconium. Im Fries Reliefs nach den Compositionen Schwanthaler's, den Kreuzzug des Kaisers vorstellend.

Saal Rudolphs von Habsburg, mit vier grossen Wandgemälden: I. Rudolph begegnet als Graf einem Priester, welchem er sein Pferd gibt, um über einen Waldstrom zu setzen (Motiv aus Schillers bekannter Ballade.) II. Im Lager von Basel bringt ihm ein Graf von Pappenheim die Nachricht, dass er einstimmig zum Kaiser erwählt sei (1273). III. Schlacht auf dem Marchfelde (1278) gegen Ottokar von Böhmen. IV. Kaiser Rudolphs Bezwingung und Verurtheilung der Raubritter.

Im Friese ein langer Zug von Knabengestalten, den Triumph der Künste, Wissenschaften und Gewerbe darstellend, von Moritz von Schwind componirt, von Schnorr u. A. gemalt.

Von hier tritt man in den

Thron- oder Ahnen-Saal

durch einfache Pracht und Schönheit der architektonischen Verzierungen (nur Weiss und Gold) ausgezeichnet. An beiden Seiten laufen Gallerien, jede von 10 corinthischen Säulen mit vergoldeten Capitälen

getragen, zwischen denselben zwölf in vergoldeter
Bronce ausgeführte Colossalstatuen der Ahnen des
Wittelsbach'schen Hauses, nach L. Schwanthaler
von Stiglmayr gegossen; vom Eingange links beginnend:
1) Otto der Erlauchte, Pfalzgraf bei Rhein, Herzog in
Baiern, † 1253. 2) Ludwig der Baier, Kaiser, † 1347.
3) Ruprecht von der Pfalz, Kaiser, † 1410. 4) Friedrich der Siegreiche, Churfürst von der Pfalz, † 1476.
5) Ludwig der Reiche, Herzog von Baiern-Landshut,
† 1479. 6) Albrecht IV. der Weise, Herzog von
Baiern, † 1508. Zunächst am Throne, auf der entgegengesetzten Seite sich anreihend: 7) Friedrich II.
der Weise, Churfürst von der Pfalz, † 1556. 8)
Albrecht V. der Grossmüthige, Herzog, † 1579. 9)
Maximilian I., Churfürst, † 1651. 10) Karl XI, König
von Schweden, Herzog von Zweibrücken, † 1697. 11)
Johann Wilhelm, Churfürst von der Pfalz, † 1716.
12) Karl XII., König von Schweden, Herzog von Zweibrücken, † 1718. — Jede dieser Statuen wiegt 80 Centner und ist mit 500 Dukaten vergoldet. Die Stickereien
am Throne und den beiden Thronsesseln sind in München gefertigt. Die Perspective vom Throne durch den
Thronsaal und die folgenden Gemächer beträgt 600 F.

Restaurationen, s. Nachweis zum Plan.

Ruhmeshalle, s. Bavaria.

Saalbau, s. Residenz, Festsaalbau.

Sattelkammer, s. Gewehr- und Sattelkammer.

Schack'sche Gallerie, s. Privatsammlungen.

Schäfflertanz, s. Feste, Volksfeste.

Schatzkammer, s. Residenz, Alte.

Schiessstatt, oder Schiessstätte auf der
Theresienhöhe, an der Theresienwiese unweit der
Bavaria und Ruhmeshalle gelegen. Das Schützen-
haus, von Fr. Bürklein in zierlichem Stil erbaut,

1853 vollendet, gewährt herrliche Aussicht nach der Stadt und dem Gebirge. Die Restauration nebst Cafehaus und Garten ist auch für den allgemeinen Besuch zugänglich. Die Baukosten betrugen 127,000 fl.

Schleissheim, kgl. Lustschloss, mit prachtvoll restaurirtem Garten und Gemäldegallerie, s. Anhang.

Schliersee, jetzt Eisenbahnstation, s. Anhang.

Schrannenhalle, s. Getreidehalle.

Schwabing, siehe Anhang.

Schwaneck, bei der Station Grosshesselohe, **s.** Anhang.

Schwanthaler - Atelier, Schwanthalerstr. 2, Werkstätte der Erben und Nachfolger des Meisters. Von Morgens 8 bis Abends 6 Uhr geöffnet. Hier werden vom verstorbenen L. v. Schwanthaler noch mehrere Original-Modelle gezeigt, so auch von seinem nach ihm hier wirkenden, gleichfalls verstorbenen Vetter Xaver Schwanthaler. Im Hause ferner ein Cabinet, die sogenannte »Humpenburg«, mit ansehnlicher Sammlung alterthümlicher Trinkgefässe, auch mittelalterlicher Schutz- und Trutzwaffen etc. — Weit bedeutender das

Schwanthaler - Museum, Schwanthalerstr. 90 (Plan D. 5), dem Atelier gegenüber, dem allgemeinen Besuch Dienstag und Freitag von 11—2 Uhr, für Fremde täglich geöffnet. Der 1848 im 47. Lebensjahre verstorbene Professor L. von Schwanthaler vermachte der Academie der bildenden Künste die Gypsmodelle seiner berühmten, theils in Erz, theils in Marmor ausgeführten Werke.

Mehrere sind verloren gegangen, der vorhandenen Standbilder und Reliefs sind indessen noch über 200. Wir führen nur an, im

I. Saal (Hermanns-Saal).

1. Hermannsschlacht, Giebelfeld der Walhalla. 2. 3. Zwei Victorien. 4. Nymphe und Jäger u. s. w., Schwanthalers letzte Arbeit. 5. und 12. Giebelgruppen für die baierische Ruhmeshalle. — Für die böhmische Ruhmeshalle in Liboch bei Prag: 6. Jaroslav v. Sternberg. 7. Kaiser Maximilian II. 8. St. Wenzeslaus, der Märtyrer. 9. Bohuslav v. Lobcowitz. 10. Johannes Huss. 11. Ziska. 13. Kaiser Rudolf II. 14. Bischof Jardubic. 15. Siegreiche Venus. 16. Erzherzog Joseph, Palatin von Ungarn.

II. Saal (Bavaria-Saal).

17. Colossalkopf der Bavaria auf der Theresienwiese (S. 16), 54 Fuss hoch. 18. Herzog Albrecht V. und 19. König Ludwig I. Die zwei Statuen in Marmor vor dem obern Haupteingang der Hof- und Staatsbibliothek. Büsten: 20. Obermedicinalrath von Wenzel. 21. Wilh. von Kaulbach. 22. Ludwig I. 23. L. von Schwanthaler. 24. Sulpiz Boisserée. 25. Königin Caroline. 26. Grossherzog Leopold von Baden. 27. Dessen Gemahlin. 28. Fürst K. Wrede, Feldmarschall. 30—42. Verschiedene Scizzen. 45. Tafelaufsatz für König Max II. mit Figuren aus der Nibelungensage. 49—72. Modelle der Malerstatuen auf der Zinne der alten Pinakothek. Nämlich: 49. Joh. van Eyck. 50. H. Memling. 51. Dürer. 52. Holbein. 53. Martin Schongauer. 54. Rubens. 55. Van Dyck. 56. Velasquez. 57. Murillo. 58. Claude Lorrain. 59. Nicolaus Poussin. 60. Fr. Francia. 61. Fiesole. 62. Massaccio. 63. Leonardo da Vinci. 64. Perugino. 66. Michel Angelo. 67. Rafael. 68. Tizian. 69. Bellini. 70. Andrea del Sarto. 71. Correggio. 72. Dominichino. 74—85. Scizzen zu den Modellen der Ahnenstatuen des kgl. Hauses Wittelsbach, welche sich im Saale des Rathhauses befinden und in vergoldeter Bronce für den Thronsaal

der Residenz ausgeführt wurden. (S. 173.) 89. Her-
kulesschild. 92. Scizze der Giebelgruppe des Kunst-
ausstellungsgebäudes.

III. Saal (Göthe-Saal).

93 — 98. Modelle zum Göthe-Denkmal in Frankfurt a/M. 99. Ceres und Proserpina. 102. Reliefmodell
zu dem Denkmal des Dichters Frauenlob im Mainzer
Dom. 107 und 108. Zwei Tänzer. 109. Modell zum
Standbild Jean Pauls in Bayreuth. Statuen zur Ruhmeshalle. — 111. Königin Elisabeth von Böhmen. 112.
Georg Podiebrad. 113. König Ottokar II. 114. Libussa.
115. Herzog Ernst I. von Coburg. 116. Kaiser Franz I.
117. Karl Friedrich, erster Grossherzog von 'Baden.
In Erz vor dem Schlosse in Carlsruhe, am Postament
daselbst die vier Kreise Badens. 122. Karl XII. von
Schweden. 123. Friedrich Alexander, Markgraf von
Brandenburg. 124—129. Modelle zum Austria-Brunnen
in Wien. 130. Kopf der Colossalstatue des Grossher-
zogs Ludwig von Hessen-Darmstadt. 131. Scizze zu
dessen Monument. 132. Karl XIV. Johann Bernadotte,
König von Schweden. 141 und 142. Tilly und Wrede
(die Standbilder in der Feldherrnhalle). 143. Frhr.
von Kreitmayr. 145. Donau-Nymphe. 154. Mozart (in
Bronze ausgeführt für Salzburg). 155 — 158. Reliefs
zu Mozart's Denkmal in Salzburg. 159—203. Metopen-
reliefs zum Fries der Ruhmeshalle.

Schwurgerichtshof, hält seine Sitzungen im
Bezirksgerichtsgebäude II. Stock (Plan E. 5).

Sendling, Unter-, Mitter- und Ober-, s.
Anhang.

Siegesthor, am Ende der Ludwigsstrasse (Plan
G. 1). Nach dem Triumphbogen des Constantin in
Rom im Auftrag König Ludwigs I. von F. von
Gärtner 1843 begonnen, 1850 von E. Metzger
vollendet; auf demselben steht seit 1852 das 22 F.
hohe Standbild der Bavaria auf einer mit Löwen

bespannten Quadriga; die Modelle dieser Gruppe (in der Vorhalle der Neuen Pinakothek befindlich) sind von Mehreren, der Erzguss von F. Miller. Das Thor ist von gelblich weissem Kalkstein, Breite 81¹/₂ Fuss, Tiefe 41¹/₄ Fuss, bis zum Fussgestell der Plattform 70 Fuss hoch. Drei Durchfahrten führen zwischen korinthischen Säulen, welche Victorien auf reichverzierten Kapitälen tragen, durch dasselbe. — Die acht Victorien, sowie die Sculpturen der Wandflächen, von denen die unteren Kriegesscenen in antiker Tracht und die oberen in Medaillonsform allegorisch die Kreise des Königreichs darstellen, sind in weissem Marmor ausgeführt.

An der äusseren Seite (Schwabinger Landstrasse), wohin auch das Viergespann der Bavaria gerichtet, trägt das Thor die Inschrift:

Dem bayerischen Heere

nach der Stadtseite zu:

Erbaut von Ludwig I. König von Bayern MDCCCL.

Spaziergänge. Im Bereiche der Stadt selbst wird die Ludwigsstrasse, neuerer Zeit aber weit mehr die Maximiliansstrasse von der eleganten Welt als Promenade benutzt. Spaziergänge durch den Hofgarten und seine Arcaden (s. d. Art.) nach dem Englischen Garten und seine nächsten Umgebungen. Der Englische Garten (s. d. Art.) sowie die herrlichen Anlagen König Max II. am Gasteig (s. S. 9) bieten erwünschte Erholung nach den ermüdenden Kunstgenüssen; nächstdem sind die städtischen Anlagen in den oberen Isarauen zu empfehlen; vgl. Anhang.

Springbrunnen. Zwei grossartige S p r i n g - b r u n n e n von bronzirtem Eisen nach Bernini von G ä r t n e r zieren den Platz vor der Universität. Von zwei übereinander gestellten Schalen fällt die Wassermasse in Marmorbassins. Das Pumpwerk dazu befindet sich im Englischen Garten.

Ständehaus, Prannersgasse 20 (Plan F. 4). Eintrittskarten zu den Sitzungen erhält man beim Präsidial-Secretär im Ständehaus selbst.

Starnberg, Eisenbahnstation, und **Starnberger** oder **Würmsee,** siehe Anhang.

Sternwarte, bei dem Dorfe B o g e n h a u s e n auf der Anhöhe, $^1/_2$ Stunde von München (Plan K. 3). Unter König Max Joseph nach Reichenbach's und des Astronomen Soldner's Plänen vom Bau-Intendanten T h u r n erbaut. Conservator: Prof. L a m o n t, der daselbst alle Einrichtungen in mustergiltiger Weise verbessert hat; auf Anfrage wohl zugänglich.

Strafarbeitshaus (Z u c h t h a u s), in der Vorstadt A u, mit vortrefflichen Einrichtungen. Es werden in dieser Strafanstalt besonders Tuch und Leinenzeug fabricirt. Vorstand ist der k. Director Dr. Ed. M e s s.

Synagoge, Westenriederstrasse 7 (Plan F. 6), unweit des Isarthores. Der Bau, von M e t i v i e r, wurde 1826 vollendet. Bau einer neuen Synagoge projectirt; es sind z. Z. 1600 israelitische Familien mit 3500 Seelen in München. (Siehe auch K i r c h e n.)

Taubstummen-Institut, Carlsstrasse 17 (im ehemal. Prinz-Eduard-Palais), zählt durchschnittlich

zwischen 30—50 Zöglinge, welche unter der vorzüglichen Leitung des Directors Jos. Gunkel herangebildet werden.

Tegernsee, siehe Anhang.

Theater, kgl. Hof- und National-, am Max-Josephs-Platz, zwischen der Residenz und dem Postgebäude, am Beginne der Maximiliansstrasse (Plan F. 4). Von Professor Fischer erbaut, ist dasselbe nach dem Brand von 1823 von L. von Klenze bis zum Jahre 1825 wieder aufgebaut worden. Bei der Anlage der Maximiliansstrasse wurde die ganze südliche Façade des Theaters geändert und gegen Osten der neue Anbau, äusserlich mit dem bestehenden in Form und Stil harmonirend, 1858—60 von Bürklein angefügt. Intendant: Baron von Perfall. — Musikdirector: Fr. Wüllner.

Im oberen Giebel der Fronte Pegasus mit den Horen, im unteren Apollo unter den Musen nach Schwanthaler, von Hiltensperger und Nilson al fresco gemalt. Der ganze Bau hat eine Tiefe von 345 F., eine Breite von 195 und eine Höhe von 150 F. Eine Freitreppe von 12 Marmorstufen führt zu dem von 8 corinthischen Säulen getragenen Porticus. Drei hohe Thore eröffnen die Eingänge in die auf vier mächtigen Marmorsäulen ruhende Vorhalle, von welcher zwei grosse breite Marmortreppen, mit Dichterstatuen an beiden Seiten, zu den Vorsälen der grossen königlichen Mittelloge und zu den Logen des I. und II. Ranges führen.

Im Innern gilt es für das grösste und am zweckmässigsten eingerichtete Theater Deutschlands; es fasst oequem — mit Ausschluss der Hoflogen, welche für etwa 60 Personen Raum bieten, und des Orchesters, welches für 80—100 Musiker berechnet ist, etwa 2050

Personen, eine Zahl, welche sich bei besonderem Zudrange bis zu 2500 erhöhen lässt; fünf Logenreihen übereinander und eine vor der ersten Logenreihe balkonartig angebrachte Galerie noble. Die Logenbrüstungen weiss mit Goldverzierungen, die Rückwände dunkelroth tapezirt. Im Parket 432 Sitzplätze in dreizehn Reihen*) hinter denselben die Sitz- und Stehplätze des Parterre. Die Galerie noble hat 100 bequeme Fauteuils. Sämmtliches Meublement ist von Kirschbaumholz, gepolstert und mit rothem Wollsammet überzogen.

Der Kronleuchter hat 400 Gasflammen, ausserdem an den Gallerien 84 mehrarmige Kandelaber mit 296 Flammen zur Festbeleuchtung. Im ganzen Hause brennen gegen 2000 feste Flammen.

1869 wurde das ganze Innere einer gründlichen Restauration unterzogen. Das Orchester für über 100 Musiker erhielt eine runde Form und wurde tiefer gelegt.

Der Boden der Bühne wurde neu gelegt, Maschinerie und Beleuchtung (Ober- und Seitenlicht) nach den heutigen Forderungen neu eingerichtet, die Bühne gegen den Zuschauerraum mit einer breiten vergoldeten Rahme umgeben.

Die Bühne hat in sichtbarer Breite 54 F., von Mauer zu Mauer 100 F., in der Länge 120 F., über sich vier Galerien, unter sich drei Etagen. Unter der Kuppel befinden sich in acht kupfernen Reservoirs 1000 Eimer Wasser; die Feuerlöschanstalten sind vortrefflich angelegt.

Von grossem Interesse ist Wanderung durch die Bühnenräume selbst. (Montag, Mittwoch, Samstag, Anmeldung Schlag 2 Uhr beim Portier, Eingang Maximiliansstr., dem Theatermeister 18—30 kr. Trinkgeld); es werden zuerst die Bühne, dann die um dieselbe laufenden Galerien betreten (hier Donner-, Sturm- und Regenmaschinen), dann geht's quer durch die Soffiten über die Bühne weg, zu den Schnür-

---

*) Die Nummern dieser Plätze, sowie die Einrichtung des Zuschauerraumes ist aus beigefügtem Tableau zu ersehen.

böden, endlich auf das Dach, von dessen Belvedere
sich eine prachtvolle Rundschau erschliesst (Vgl. S. 86),
durch den Maler-Saal zurück.

Vorstellungen finden in der Regel statt: Sonntag in
beiden Theatern. — Montag, Donnerstag und Freitag
im Hoftheater, Dienstag und Samstag im Residenz-
theater (s. unten); Mittwoch unbestimmt. — Im Hoftheater neuerdings auch Vorstellungen ausser Abonnement zu ermässigten Preisen. Im Monat August
ganze und theilweise Ferien.

Beginn der Vorstellung gewöhnlich 6¹/₂ Uhr.

Preise der Plätze für gewöhnlich: Galerie noble
1 fl. 12 kr., Parket-Sitz 1 fl., Parterre (meist Stehplätze) 36 kr., Oberste Gallerie 15 kr. — Bei grossen
Opern erhöhte Preise. Vormerkung (à 12 kr.) bei
solchen Gelegenheiten rathsam. — Die Logen sind
sämmtlich abonnirt, bei aufgehobenem Abonnement
haben die Miether Prioritätsrecht.

Mit dem Hoftheater ist verbunden das zwischen
demselben und der Residenz gelegene

Residenz-Theater, sonst altes Hoftheater
genannt. Es wurde unter Churfürst Maximilian III. 1754 bis 1760 erbaut und war nur zu
Darstellungen für den Hof bestimmt, bis es bei der
Vermählung des Churfürsten Carl Theodor 1795
dem Publicum eröffnet wurde. Nach Erbauung
des grossen Hof- und Nationaltheaters unter König
Maximilian Joseph I. fanden darin die Vorstellungen der italienischen Oper statt. Unter König
Ludwigs I. Regierung wurde dann abwechselnd
in beiden Theatern gespielt, bis es im December
1831 als baufällig geschlossen wurde.

König Maximilian II. liess dasselbe unter
Leitung des Professor Foltz vollständig wieder
herstellen und bestritt die Kosten aus seiner Ca-

binetscasse. Das Innere ist im reichsten Barock-
stil gehalten und von freundlicher harmonischer
Wirkung. Holzarchitectur. Vier Logenreihen, im
Parket 218 Sitzplätze, dahinter das Parterre für
150 Personen. Sämmtliche Zuschauerräume fassen
etwa 800 Personen. Seit November 1857 wieder
eröffnet, werden darin Lustspiele und Conversations-
stücke, Operetten und kleine Ballette aufgeführt.

Preise der Plätze: Parketsitz 1 fl., Parterre 24 kr., Amphitheater 15 kr.

Das **Actien-Volkstheater**, am Gärtnerplatz (Plan
F. 7), ist neuerdings unter den Hammer gekommen und seine jetzige Bestimmung noch ungewiss.

Das Gebäude ist äusserlich wie innerlich eine Nach-
ahmung des Hoftheaters, für die Zwecke eines Volks-
theaters viel zu gross angelegt. — Die früher beliebten
bretternen Volkstheater (Schweiger-Theater) wurden
schon bei Gründung desselben abgelöst.

Im Winter spielt auch noch an Sonntagen ein
Marionettentheater, im Gasthause zu den drei
Linden, Müllerstr. (Eigenthümer Actuar Schmid.)
Es kommen Casperliaden und theilweise ächte
Volksstücke, dann Parodien auf moderne Opern
zur Aufführung.

Theatiner-Hofkirche zu St. Cajetan, am Ende
der Theatinerstrasse am Odeonsplatz (Plan F. 4).
In Folge eines Gelübdes der Churfürstin Adelheid,
Gemahlin des Churfürsten Ferdinand Maria, nachdem sie acht Jahre in unfruchtbarer Ehe gelebt,
von Barella aus Bologna erbaut und im J. 1675
eingeweiht. Die Façade ist später durch Cou-
villers vollendet und durch die Bildsäulen der

Heiligen Cajetan und Maximilian, Adelheid und
Ferdinand von Roman Boos, geschmückt. Die
Kirche, eine der vielen Nachahmungen der Peters-
kirche, hat eine Kuppel und zwei Thürme, der
italienische Stil ist bei dem Bau vorherrschend;
Länge 256, Breite 126 Fuss. Die Details des
Inneren sind mit Stuccaturen überladen.

Imposant ist der Blick in die hohe über dem Kreuz
sich wölbende Kuppel. Hauptaltarbild, von Anton
Zanchi (geb. 1639 zu Este), der hl. Cajetan und
die hl. Kaiserin Adelheid, denen sich der Churfürst
Ferdinand Maria und seine Gemahlin Adelheid dank-
sagend für den erlangten Erben, den zwischen beiden
knieenden Prinzen Max Emanuel, nahen; dabei Prinz
Joseph Clement, die Prinzessinnen Anna und Violanta und
die Obersthofmeisterin Gräfin Spaur; der junge Mann in
schwarzer spanischer Tracht links unter den begleiten-
den Hofdamen und Edelknaben ist der piemontesische
Arzt Baron Simoné (Simnoni), welchen die Churfürstin
aus Italien mitbrachte, reich beschenkte und mit Ehren
überhäufte. Unter den übrigen Gemälden ist eine
Kreuzesabnahme von Tintoretto, heil. Familie von
C. Cignani (Bologna 1674), Abwendung der Pest zu
Neapel 1656 durch St. Cajetan, gemalt von Sandrat
u. s. w. beachtenswerth. Rechts im Querschiff zwei
Marmordenkmäler, das eine des 1803 im dritten Lebensjahre verstorbenen Prinzen Maximilian, das andere
der 1821 im elften Lebensjahre verstorbenen Prinzessin Josepha Maximiliana Carolina, letzteres nach
Klenze's Entwurf von C. Eberhard. Auf einem Relief über einem antiken Sarkophag ziehen zwei Engel
die Vorhänge von dem Bette hinweg, auf welchem
das entschlafene Kind liegt, über welches sich die
königliche Mutter tief ergriffen hinbeugt.

Unter dem Hochaltare ist die dritte Fürstengruft;
hier ruht der Stifter Churfürst Ferdinand Maria † 1679,
und dessen Gemahlin Adelheid, † 1676; von anderen
fürstlichen Personen: Churfürst Maximilian Emanuel,

† 1726, und seine zweite Gemahlin, König Johann Sobiesky's Tochter; dessen Sohn Kaiser Karl VII., † 1745, seine Gemahlin Amalia, Tochter Kaiser Josephs I.; Churfürst Maximilian Joseph, Sohn des Vorigen, † 1777; seine Gemahlin, Königs Friedrich August von Polen Tochter; Churfürst Carl Theodor, † 1799; König Maximilian Joseph, † 13. Oct. 1825, und seine Gemahlin Königin Carolina, † 13. Nov. 1841.

Das Innere der Kirche wurde im Jahre 1856 ganz restaurirt. Links in derselben ward in neuerer Zeit eine prachtvolle Grabkapelle hergestellt, in welcher die Gebeine des am 10. März 1864 verstorbenen Königs Maximilian II. ruhen.

Thierarzneischule, kgl. Central-, Veterinärstrasse 6, nächst dem Englischen Garten gelegen. Ihre Sammlungen werden gerühmt. Mit derselben ist die Anstalt für künstliche Fischzucht verbunden. Director: Professor Dr. Fraas.

Thore. Von den Ausgängen aus der inneren Stadt, welche diesen Namen noch führen, bestehen das Max-Josephs-, Sendlinger- und Angerthor; von beiden letzteren Thoren, welche schon im 14. Jahrhundert bestanden, ist das Sendlingerthor mit seinen Thürmen fast noch in der ursprünglichen Gestalt. Das Carlsthor wurde 1861 nach einer Pulverexplosion, welche es theilweise baufällig machte, umgebaut und erweitert. Ausserdem das Isarthor, das Siegesthor und die Propyläen, siehe diese Artikel.

Thürme, siehe Kirchthürme.

Tölz (Krankenheil), siehe Anhang.

Turnanstalt, kgl. öffentliche, in Oberwiesenfeld am Kugelfang, äussere Dachauerstrasse, Winterlocal am Graben 3. Hauptturntage Mittwoch und Samstag. Ausserdem besteht noch der Turnverein München, welcher eine geräumige Turnhalle nahe der Müllerstrasse besitzt.

Umgebungen von München, siehe Anhang.

Universität, oder *Ludwig-Maximilians-Universität,* am Ende der Ludwigsstrasse (Plan G. 2). Das Gebäude, von F. v. Gärtner 1835—40 im mittelalterlich-italienischen Styl erbaut, aus einem an einer Seite offenen Langeck bestehend, bildet mit dem gegenüberliegenden Max-Joseph-Stift (Erziehungs-Anstalt für Töchter höherer Stände) und dem durch die Veterinärstrasse von letzterem getrennten Priesterseminar (Georgianum, mit klösterlicher Einrichtung) am Abschluss der Ludwigsstrasse einen weiten offenen Raum, an dessen beiden Seiten die S. 178 erwähnten Springbrunnen, nach Bernini von Gärtner. Neuerdings soll der Platz Gartenanlagen erhalten. Von der in der Mitte befindlichen Bogenhalle des Gebäudes betritt man zuerst das grossartige von Pilastern und vier starken Säulen getragene Vestibule, welches in das prächtige, von mit Glasmalereien geschmückten Fenstern erhellte Treppenhaus führt; die Glasmalereien der Fensterrosen zeigen die Wappen von München: den Mönch, von Ingolstadt: den feuerspeienden Drachen, und von Landshut: die drei Helme.

In der grossen, durch zwei Stockwerke gehenden Aula die Colossalstatue König Ludwigs I. im Krönungsornat, daneben die Büsten Ludwig des Reichen, welcher die Universität Ingolstadt 1472 gründete und Königs Max Joseph I., welcher 1800 die Universität

von Ingolstadt nach Landshut verlegte, bis solche im
J. 1826 durch König Ludwig I. nach München versetzt wurde. Im Fries die Medaillonbildnisse baierischer Fürsten von Georg dem Reichen bis Max
Joseph I., auf blauem Grunde. Statuen, Büsten und
Bildnisse von L. v. Schwanthaler. Die kleine Aula
ist mit dem Bildnisse König Ludwigs I. von Mattenheimer und seit dem 26. Juni 1856 mit dem Bildniss
König Maximilians II. von Kaulbach geziert. Ein
durch die ganze Länge des Gebäudes laufender Corridor
führt in die Senats- und Verwaltungszimmer, so wie
in die Hörsäle. Im zweiten Stock die über 200,000
Bände starke Bibliothek. Im Erdgeschoss im rechten
Flügel die Sammlungen der Universität und das chemische Laboratorium, auch eine kleine Bildergallerie,
im linken Flügel noch mehrere Hörsäle. Die Universität zählt ca. 110 ordentliche und ausserordentliche
Professoren und Docenten und 1200—1300 Studenten,
darunter 500 Juristen und etwa ein Achtel Nichtbaiern.
Es sind hier alle Facultäten vertreten, mit Ausnahme
der evangelischen Theologie, deren Lehrstuhl für das
Königreich Baiern zu Erlangen ist. — Der Hausmeister,
welcher am Eingange rechts wohnt, zeigt das Innere
des Gebäudes

Vasensammlung. Im Erdgeschoss der Alten
Pinakothek (s. d. Art.)

Vereine, welche nach den bestehenden Sta-
tuten wissenschaftlichen Zwecken dienen, besonders
aber solche geschlossene Gesellschaften, welche der
Musik und dem geselligen Vergnügen gewidmet
sind, bestehen hier in solcher Anzahl, dass es die
Tendenz dieses Büchleins überschreiten würde, sie
alle aufzuführen. Die öffentlichen Blätter und vorzüglich die »Neuesten Nachrichten« und der
»Münchener Tages-Anzeiger« geben von den täglich
in der einen oder andern Gesellschaft vorkommen-

den Unterhaltungen Kunde. Fremde können in denselben leicht Zutritt erlangen. Wir begnügen uns, hier nur anzuführen den

Kunstgewerbe-Verein, in Verbindung mit einer Zeichnungs- und Modellir-Schule für Handwerkslehrlinge. Er wurde bei Gelegenheit des im J. 1850 für König Ludwig I. veranstalteten Dankfestes gegründet. Dieser Verein giebt eine Zeitschrift heraus, welche Zeichnungen und Entwürfe in den mannigfaltigsten Stylarten für alle Gewerke enthält.

Seine permanente Ausstellung befindet sich z. Z. in den Räumen des National-Museums (s. S. 104).

Der *Deutsche Alpenverein* hat in München, wo im Mai 1869 seine Gründung stattfand, seine stärkste Section. — Versammlungen mit Vorträgen, sowie gesellige Zusammenkünfte finden allwöchentlich Freitags im Café Tafelmayer, Ottostrasse, statt. Gäste sind willkommen.

Der *Polytechnische Verein* veranstaltet im Winter allwöchentlich Montags im Englischen Café Vorträge.

Die *Geographische Gesellschaft* hat ihre Vorträge im Winter in der Regel zweimal monatlich im Liebig'schen Hörsaal.

Der *Architecten-* und *Ingenieur-Verein,*

Der *Landwirthschaftliche Verein von München,*

Der *Volkswirthschaftliche Verein* halten (jedoch meist nur im Winter) Zusammenkünfte mit Vorträgen.

Vereinigte Sammlungen. Der reiche Inhalt derselben wurde neuerdings theils dem Antiquarium, dem Ethnographischen Museum und dem National-Museum einverleibt. — Vgl. diese Artikel.

Vergnügungsorte, siehe Anhang und beziehungsweise Einleitung.

Versorgungshaus für Beamten-Relicten, (Maximilians-Waisenstift) auf der Höhe oberhalb Brunnthal (s. d. Art. Englischer Garten) wurde 1864 an der Stelle des einstigen Schlösschens Neuberghausen erbaut und soll, einer grossmüthigen Stiftung des hochsel. Königs Max II. zufolge, welcher ein Capital von 275,000 fl. hiefür dotirte, den verwaisten Töchtern von Staatsbeamten ein sorgenfreies Asyl bieten. Die Stiftsgenossinnen erhalten Wohnung und volle Verpflegung, theils vollkommen unentgeltlich, theils gegen Erlag von 120 fl.; von jeder Classe sollen mit der Zeit 25 Damen Aufnahme finden.

Veterinärschule, siehe Thierarzneischule.

Volkstheater (Actien-), siehe Theater.

Wacht-Parade findet in den betreffenden Casernen statt, worauf die Infanterie-Abtheilungen die Wachen beziehen und die Musik des Infanterie-Leibregiments sich nach $^1/_2$ 12 Uhr unter der Feldherrenhalle (Plan F. 4), jene des I. oder des II. Infanterie-Regiments um 12 Uhr vor der Hauptwache im Neuen Rathhaus produciren.

Wahrzeichen hat München nur wenige: den grossen Christoph (Onuphrius) am ehemaligen Eiermarkt — Marienplatz, gegen das alte Rath-

haus; den Herzog-Christoph-Stein in der Residenz;
das Lindwurmeck an der Ecke des Marienplatzes
und der Weinstrasse; den Erkerthurm im alten
Hof, von dem die Rede geht: » oben spitz und
unten spitz, ragt in den Himmel und steht doch
nicht auf der Erde, « das Faustthürmchen nahe
dem Sendlinger Thor. Ausserdem verschiedene
Bilder an den Häusern, häufig aus älterer Zeit,
die leider allmälig verschwinden.

Weinhäuser, Weinstuben, siehe Einleitung,
resp. den Nachweis zum Stadtplan, am Schluss.

Wintergarten, siehe Residenz, Seite 166.

Wittelsbacher Palast, in der Briennerstrasse
an der Ecke der Türkenstrasse (Plan F. 3), im
altenglischen Palaststyl des Mittelalters von F. von
Gärtner 1843 begonnen, von Klumpp 1848
beendigt; 260 Fuss lang, 224 Fuss breit, 103 Fuss
hoch; er gewährt mit seinen Zinnen und Eck-
thürmen, dem imposanten Portal, an dessen Seiten
zwei sitzende kolossale Löwen, einen grossartigen
Anblick. Sehenswerth ist das Stiegenhaus und der
Hofraum. Der Bau und die Einrichtung der Küche
soll an Zweckmässigkeit und Vollkommenheit nicht
ihres Gleichen haben. Ursprünglich zur Wohnung
für einen königlichen Prinzen bestimmt, diente er
bis jetzt nur König Ludwig I. als Wohnung von
seiner Abdankung bis zu seinem Tode. — Zur
Zeit bewohnt den Palast Prinzessin Alexandra,
seine jüngste Tochter.

Um das Innere zu sehen, wendet man sich an den
kgl. Schlosswart, im Hofe rechts wohnend.

Zeughaus, kgl., am Oberwiesenfeld an der Dachauer Landstrasse, 1864 und 1865 unter Leitung des Geniehauptmanns Gläser erbaut. Das imposante Gebäude besteht aus dem Mittel- und Hauptbau, 2 Anbauten (Flügeln), 2 Zwischenbauten und 2 Eckpavillons. Während das Erdgeschoss für die Gewehrsäle bestimmt ist, umschliessen das erste und zweite Stockwerk den Museumssaal, welcher eine Länge von 180 F., eine Breite von 54 F. und eine Höhe von 40 F. hat. In diesem Saale, welcher einfach aber geschmackvoll im Entwurfe ist, sollen sämmtliche noch in den verschiedenen Zeughäusern des Königreichs zerstreut liegende alte Waffen, Rüstungen und Trophäen vereinigt, und somit ein grossartiges Arsenal geschaffen werden.

Zeughaus, städtisches (Landwehrzeughaus), am unteren Anger, ein charakteristischer Bau aus der Mitte des 15. Jahrhunderts. In der zweiten Etage befindet sich der Waffensaal, in welchem eine beträchtliche Anzahl von Armaturen aus verschiedenen Zeiten aufgestellt ist. Man findet hier insbesondere Rüstungsstücke des 15. Jahrhunderts, als Thurmarmbruste, Panzerhemden, sogenannte gothische Plattenrüstungen, zweihändige Schwerter, sowie viele Harnische und Waffen des sechszehnten Jahrhunderts, Flammberge, einige schön geätzte Helme, Helleparten, Partisanen u. dgl. m.

Ebenso werden hier verschiedene Waffen aus dem Bauernaufstande von 1705 und dem Tiroler Kriege von 1809 gezeigt, sowie eine kleine Sammlung der verschiedenen Handfeuerwaffen. Die Uniformen der Könige Maximilian Joseph I., Maximilian II., und des Fürsten Wrede werden in vier Glasschränken ebenfalls hier aufbewahrt. Endlich befinden sich hier die Fahnen der 1869 aufgelösten Landwehr (Bürgerwehr) und eine grosse Anzahl interessanter Gegenstände, u. A. das Gutmannische Rad, Scharfrichterschwerter und vieles Andere.

Zur Zeit geschlossen, auf Anfrage (beim Hausmeister) Vormittags wohl zugänglich.

Catalog von Caspar Braun 1 fl.

Die Wache darin wurde von der Landwehr bis zum J. 1858 regelmässig bezogen, dann vorläufig aufgehoben. Diese Landwehr (älterer Ordnung, Bürgerwehr) bestand hier bis zur Einführung des neuen Wehrgesetzes und damit der allgemeinen Wehrpflicht nicht aus Mannschaften, welche ihre Dienstzeit bereits im stehenden Heere vollendet haben, sondern aus den Bürgern der Stadt, indem in den baierischen Städten jeder neue Bürger, welcher körperlich dazu befähigt war, equipirt und armirt in eine der drei Waffengattungen, welche hier in der Hauptstadt alle drei vertreten waren, eintreten musste. Für dieselbe wurde 1852 ein neues Wachtlocal zweckmässig und dem Ganzen entsprechend eingerichtet. Es hat im Innern ein schönes, geräumiges, gothisch bemaltes Gelass, das Ameublement im selben Geschmack. Die Decke zeigt die Wappen alter Münchener Geschlechter und verschiedene Wappen.

Zoologischer Garten, am Englischen Garten unterhalb der Veterinärschule (Plan H. 1, Eingang sowohl vom Engl. Garten als von der Wiesenstrasse aus), Garten des ehemaligen Maillot-Schlösschens, wurde 1862 und 1863 vom ehemaligen Banquier Benedict mit grossem Kostenaufwand angelegt. Das Unternehmen rentirte jedoch in keiner Weise und gerieth das lebende und todte Inventar unter den Hammer. Neuerdings haben die Herren Leven und Sohn das Anwesen übernommen und mit Anschaffung von Thieren begonnen (Restauration und Concerte).

Eintritt 12 kr., Saisonbillets für Familien 5 fl., für Einzelne 1 fl. 45 kr.

Damit haben die Besitzer in Verbindung gebracht ihr

Zooplastisches Museum,

mit Characterbildern aus dem Thierleben und meisterhaften Darstellungen der interessantesten Scenen aus dem Naturleben der Thiere.

III. Anhang.

Münchens Umgebung und kurze Ausflüge in das baierische Hochland.

..

Wir geben hier zunächst den Ausflug an den Starnberger See, als den am häufigsten unternommenen und auch relativ belohnendsten, reihen sodann einzelne nahe gelegene Punkte des Isarthals, dann Nymphenburg und endlich das Uebrige an. Die Eisenbahn- und Dampfschiff-Curse sind aus dem baierischen Verkehrsanzeiger von G. Braun (Preis 9 kr.) zu ersehen.

Starnberger, eigentlich **Würm-See.** Die Tour sollte nur bei ganz klarem Himmel unternommen werden, bei bedeckter Luft ist der See todt und bleiern; eine Alpenlandschaft erwarte man überhaupt nicht; die Ufer des Sees sind ein reizendes Alpenvorland mit mässigen Hügeln, von Villen und Dörfern belebt, vom fernen Hintergrund der Alpen gehoben.

Eisenbahn, täglich 4 Züge, ausserdem an Sonn- und Feiertagen 4 Extrazüge (in 1 Stunde und 5 Minuten).

Fahrpreise: Classe I. 1 fl. 12 kr. — II. 48 kr. — III. 33 kr.

Retourbillets: Classe I. 2 fl. 24 kr. — II. 1 fl. 12 kr. — III. 48 kr.

Zeiteintheilung: Am besten mit dem ca. 10 Uhr von München abgehenden Zuge bis Starnberg, dann

mit Dampfschiff nach Possenhofen, zu Fuss nach Feldafing (20 Min.), dem besuchtesten Punkt am See;
Bequemere erreichen diesen auch mit der von Starnberg am Westufer fortsetzenden Eisenbahn.

Die Bahn (rechte Seite des Mittelbaues mit
der Uhr) folgt zunächst der Augsburger Linie,
während rechts die Trace nach Ingolstadt und
davon abgetrennt die Ostbahn (nach Regensburg),
links aber die Tracen nach Salzburg und Braunau-
Wien · laufen. Erst nachdem die weitgestreckten
Bahnhofgebäude (rechts das Marsfeld) passirt
sind, biegen diese beiderseits ab. Rechts der zu
dem schon früher sichtbaren Nymphenburg ge-
hörige Hirschgarten, links stellenweise die Alpen
sichtbar.

Station Pasing. Rechts Blutenburg mit
restaurirter Gothischer Kirche. Hier verlässt die
Bahn die Augsburger Linie und wendet sich links
ins Thal der Würm, Abfluss des Starnberger Sees,
welche sie überschreitet, und vom Flüsschen entfernt auf der Höhe des linken Uferrandes viel
durch Wald zieht. Links die Dörfer Gräflfing.
Steinkirchen, Planegg mit Schloss des Baron
von Hirsch.

Station Planegg. Links die Restauration, rechts,
nachdem der Zug wieder in Bewegung, die viel-
besuchte Wallfahrt Maria-Eich sichtbar, links
im Thalgrund Krailing.

In Steinkirchen, Planegg und Krailing Würmbäder.

Station Gauting. Das Dorf mit zwei ganz
gleichen Kirchen links unten; das Schloss früher
Eigenthum des Baron Hallberg-Broich (Eremit von
Gauting), jetzt des Baron Hirsch.

Nicht Eilige mögen aussteigen und das „Mühlthal" (so heisst das Thal der Würm hier) bis Bad
Petersbrunn (1½ St.) zu Fuss durchwandern; der
Weg führt an der Reismühle, angeblich Geburtsort
Carls des Grossen, vorbei, weiterhin, stets diesseits
der Würm, durch Buchenwald bergan, dann beim Kreuz
hübscher Blick auf den Thalgrund; mehrere Pulver-
mühlen; der Weg geht nun eine Strecke auf das rechte
Ufer über; Bad Petersbrunn, wie das ganze Würm-
thal mit mildem Klima. Links seitwärts Schloss Leutstetten, ehemals gräflich Bassenheim'sche Besitzung.
Die Hügel zu beiden Seiten des Thales; zumal jener
ober Leutstetten (bei den Pappeln) gewähren reizende
Fernsicht über den See und die Alpen.

Der weitere Weg nach Starnberg (1 St.) ist
einförmig und schattenlos, man kehrt daher besser
zum nächsten Zug nach Station Mühlthal zurück.

Von Gauting ziemlich einförmig bis
Station Mühlthal; dicht vor der Station links
Blick in das Mühlthal mit den Mühlen und Wehren.
Die Bahn erreicht bald ihren höchsten Punkt,
dann öffnet sich der Blick auf den See und die
Alpen. Grosse Curve in den dicht am See ge-
legenen Bahnhof von

Starnberg. *Gasthöfe:* Pellet, Tutzinger Hof,
Neue Post, alle 10—15 Min. vom Bahnhof, nahebei der Gasthof »Am See.« — Der Ort hat durch
die vielen Landhäuser den Anstrich einer länd-
lichen Vorstadt. — Das Gebäude auf dem Hügel
ist das alte Schloss Starnberg, einst Sitz eines
Pfleggerichts, jetzt der Behörden; rechts aufwärts
Schloss des Prinzen Carl von Bayern.

Hier, wie an fast allen Orten des Sees, Seebad.
Der Starnberger See liegt 1827 P. F. üb. M.;
Länge in gerader Linie 5½ Stunden, Breite 1—1¼ Stun-

den, Umfang 13 Stunden, Flächeninhalt 54,33 Quadrat-Kilometer, grösste Tiefe (bei Allmannshausen) 406 Fuss.

Zur **Orientirung** in der **Alpenansicht** hier einige **Namen**. Im Westen beginnend: **Kreuz-spitze** und **Klammspitze** am Plansee; Ammergauer Gebirge mit dem **Ettaler Mandl**; dahinter Wettersteingebirge mit **Zugspitze**, Höllenthalgletscher und -Spitze, Dreithorspitze; **Krottenkopf**; **Heimgarten**, **Herzogstand**; dann die Einsattelung des Kesselberg (Strasse an den Walchensee); **Jochberg**, Rabenkopf; Glaswand, **Benedictenwand**; diese theilweise vom **Karwendelgebirge** überragt, dann die Gebirge um Tölz, Tegernsee und Schliersee: **Wendelstein.**

Da **Starnberg** im Ganzen wenig bietet, so wird in der Regel gleich nach **Feldafing** weiter gefahren, entweder mit der am Westufer fortsetzenden **Eisenbahn**, oder, was weit lohnender, mit dem bei Ankunft des Zuges in der Regel bereit stehenden **Dampfschiff** (eventuell mit Kahn) nach Possenhofen, dann zu Fuss hinauf.

Wir geben hier **beide Touren** und schliessen die sehr empfehlenswerthe **Rundfahrt** um den See an.

Die **Eisenbahn** nach **Feldafing** führt über einen ausgefüllten Theil des Sees, dann bald in der Höhe über dem See und hinter den nicht sichtbaren Villen von Niederpöcking (vulgo Protzenhausen) vorbei; der See ist nur ab und zu durch lichte Waldstellen sichtbar.

Station **Possenhofen**, 8 Minuten vom Ort (s. unten) entfernt.

Rechts oben Oberpöcking (Whs.), über welches
ein genussreicher Fussweg, hinter dem Schloss des
Prinzen Carl von der Landstrasse links abbiegend, in
1½ Stunden von Starnberg nach Feldafing führt.

Station Feldafing, vom Ort und Gasthaus
(den Fussweg, rechts von der Strasse ab) 10 Min.
entfernt. —

Das Dampfschiff *Maximilian II.*, dessen
Fahrordnung übrigens öfter wechselt (Billets löst
man an Bord), fährt in der Regel am westlichen
Ufer entlang, angesichts der Villen, unter denen
jene des Professor Mor. von Schwind, des Erz-
giessers F. von Miller, des Herrn von Mayer mit
kleiner Gothischer Kapelle, dann die letzte und
grösste, Villa Knorr, zu bemerken. Der Volkswitz
nennt die ganze Ansiedelung Protzenhausen;
die Dampfschiff-Station für dieselbe heisst Niederpöcking; gegenüber am östlichen Ufer Lustschloss
Berg, Lieblingsaufenthalt König Ludwig II., oben
Aufkirchen.

Darauf Possenhofen mit Schloss des Herzog
Max in Baiern (Vater der Kaiserin von Oesterreich und der Königin von Neapel) und verschlos-
senem Park, an dem sich aber weiterhin offene
Waldung anschliesst.

Dann, nach 22 Minuten Fahrzeit von Starnberg, Dampfschiff-Station für Possenhofen, zugleich für das in der Höhe gelegene Feldafing.

Zu anderer Zeit fährt das Dampfschiff auch wohl
von Starnberg schräg über den See an das östliche
Ufer nach Station Leoni (s. unter Rundfahrt), dann
quer hinüber nach Possenhofen.

Von Possenhofen nach Feldafing: Fussweg, bald durch Wald, auf die Fahrstrasse, und

den Hügel hinan. (Verfehlt man die von der Hauptstrasse rechts abführende Fahrstrasse, so schlage man, ehe sich der Wald lichtet, einen beliebigen der Fusswege rechts ein.) Oben prächtiger Blick auf See und Alpen. — Das Gasthaus von Joh. Hierl mit schöner Terrasse liegt zuletzt etwas rechts bei der Wegtafel.

Die Ansicht der Alpen (siehe oben) reicht hier etwa von der Zugspitze (bei Partenkirchen) im Westen bis zum Wendelstein (bei Brannenburg) im Osten; lithographirtes Panorama im Gasthaus. — Der grösste Theil des Sees präsentirt sich hier; unten die Insel oder »das Wörth«, k. Privatbesitz mit prachtvollem Rosengarten, durchaus nur mit Karte des Obersthofmarschallamtes in München zugänglich.

Feldafing ist der am meisten besuchte Ort am See, insofern der lohnendste, als sich Naturgenuss mit erträglichem Comfort vereinigt; die Reize des Sees sind jedoch damit noch lange nicht erschöpft und es lohnt wohl, die Rundfahrt um den See mit Dampfschiff, oder den Besuch der Rottmannshöhe bei Leoni anzureihen.

Rundfahrt um den See mit Dampfschiff:

Rundbillet: I. Cl. 1 fl. 24 kr. — II. Cl. 48 kr.; bei der Fahrt seeaufwärts ist Classe II (unbedeckt) vorne. — Die Dampfschiffstationen sind hier mit *D* bezeichnet. — Die Rundfahrt beginnt bald am westlichen, bald aber am östlichen Ufer, berührt aber Possenhofen und Leoni jedenfalls bei der Hin- und Herfahrt.

Wir geben hier zuerst das Westufer (aufwärts), dann das Ostufer (abwärts und gegen Starnberg zurück).

Westliches Ufer. Von Starnberg bis Possenhofen (siehe oben); geht die Fahrt aufwärts am Westufer, so wird zuerst nach Leoni am Ostufer gefahren, dann quer herüber nach Possenhofen. — Umgekehrt: wird aufwärts das Ostufer befahren, so fährt der Dampfer zuerst nach Possenhofen, dann erst hinüber nach Leoni.

Oberhalb Possenhofen die Roseninsel (das Wörth) siehe oben; nahe derselben fand Désor Pfahlbauten.

Am alten Schloss (*D.*) Garatshausen (Herzog Max gehörig) vorbei, dann

(*D.*) Tutzing, mit Schloss früher Graf Vieregg, jetzt dem Buchhändler Hallberger in Stuttgart gehörig; Bräuhaus, ein Whs. im Dorf, ein drittes oben an der Eisenbahnstation mit trefflicher Aussicht; in der Nähe ein Felsenkeller (nicht immer geöffnet).

Ilkahöhe: ½ St. ausser Tutzing bei Oberzeismering; vorzügliche Aussicht auf See und Alpen.

Zwischen Tutzing und Bernried wird der Karpfenwinkel durchfahren, eine westliche Ausbuchtung des Sees, dessen Breite hier am grössten (1¼ Stunde).

(*D.*) Bernried (Whs.) mit Schloss des Baron Wendland, ehemaliges Chorherrenstift. Neuerdings berühmte Brauerei. Weiterhin Seeseiten (Villa von der Pfordten).

(*D.*) Seeshaupt (Whs.), Rückblick auf den See, der sich hier an seinem südlichen Ende sanft abrundet.

Tutzing, Bernried und Seeshaupt sind Eisen-

bahnstationen, die Bahnhöfe aber ca. 20 Min.
vom See und von den Ortschaften entfernt.

Auf der Fahrt gegen Seeshaupt treten die Alpen
näher, insbesondere die Berge in der Nähe des Kochel-
sees: Benedictenwand, Glaswand, Jochberg,
Herzogstand, Heimgarten, dann Krottenkopf;
diese vorderen Züge werden aber theilweise noch von
höheren Gebirgen überragt: Karwendelgebirge,
Wettersteingebirge mit der Zugspitze (9154 P.
Fuss, Baierns, z. Z. Deutschlands höchster Berg) und
ihrem gewaltigen Westabsturz und mit dem davor ge-
lagerten Höllenthalgletscher.

Das Dampfschiff durchquert nun den See, am
östlichen Ufer bleibt St. Heinrich liegen.

Oestliches Ufer (im Süden beginnend):

(**D.**) Ambach (Bierpichler's Whs.), Fisch-
meister, das östliche Ufer ist fast vollständig be-
waldet; es folgt nun

(*D.*) Ammerland (Whs.); mit Schloss des
Grafen Pocci; südwestlich über den See hin wird
der Hohenpeissenberg sichtbar.

Hübsche Aussicht bei der Kirche von Holzhausen,
1 Stunde von Ammerland.

(*D.*) Allmannshausen (Whs.) mit Schloss
des Grafen Rambaldi, weiterhin Assenbuch (Villa
Himbsel, mit Bilderschmuck von Kaulbach, Rottmann u. A.) und

(*D.*) Leoni (Whs.), das längliche Gebäude
dabei ist die Pension Schimon, zuvor Villa Hack-
länder.

Auf die Rottmannshöhe ½ Stunde: Von Leoni
Waldweg, die Pension Schimon rechts lassend, den
Hügel hinan zur freien Waldstelle am Abhang gegen
Süden; vorzüglicher Blick zumal auf den oberen See
und die Alpen, mit dem Moor im Vordergrund ebenso

grossartig, als die Aussicht in Feldafing lieblich. Einfaches Denkmal, dem grossen Landschafter Rottmann von den Münchener Künstlern errichtet.

Dem Feldweg in nördlicher Richtung folgend, gelangt man nach Aufkirchen (Whs.) mit schöner Gebirgsaussicht (der See aber verdeckt), und auf dem Kreuzweg wieder nach Leoni hinab, oder, sofern der König nicht hier, am See hin und durch den dann offenen Park von Schloss Berg nach dem Dorf Berg.

Von Leoni fährt das Dampfschiff wieder quer über den See nach Possenhofen und an Niederpöcking vorbei nach Starnberg zurück.

Am östlichen Ufer liegen noch folgende Orte, welche der Dampfer nicht berührt: Schloss Berg mit Park (s. oben), dabei das „Wirthshaus zum Gemüthlichen", in einer Thalmulde versteckt Haarkirchen, dann das Schlösschen Kempfenhausen (Besitz der Herren von Schauss) und das Dorf Percha an der alten Starnberg-Münchener Landstrasse.

———·——

Die Eisenbahn, welche am Westufer fortführt, theilt sich bei Tutzing: Der eine Ast bleibt in der Nähe des Sees und führt über Station Bernried, Seeshaupt, Staltach nach Penzberg, mit Kohlenwerken des Baron von Eichthal, dem vorläufigen Endpunkt der Bahn.

Von Penzberg führt eine Strasse mit Postverbindung über Bichl und Benedictbeuern an den Kochelsee, dann über den Kesselberg an den Walchensee, einen der schönsten der baierischen Seen. Von dem an seinem Nordufer gelegenen Urfeld wird der Herzogstand (5408 Par. F.) auf bequemem Reitweg in $2\frac{1}{2}$ Stunden bestiegen.

Der andere Zweig der Eisenbahn verlässt bei Tutzing den See, bei Station Wilzhofen öffnet sich der Blick auf das Amperthal mit dem Ammersee, dem westlichen Nachbar des Starnberger Sees, der am nächsten von hier oder von Feldafing aus besucht wird.

Von Feldafing nach Andechs 2 Stunden; von Wilzhofen zum Hochschloss mit vorzüglicher Aussicht (auch auf das Gebirge) 1 Stunde.

Die Bahn fährt weiter nach Weilheim und ihrem Endpunkt Unter-Peissenberg. — Von Weilheim Poststrasse über Murnau in das Gebirge, nach Partenkirchen oder nach Oberammergau. Von Unter-Peissenberg (Kohlenbergwerk) wird der Hohen-Peissenberg (3045 Par. F.) bequem bestiegen, $3/4$ St. eben, dann $3/4$ St. Steigens, oben ausgedehnte Fernsicht.

Von Unter-Peissenberg führt ferner eine Poststrasse über Peiting und Station Steingaden nach Hohenschwangau, 8 Stunden Fahrens.*)

Das Isarthal, Grosshesselohe und die Menterschwaige. — Ebenhausen.

Grosshesselohe ist pr. Eisenbahn in 20 Minuten zu erreichen; zur Menterschwaige 15 Minuten; — von der Stadt zur Menterschwaige $1^1/_2$ Stunden angenehmer und interessanter Fusswanderung durch das Isarthal. Kaum wird eine grössere Stadt noch soviel Urwüchsiges, soviel ungebändigte Natur in nächster Nähe aufzuweisen haben, als München in seinem Isarthal.

---

*) Näheres über alle diese Touren, sowie Weiterreise nach Innsbruck etc. findet sich in *Trautweins Wegweiser durch Südbaiern* (siehe am Schluss). — Als Lecture kann empfohlen werden *H. Noë, baierisches Seebuch*, Naturansichten und Lebensbilder von den baierischen Hochlandseen. Preis 3 fl., dann dessen „*Aus den Voralpen.*" Preis 2 fl. 42 kr.

Eisenbahnfahrt (alte Salzburger Bahn): Fahrpreise: I. Cl. 18 kr., II. Cl. 12 kr., III. Cl. 9 kr., Retourbillet I. Cl. 36 kr., II. Cl. 21 kr., III Cl. 15 kr.

Linke Seite der Einsteighalle (Mittelbau mit der Uhr); die Bahn zieht zuerst mit den andern bei der Fahrt nach Starnberg erwähnten Bahnen parallel, bei der Central-Reparaturwerkstätte biegt sie links ab, grosse Curve auf das Hochplateau der Sendlinger Haide, dann zweigt links die neue Trace nach Rosenheim und die Braunauer Bahn (S. 10) ab, links in der Ferne Bavaria und Schiessstatt; rechts die Alpenkette (Zugspitze); dann links das Dorf Unter-Sendling.

An der Kirche von Unter-Sendling Frescobild von Lindenschmitt, den Kampf der gegen die Fremdherrschaft empörten Oberländer Bauern (1705, spanischer Erbfolgekrieg) darstellend. (Nach neueren Forschungen des Dr. A. Schäffler ist mindestens der vielgefeierte Schmied-Balthes von Kochel ein Mythus, der erst in unserer Zeit von der Phantasie eines müssigen Kopfes erfunden wurde.)

Station Mittersendling mit dem Wirthshaus Neuhofen am hohen Rande des Plateaus; schöne Aussicht auf das Isarthal, Stadt und Alpen.

Rechts hinter dem Walde (1¼ Stunde) das Dorf Forstenried (Whs.); nahebei das verlassene Lustschloss Fürstenried.

Die Bahn wendet sich, Obersendling links lassend, dem Wald zu und erreicht durch Einschnitte und Curven die Station Grosshesselohe, 1725 Par. F. (Hazzilluoh = Haselwald.)

Die Bahn, welche weiter über Deisenhofen und Sauerlach nach Holzkirchen und Rosenheim führt, überschreitet sofort das tiefe Isarthal auf eben so zierlicher als fester Brücke nach Pauli'schem System,

der ersten der jetzt viel angewandten Gitterträger-
brücken. — Breite 34 F., Höhe über dem Wasser 106 F.,
4 Oeffnungen, die mittlere ohne Pfahlrost, 2 zu je 185,
2 zu je 97 F. lichter Weite; Kosten 330,000 fl.

Es lohnt sich, jedenfalls bis in die Mitte der
Brücke zu gehen (schöner Blick auf die Stadt, der
die Isar in breitem von hohen Steilrändern begleitetem
Kiesbett zufliesst, aufwärts auf die Buchenwälder und
die ferne Alpenkette), dann aber auch den Treppenweg, welcher (nach 50 Schritten flussaufwärts) links
in den Grund führt, hinabzusteigen, um die Brücke
von unten zu sehen. — Techniker können dieselbe
mit Erlaubniss des Bahnamtes auf schmalem Steg
zwischen den Gittern begehen.

Bei der Station keine Wirthschaft, doch
sind 3 in der Nähe: Bräuhaus Grosshesselohe
(10 Min.), den Fussweg in der Höhe fort, zu den
bald sichtbaren Gebäuden (rechts das »Schloss«,
Baron Beck gehörig), dahinter freier Platz unter
Buchen am hohen Uferrand.

Unten im Thalgrunde der Brunnenmeister
(10 Min.), den erwähnten Treppenweg hinab,
durch herrlichen Buchenwald flussaufwärts. — Zur
Menterschwaige 20 Min.: über die Brücke
(s. oben), links unten Ziegelei, rechts Geiselgasteig,
am rechten Ufer Blick auf Benedictenwand, wenige
Schritte weiter auch auf Lisenser Fernerkogl,
Wetterstein und Zugspitze, dann am hohen Rand
des rechten Ufers abwärts.

Fusswanderung von der Stadt zur
Menterschwaige (1½ St.).

Vom Sendlingerthorplatz (Plan E. 6) zuerst
in die Thalkirchenerstrasse, durch den alten Friedhof, oder diesen rechts lassend, an seiner Mauer

fort, an deren Ende links über den Isarkanal und
beliebig gegen den Hauptarm der Isar (gegenüber
die Vorstadt Giesing), an diesem den Fahrweg,
der zwischen demselben und dem Isarkanal fort
und unter der neuen Eisenbahnbrücke (s. S. 31)
durchführt; weiterhin mehrere Brücken und Hoch-
wasser-Durchlässe; bei der Brücke über den Floss-
kanal werden die Oberen Isarauen betreten,
schöne städtische Anlagen (Restauration); beliebig
fort, alle Wege vereinigen sich zuletzt vor der
Brücke über den Kanal (rechts), welche nicht
überschritten wird (sie führt nach Thalkirchen);
am Wasser fort zum soliden 8 Minuten langen
Holzsteg über die Isar, die sogenannten Ueberfälle, ein Schleusenwehr, welches bei Hochwasser
der Ueberfüllung des die Stadt durchfliessenden
Kanals vorbeugt. Rechts über der Isar Thalkirchen
(Wallfahrt), weiterhin Maria-Einsiedel, darüber
Obersendling, links auf der Höhe Harlaching
sichtbar.

Jenseits der Ueberfälle den Fussweg, bald
wieder auf dem Damm am Wasser fort zum Wehr,
über das die Isar schäumend herabstürzt; Anlagen
des Wassermeisters (Kreuzweg, Marienklause).

Zuvor führt links ein Seitenweg nach Harlaching
(Whs.) hoch oben am schön bewaldeten Uferrande,
an dem sich früher ein Park im Zopfstil hinzog; beim
Wirthshaus geschmackloses Denkmal des Landschafters
Claude Lorrain, dessen Aufenthalt in München
übrigens nicht nachzuweisen.

Vom Wasserhaus den Treppensteig rechts steil
hinan zur Höhe, oben schöner Rückblick auf die
Isar, die Stadt, Sendling und die Bavaria; am

Uferrande fort; wo der Wald zurücktritt, Blick auf die Zugspitze, dann bald die Menterschwaige (Wirthschaft).

Zur Station Grosshesselohe 20 Min. (s. oben.)

Vom Grosshesseloher Bräuhaus führt ein Waldweg (zuweilen schöner Blick auf die Alpen) zum Schlösschen Schwaneck, von Schwanthaler erbaut, jetzt Herrn von Mayerfels gehörig und von diesem erweitert; auf Anfrage für Einzelne wohl zugänglich; im Innern manches Sehenswerthe, von der Zinne umfassende Rundschau, zumal auf die ganze Alpenkette.

Der weitere Weg an der Isar aufwärts führt in $2^1/_2$ Stunden genussreicher Wanderung über Pullach und Baierbrunn nach Kloster Schäftlarn oder nach dem oben gelegenen Ebenhausen (überall Wirthschaften); bei Pullach (Kirchhof) und Baierbrunn (hinter dem Ort links am Waldsaum) besonders reizende Punkte.

Von Ebenhausen kommt man in $1^1/_2$ Stunden nach Wolfratshausen, von beiden Orten führen Wege an den Starnberger See. — Näheres siehe in *Trautweins Wegweiser*.

Des **Englischen Gartens** wurde bereits im II. Theil, Seite 38, 39 gedacht; hier sind noch als in dessen Nähe gelegen zu erwähnen:

Schloss Biederstein, links vom See, Besitz des Grafen Trani, mit kleinem See und nicht zugänglichem Park.

Der Aumeister (Wirthschaft), am Ende der Hirschau, $1^1/_2$ Stunde von der Stadt.

Bogenhausen (Wirthschaft), auf der Höhe des östlichen Isarufers (nahebei die Sternwarte).

Brunnthal, Naturheilanstalt des verstorbenen Dr. **Steinbacher**, jenseits der hölzernen Bogenhausener Brücke.

Föhring (Wirthschaft) am rechten Isarufer; Fussweg, jenseits der Bogenhausener Brücke gleich links ab, am Wasser hin, durch die Unteren Isarauen; von dem auf dem hohen Ufer gelegenen Wirthschaftsgarten schöner Blick auf München; jenseits der Strasse vom Hügel treffliche Alpenansicht (**Venediger** sichtbar).

Schwabing, Dorf mit Wirthschaften, links vom Englischen Garten, am nächsten durch die **Ludwigsstrasse** und die ausserhalb des Siegesthores beginnende Schwabinger Landstrasse zu erreichen ($^3/_4$ Stunden von der Stadt).

Dachau, die zweite Station der Ingolstädter Bahn, wird neuerdings viel besucht.

Täglich 3 Züge, Sonntags Extrazug (die Eilzüge halten in Dachau nicht). — Fahrpreise Cl. I. 45 kr., Cl. II. 30 kr., Cl. III. 21 kr., — Retourbillets Cl. II. 45 kr., Cl. III. 30 kr. -- Fahrzeit 36—48 Min.

Die Fahrt ist ohne besonderes Interesse, bis zum Hirschgarten mit der Starnberger Bahn parallel, dann rechts ab, am Nymphenburger Park entlang über Station **Allach**; weite Ausschau in die Ebene und gegen die Alpen, das Dachauer **Schloss** lange vorher sichtbar; der **Bahnhof** von **Dachau** liegt seitwärts, zwischen ihm und dem Orte die aus dem Ammersee (S. 202) kommende Amper.

Die Fortsetzung der Bahn über Ingolstadt und Treuchtlingen nach Pleinfeld einerseits, nach Gunzenhausen andererseits, seit Eröffnung der letzteren Strecken

(1870) auch von Eilzügen befahren, kürzt den Weg nach Norden (Nürnberg, Leipzig) um 9, jenen nach Nordwest (Würzburg, Frankfurt) um 3 Stunden ab (sie vermeidet den Umweg über Augsburg-Nördlingen.

Dachau (*Zieglerbräu* mit offener Halle (über den Hof), *Hörhammerbräu*) bietet auf der Höhe gelegen grossartigen Blick-auf die Alpen, im Vordergrunde die mächtigen Torfmoore, gerade aus München, links das Schleissheimer Schloss (nach Schleissheim 3 Stunden schnurgeraden Weges). — Sehenswerth der Schlossgarten, hinter dem Schloss, der Weg führt um das Schloss herum, dasselbe links lassend. Schöner, dicht verwachsener Laubengang; unten Papierfabrik.

Amperbad vorzüglich angenehm; nahe der Steinmühle Schwimmbad.

Auffallend die sogenannte Dachauer Tracht, welche sich übrigens weit mehr im Amperthal als hier findet; der Pollenkittel aus schwerem Wollstoff oft 20 Ellen lang, die Taille unnatürlich verkürzt und durch einen Wulst verunstaltet, reiches farbiges Mieder.

Nymphenburg, k. Lustschloss, Sommerresidenz des Prinzen Adalbert, mit zopfigem Garten, 1 Stunde entfernt.

Stellwagenfahrt mehrmals täglich vom Spatenbräu, Neuhausergasse, und von der Goldenen Krone, Carlsplatz; der Weg führt durch die Dachauer (oder durch die Brienner-) und Nymphenburger Strasse; rechts die neue Caserne Maximilian II. (s. S. 32), über die Ostbahn (nach Regensburg), dann links Neuhausen, fortwährend durch schöne Alleen, zuletzt am Abwasser der Wasserwerke hin (jenseits desselben das Würmbad Gern).

Nymphenburg (*Gasthaus zum Controlor, Bräu*, ersteres links in der grossen, von den weissen Schlossgebäuden gebildeten Rotunde); Badeanstalt. Der Bau des Schlosses, aus fünf durch Gallerien verbundenen Pavillons bestehend, wurde 1663 unter Ferdinand Maria begonnen und unter den späteren Regenten vollendet. Vor demselben eine Fontaine, welche den Wasserstrahl 90 Fuss hoch treibt, eine zweite ähnliche auf der entgegengesetzten Seite des Schlosses im Park.

Im Park sind sehenswerth: die Badenburg mit einem Marmorbade, an einem See gelegen; das Biberhaus, das Brunnenhaus mit den Maschinen für die Fontainen; die Amalienburg; die Pagodenburg, in Form eines Maltheserkreuzes erbaut; die Magdalenenkapelle mit einer Quelle, welcher wunderthätige Kraft für die Heilung kranker Augen zugeschrieben wird, am Magdalenentage (22. Juli) sehr besucht; die Marmorcascade am entgegengesetzten Ende des Parks, durch einen Canal mit dem Schlosse verbunden und die Gewächshäuser, gleich rechts vom Eingang.

Die Wasserkünste werden durch einen von der Würm (Abfluss des Starnberger Sees) hergeleiteten Canal gespeist.

In der Rotunde befinden sich noch die Porcellanmanufaktur und ein weibliches Erziehungsinstitut, von Englischen Fräulein geleitet.

In der Nähe links der Hirschgarten, ein im vorigen Jahrhundert angelegter Park mit Roth- und Damwild und mit zur Bewirthung eingerichtetem Jägerhause. — An der anderen Seite von Nymphenburg Hartmannshofen, Einkehr beim Förster.

Schleissheim, k. Lustschloss, zweite Station
der nach Landshut-Regensburg führenden Ostbahn,
bequemer als Nymphenburg zu besuchen.

Täglich 4—5 Züge. Fuhrzeit 23—30 Minuten. —
Fahrpreise Cl. I. 33 kr., Cl. II. 21 kr., Cl. III. 15 kr.
Retourbillets Cl. II. 33 kr., Cl. III. 21 kr.

Die Fahrt bietet wenig, zuerst mit der Ingolstädter Bahn parallel, dann in grossem Bogen um
das Marsfeld, über die Nymphenburger Strasse,
rechts Caserne Maximilian II. (s. S. 32); fortwährend durch ebenes Land; links Dachau; Station
S c h w i m m s c h u l e (für Bad Gern, S. 208), dann
F e l d m o c h i n g und

S c h l e i s s h e i m *(Schlosswirth, Blauer Karpfen)*.
Das Schloss mit weitläufigen Oekonomiegebäuden
(Ackerbauschule, Schäferschule) wurde Ende des
17. Jahrhunderts von Churfürst Max Emanuel im
Stil damaliger Zeit erbaut, das Treppenhaus von
König Ludwig I. prachtvoll ausgebaut, der Schloss-
garten (hinter dem Schloss) in neuester Zeit von
König Ludwig II. mit prächtigen, teppichartigen
Blumenparterres und Wasserkünsten in alter Zopf-
pracht wieder hergestellt.

Die G e m ä l d e g a l l e r i e, täglich excl. Montag,
und zwar die Parterrelocalitäten von 10—1 Uhr, die
Ahnengallerie und der obere Stock von 2—5 Uhr
zugänglich, an Festtagen, dann vom 1—15. April und
1—15. November geschlossen, lohnt ein Besuch k a u m
m e h r, nachdem das Beste neuerdings in die Alte
Pinakothek übersiedelt, vieles sich auch leihweise in
baierischen Städten befindet.

Ca. 1400 Nummern; es hält schwer, das Sehenswerthe herauszufinden; ausserdem im Schloss mehrere
Prachtzimmer.

Touren in das baierische Hochland.

Hier nur einige Notizen über Wege und Zeit; nähere Nachweisungen würden den Raum dieses Büchleins überschreiten, sie finden sich in *Trautwein's Wegweiser durch Südbaiern* etc. (s. am Ende.)

Eisenbahn-Curse, Post- und Stellwagen in *Brauns Verkehrsanzeiger.*

Schliersee, 2414 Par. F., mit Eisenbahn über Holzkirchen (alte Salzburger Route), dann mit der Miesbach-Schlierseer Zweigbahn in ca. 3 St. zu erreichen, Retour-Billet (nur für 1 Tag) billiger.

Bei kurzem Aufenthalt fahre man, nachdem man die Weinbergkapelle (mit der schönsten Seeansicht, 5 Min.) besucht hat, über den See zum Neuhaus *(Whs.)* mit schöner Ansicht des *Wendelstein*, und steige allenfalls auf der Fahrstrasse zum Spitzingsee (3309 F.) und der originellen Branntweinhütte hinauf (2½ Stunden vom Bahnhof, Weg sehr gut fahrbar, interessant).

Lohnendste von den kürzeren Bergtouren: Der Jägerkamp, 5365 F.; 3 Stunden vom Neuhaus, mit Führer.

Tegernsee, 2253 Par. F.; Eisenbahn ebenso bis Holzkirchen in 1¼ bis 1¾ Stunden, dann Stellwagen und Postomnibus nach dem 5½ Stunden entfernten Ort in circa 3 Stunden.

Lohnendste Tour von den Näheren: Neureut und Gindelalpe (1 bezw. 2 Stunden) oder Baumgartenberg (1½ Stunden).

Schliersee und Tegernsee lassen sich genussreich vereinigen (2 Tage), wenn man einen der Gebirgsübergänge wählt, von denen jener über die Falepp gut fahrbar.

14*

Wildbad Kreuth, 3 Stunden von Tegernsee (mehrmals täglich Fahrgelegenheit), lohnt einen eigenen Ausflug kaum.

Tölz (Bad K r a n k e n h e i l) ist am Nächsten gleichfalls von Holzkirchen aus zu erreichen (Post-Omnibus und Stellwagen mehrmals täglich in $2\frac{1}{2}$ Stunden); eine andere Route führt über den S t a r n b e r g e r See (s. S. 194), Eisenbahn bis P e n z b e r g (S. 201), dann Stellwagen über Bichl nur einmal täglich in 3 Stunden.

Der Touren an den

Kochel- und **Walchensee,** dann auf den **Hohen-Peissenberg** wurde Seite 201 und 202 bereits gedacht.

Hohenschwangau ist von U n t e r - P e i s s e n - b e r g, der letzten Station der Starnberg-Weilheimer Bahn (s. S. 202), mit Stellwagen zu erreichen.
3 Stunden Eisenbahnfahrt, ca. 8 Stunden Stellwagenfahrt.

Eine andere Route ist jene mit der Augsburg-Lindauer Bahn über A u g s b u r g und K a u f b e u e r n bis B i e s s e n h o f e n, dann Postomnibus über Füssen.
Mit dem Eilzug (die anderen Züge haben keinen Anschluss) 3 Stunden Eisenbahnfahrt, 5 Stunden Postomnibusfahrt.

Innsbruck, 1756 Par. F., die Hauptstadt Tirols, ist mit Eisenbahn über R o s e n h e i m und K u f s t e i n mit Eilzug in ca. $5\frac{3}{4}$ Stunden, mit Postzug in ca. $7\frac{1}{2}$ Stunden zu erreichen. Die Fahrkarte löst man am besten gleich in München

in Süddeutscher Währung, wenn man nicht die
Hohe Salve oder den Achensee unterwegs
besuchen, oder einem der vielen reizenden Punkte
des Unter-Innthals (Brannenburg, Kufstein,
Brixlegg, St. Georgenberg etc.) einige Stunden
widmen will.

Fahrtaxe: Eilzug (nur I. und II. Classe): I. Cl.
10 fl. 53 kr., II. Cl. 7 fl. 49 kr.; — Postzug II. Cl.
6 fl. 38 kr., III. Cl. 4 fl. 36 kr.

Salzburg 1344 Par. F., das mit Innsbruck
um den Preis der schönsten Stadt in unseren
nördlichen Alpen ringt, ist mit Eisenbahn über
Rosenheim und Traunstein mit Eilzug in
ca. 4 1/2 Stunden, mit Postzug in ca. 6 1/2 Stunden
zu erreichen.

Fahrtaxe: Eilzug (nur I. u. II. Classe): I. Cl.
7 fl. 57 kr., II. Cl. 5 fl. 18 kr. — Postzug: II. Cl.
4 fl. 24 kr., III. Cl. 2 fl. 57 kr.

Unterwegs verdient der Chiemsee, 1578 Par. F.,
einen Besuch; der See 5 Stunden lang, 3 Stunden
breit, 14 Stunden im Umfang (das „baierische Meer"),
273 Fuss tief.

Am Besten von Station Prien aus zu besuchen:
1/2 Stunde an den See, dann mit Dampfschiff zur
Herren- und Fraueninsel mit prächtigem Blick
auf den See und die Alpenkette.

Augsburg, die Hauptstadt des Kreises Schwaben, 1546 Par. F., 50,067 Einw., darunter 2/5
Protestanten, steht mit München durch 3 Eilzüge
und 4 Local- und Postzüge in Verbindung.

Fahrzeit mit Eilzug 1 1/4 Stunde, mit Localzug
2 Stunden.

Fahrtaxe mit Eilzug I. Cl. 3 fl., II. Cl. 2 fl. —
Gewöhnl. Zug II. Cl. 1 fl. 39 kr., III. Cl. 1 fl. 6 kr.
Retourbillets (nur für gewöhnliche Züge) 2 fl. 30 kr.,
1 fl. 39 kr.

Die Fahrt ist ohne besonderes Interesse, der
neuerdings umgebaute Bahnhof ¼ St. vor der Stadt.

Gasthöfe: Ersten Rangs: 3 Mohren, Baier. Hof,
Goldene Traube. — Zweiten Rangs: Grüner Hof, Weisses
Lamm, Mohrenkopf, Eisenhut, Weisses Ross, Drei
Kronen. — Bahnhof-Restauration.

Cafés: Ruider, Musbeck, Bosch, Café Augusta.
Weinhäuser: Grünes Haus, Weiberschule.
Bier bei Kohleis und in den Cafés.

Die **Sehenswürdigkeiten Augsburgs**
werden am kürzesten wie folgt besucht: Vom
Bahnhof links in die Allee, bei der Kaserne links
zur k. **Residenz**, über den Paradeplatz zum
Dom, rechts über den **Karolinenplatz** (links
der bischöfliche Palast) durch die Karolinenstrasse
zum **Ludwigsplatz**, auf dem der **Augustus-**
Brunnen und **Perlachthurm**.

Rechts mündet auf den Platz die **Philippine-
Welserstrasse**, in welcher das von König Ludwig I.
errichtete Denkmal Hans Jacob Fuggers, des Reichen.

Am Ludwigsplatz ferner das Rathhaus, in
welchem der »goldene Saal,« gegenüber der Börse;
nun in die **Maximiliansstrasse**; in dieser der
Mercurs- und Hercules-Brunnen, das **Fuggerhaus**
mit den neuen Frescen von Wagner, am Ende die
St. Ulrichskirche; — zurück zum Herculesbrunnen
und durch das Bezirksgericht zur Mauthhalle, gegenüber das ehemalige **Katharinenkloster**, in
dem die **Gemäldegallerie** (10 bis 12 Uhr,
Eintritt 24 kr., besonders Oberdeutsche Schule).

Nach **Oberammergau**, wo alle 10 Jahre (1870) Passionspiel aufgeführt wird, gelangt man am Besten mit Eisenbahn über Starnberg bis Weilheim (siehe Seite 193, 201), dann zu Wagen über Murnau und Oberau; die Reise erfordert nahezu einen vollen Tag; — genussreicher als die Eisenbahnfahrt bis Weilheim ist die Fahrt über den Starnberger See.

Die Actiengesellschaft Würmsee gibt Karten aus für die Fahrt auf ihrem Dampfschiff von Starnberg nach Seeshaupt, dann mit Stellwagen direct nach Oberammergau; Preis hin und zurück 5 fl. 24 kr. und 4 fl. 48 kr., bis längstens 2 Tage vor dem Spiel bei Juwelier Thomass in München, Marienplatz, zu haben.

Das Passionsspiel:

Spieltage 1870: 22., 29. Mai, 6., 12., 25. Juni, 3., 10., 17., 24., 31. Juli, 7., 14., 21., 28. August, 8., 11., 18., 25., 29. September; ist der Andrang zu gross, so wird das Spiel den nächsten Tag wiederholt.

Preise: Logenplätze I. fl. 3, II. fl. 2. 30, III. fl. 2; — Parterre: I. fl. 1. 45, II. fl. 1. —, III. 48 kr., IV. 30 kr.; nur die Logen durch ein Leinwanddach geschützt; nur soviel Karten als Raum, desshalb rathsam unter Einsendung des Betrages Karte und Nachtquartier zu bestellen *(Seb. Dallinger*, Glasermeister, *Tob. Flunger*, Zeichenlehrer, *Joh. Lang*, Handelsmann, *Marie Lang*, Posthalterswittwe, *Math. Zwink*, Maler u. A. besorgen dies.

»Die Passion« dauert mit 1 Stunde Unterbrechung von 8 Uhr Morgens bis 4—5 Uhr Abends;

der Zuschauerraum fasst 6000 Personen. —
Näheres über das 1634 zum ersten Mal aufge-
führte Spiel, auf dessen hohe Bedeutung zuerst
Oken, dann *Deutinger*, *Ed. Devrient*, *L. Steub*
u. A. aufmerksam gemacht, aus dem nicht zu
entbehrenden » Spielbuch « (12 kr.) zu ersehen;
Prolog und 3 Hauptabtheilungen: Vom Einzug Christi in Jerusalem bis zur Gefangnehmung;
— bis zur Verurtheilung durch Pilatus; — bis
zur Auferstehung; — jede Abtheilung zerfällt
wieder in Vorstellungen (im Ganzen 18), deren
jede durch ein » Vorbild « (Lebendes Bild, auf
der Mittelbühne) aus dem Alten Testament einge-
leitet, und vom Chor (nach Art des antiken) erklärt wird, worauf die » Handlung « (Scenen auf
der Mittelbühne und den Seitenreihen, den Strassen
von Jerusalem) folgt.

Register.

Druck von C. R. Schurich.

Nachweis

zum

Plan von München.

I. Gasthöfe, Weinstuben, Restaurationen, Café's und Gärten, Bräuhäuser und Bierkeller, Bierwirthschaften. Conditoreien, Bäder.

II. Strassen, Plätze, Anlagen, Promenaden.

III. Brücken, Denkmäler, Paläste, Thore.

IV. Oeffentliche Gebäude, Anstalten, Sammlungen.

V. Behörden, Unterrichts-Anstalten.

VI. Kirchen, Klöster, Friedhöfe.

Quadrat

Meublirte Wohnungen und einzelne Zimmer auf kürzere oder längere Zeit weist der „Quartiergeber" nach, man sehe die Anschlagtafeln an den Strassenecken (Bureau Weinstrasse 14, Eingang Gruftgasse) . . . . F 5

Weinstuben und Restaurants:

Adam Georg, Promenadeplatz 10 . . . . . . E 4
Call, zur Stadt London, Frauenplatz . . . . F 5
Dick Adrian, Weinstrasse 4 . . . . F 5
D'Orville, Marienplatz 21 . . . . F 5
Eckel, vormals Junemann, Rindermarkt 2 . . F 5
Funk (Bogner), Rindermarkt 20 . . . . . . F 5
Gernet, Dultplatz 19 . . . . E 4
Gmäble, Althammereck 9 . . . . E 5
Grodemange, Residenzstrasse 19 . . . . . . F 4
Kanzler, zum Weinbauern, in Giesing . . . . F 10
Lunglmayr (Fries), Dienersgasse 21 . . . . . F 5
Massinger, Thiereckgässchen . . . . F 5
Michel (Fries), Rosengasse 11 . . . . F 4
Miller, Ottostrasse 3 a . . . . E 4
Mittnacht, Fürstenstrasse 2 . . . . F 3
Murschel (englische Küche), Landschaftsgasse 2 F 5
Neuner, zur Trinkstube, Herzogspitalgasse 20 . E 5
Schimon, Kaufingergasse 15 . . . . F 5
Waitz Chr., Ottostrasse 12 . . . . E 4
Weinhalle (Kurtz), Augustinergasse 1 . . . . E 5
Wiedenmann, zum goldenen Bären, Fürstenstr. 5 F 3
Wolff, zur Rheinpfalz, Sonnenstrasse 4 . . . D 5

Cafés, meist mit Wein- und Bierwirthschaften:

Café National (Kübler und Ott), Ottostrasse mit
    Restauration und Garten (Concerte) . . E 4
  „ Maximilian (Restaur. und Hôtel), Maximiliansstrasse 26 . . . . G 5
  „ Schimon (Hôtel zu den vier Jahreszeiten,
    Seitenbau), Abends Restauration . . . G 5
  „ de l'Opéra (Restaur.), Maximiliansstr. 23 . G 5
  „ Holzinger (Restaur.), Maximiliansstr. 6 c . H 5
  „ Danner, Neuhauserg. 40 (Abends geschlossen) E 5
  „ Probst, Neuhauserg. 45 (Abends geschlossen) E 5

Quadrat

Café Lorenz (Restauration), Maximiliansstr. 18 . G 5
Englisches Caféhaus (Restaur. mit Garten, Abends
　　　Concerte) Dultplatz 1 . . . . E 4
Café Tambosi unter den Arkaden (Abends geschl.) F 4
　　„　Heck, ebenda (Restauration) . . . . . F 3
　　„　Dall' Armi (Rauscher) (Restauration, Abends
　　　geschlossen), Frauenplatz 6 . . . . . F 5
　　„　Ungerer (Restauration), Briennerstr. 1 . . F 3
　　„　Fritsch (Abends geschl.), Kaufingergasse 27 F 5
　　„　Perzel (Restauration), Marienplatz 13. . . F 5
　　„　Baumann (Fink) (Abends geschl.), Löwen-
　　　grube 1 . . . . E 5
　　„　Marx, Petersplatz 8 . . . . F 5
　　„　Tafelmeyer (Restauration), Ottostrasse 2 . E 4

Bräuhäuser, Bierkeller:

Hofbräuhaus, Platzl 8 . . . . G 5
　　Sommerkeller, Rosenheimerstrasse . . . . H 7
Pschorr, Pachtwirthschaft, Neuhausergasse 11 . E 5
Hackerbräu, Pachtwirthschaft, Sendlingergasse 75 E 5
　　Sommerkeller, Bayerstrasse 39 . . . . . B 4
Spatenbräu, Pachtwirthschaft, Neuhausergasse 4 E 5
　　Sommerkeller, Bayerstrasse 38 . . . . . B 3
Hirschbräu, Färbergraben 33 . . . . E 5
　　Sommerkeller (mit Restaur.), Herbststrasse . B 4
Augustinerbräu, Neuhausergasse 16 . . . . . E 5
　　Sommerkeller (Knorrkeller), am Marsfeld . B 3
Sterneckerbräu, Thal 55 . . . . G 6
　　Sommerkeller, Wienerstrasse . . . . . . H 6
Franciskanerbräu, Vorstadt Au . . . . . . H 8

Bierwirthschaften:

Im Ganzen gegen 500; ausser den nachstehenden gehören hieher
　　　die unter Cafés genannten.

Max Emanuel
Oberpollinger
Rheinischer Hof
Augsburger Hof　　}　siehe Gasthöfe.
Stachus
Bamberger Hof
Neusigl mit Garten

Quadrat

Achatz, Dultplatz 8, mit Garten . . . . E 4
Bavariakeller, Theresienhöhe, mit Garten . . . A 5
Café Bock (Restauration mit Garten), vor dem
   Isarthor . . . . G 6
Buttermelcher Garten, Buttermelcherstrasse 3 . F 6
Dallinger, Landwehrstrasse, mit Garten . . . D 5
Drei Linden, Müllerstrasse 46, mit Garten . . E 7
Franciskaner, Residenzstrasse 9 . . . . . . F 4
Grüner Baum, Flosstrasse 1, mit Garten . . . H 6
Kappler, Promenadestrasse 13 . . . . F 4
Ketterl, an der Isar, mit Garten . . . . . . H 6
Lettenbauer, Landwehrstrasse 5 . . . . . . D 5
Orlando di Lasso (Hofbräuhausbier), Platzl 4 . F 5
Schiessstätte, Theresienhöhe . . . . D 6
Schillergarten, Schillerstrasse 15 . . . . . . G 5
Scholastica, Lederergasse (Hofbräuhausbier) . . A 5
Wiesmayer, Schillerstrasse, mit Garten . . . D 6
Café Reibl (Restauration mit Garten, Concerte),
   Königinstrasse 12, am englischen Garten . . G 2
Dianabad, im englischen Garten, Restauration mit
   Garten . . . . J 2
Café Oberwiesenfeld (Hirschberger), Restauration
   mit Garten, Dachauerstrasse 33 . . . . . B 2
Westendhalle, Restaur. mit Garten, Sonnenstrasse D 5
Centralhalle, Restaur. mit Wintergarten, Sonnenstr. D 6
   In beiden letzteren im Carneval Maskenbälle, Sonntags
„öffentliche Bälle".

Conditoreien.

Rottenhöfer, Residenzstrasse 26 . . . . . . F 4
Hof (Firma: J. Teichlein), Promenadeplatz 6 . E 4
Gampenrieder, } beide im Bazar am Hofgarten F 3
Tambosi,   }   mit Sitzen im Freien . . . F 4
Holler, Briennerstrasse 11 . . . . F 4
Strauss, Dultplatz 18 . . . . E 4
Podbertsky, Karlsplatz 2 (mit Rauchcabinet) . E 4
Hauck, Karlsplatz 25, Hôtel Belle Vue . . . . D 4
Reber, Barerstrasse 28 . . . . E 4
Reitter, Karlsplatz 14 . . . . D 5
H. Teichlein, Rosengasse 4 . . . . F 5

	Quadrat
Wanney, Herzogspitalgasse 49	F 4
Ströhlein, Residenzstrasse 7 (der Post gegenüber)	F 5
Fink, Schützenstrasse 18	D 4
Hagen, Neuhausergasse 13	E 5
Hundhammer, Pfandhausgasse 3	E 4
Lutz, Theresienstrasse 80	F 2
Malmedie, Maximiliansstrasse 4 a	G 5
Reitter, Kaufingergasse 24	F 5
Reuss, Maximiliansstrasse 16 a	G 5
Vidacovich, Sendlingergasse 1	F 5
Wagner, Rosenthal 19	F 5

Bade-Anstalten.

Marienbad (auch Hôtel) Barerstrasse 4, mit Garten und Bädern aller Art	E 3
Dianabad, im Englischen Garten, mit warmen Bädern, Wellenbad, Schwimmbassin, Quellwasser im sog. Wintergarten, Douchen im Freien u. s. w.	J 2
Hiemer'sches Bad (Isar) mit guter Einrichtung für Schwimmer, zwischen Fraunhofer- u. Baumstr.	F 7
Schaitler (früher Haas), Müllerstrasse 45 . . .	E 6
Volksbad, Badstrasse 15, vor dem Isarthor . .	G 6
(Beide mit Schwimmanstalt).	
Lindemann, Müllerstr. 29 (mit russisch. Dampf-, römisch-irischen, Lohschwitz- u. andern Bädern)	F 6
Städtisches Freibad in den oberen Isarauen . .	E 9
Bad Brunnthal bei Bogenhausen mit Naturheilanstalt	K 2
Thalkirchen, Wasserheilanstalt von Bleile.	

Bäder im Würmkanal bei Stat. Pasing, Gern, Militärschwimmschule (diese beiden ¼ Stunde von der Stat. „Schwimmschule" der Ostbahn), Georgenschwaige, Ludwigsbad (Stellwagen in der Regel um 2, 4 u. 6 Uhr; nach Gern vom Abenthum, Dultplatz, nach Georgenschwaige vom Pfälzerhof, Fürstenstrasse, nach Ludwigsbad vom Bauerngörgel, Residenzstrasse).

II. Strassen, Plätze, Anlagen und Promenaden.

Strassen und Gassen.

2*

	Quadrat		Quadrat
Glockengasse . . .	E 5	Karlsstrasse . . .	D 3
Glückstrasse . . .	F 3	„ äussere .	C 3
Göthestrasse . . .	C 5	Karmelitergasse . .	E 4
Graben, am . . .	E 6	Kaufingerstrasse . .	F 5
Gries, am . . .	J 3	Kellerstrasse . . .	J 6
Grubenstrasse . . .	C 2	Kirchenstrasse . . .	K 6
Gruftgasse . . .	F 5	Kleestrasse	B 5
Hackergässchen . .	E 5	Klenzestrasse . . .	F 7
Hadererweg . . .	A 5	Kletzengasse . . .	F 3
Hahnengasse . . .	G 3	Knöbelstrasse . . .	G 5
Hasenstrasse . . .	C 4	Knödelgasse . . .	E 4
Herbststrasse . . .	B 3	Kohlen-Insel . . .	H 6
Herrnstrasse . . .	G 5	Königinstrasse . . .	G 3
Herzog-Maxgasse . .	E 4	Krankenhausstrasse .	D 6
Herzogspitalgasse . .	E 5	Kreuzgasse	E 6
Hessstrasse	E 2	Landsbergerstrasse .	A 5
Heumarkt	E 6	Landschaftsgasse . .	F 5
Heustrasse	C 5	Landwehrstrasse . .	D 5
Hildegardstrasse . .	G 5	„ äussere	C 5
Hirtenstrasse . . .	C 4	Langerstrasse . . .	J 5
Hochstrasse . . .	H 7	Lederergasse . . .	F 5
Hofgartenstrasse . .	G 4	Lilienberg, am . .	H 7
Hofgraben	F 5	Lilienstrasse . . .	H 7
Hofstatt	E 5	Löwengrube . . .	E 5
Holzgartenstrasse .	H 4	Ludwigsstrasse . .	F 3
Holzstrasse	E 7	Lueginsland . . .	G 5
Hopfenstrasse . . .	C 3	Lüften, auf der . .	J 7
Hottergasse . . .	E 5	Luisenstrasse . . .	D 3
Hundskugel . . .	E 5	Luitpoldstrasse . .	D 4
Jägerhäuseln . . .	F 10	Maistrasse	D 7
Jägerstrasse . .	F 3	Mariengasse . . .	G 5
Insel, auf der . . .	H 6	Marsfeldstrasse . .	B 2
Josephspitalgasse . .	E 5	Marsstrasse	C 3
Isarstrasse, äussere .	J 4	Marstallstrasse . . .	G 4
„ innere .	J 4	Mathildenstrasse . .	D 6
„ obere .	E 8	Maxburggasse . . .	E 4
Ismaningerstrasse .	K 5	Maximiliansstrasse .	G 5
Kanalstrasse . . .	G 5	Max-Josephstrasse .	E 3
Kapellengasse . . .	E 5	Milchstrasse . . .	J 7
Kapuzinerstrasse . .	D 8	Mittererstrasse . . .	C 5

	Quadrat		Quadrat
Morassigasse	G 6	Sandstrasse	C 2
Mühlgasse	E 6	Sattlergässchen	E 5
Mühlstrasse	H 5	Schäfflergasse	F 5
Müllerstrasse	E 6	Schellingstrasse	F 2
Münzgasse	F 5	Schillerstrasse	D 5
Neuhauserstrasse	E 5	Schleissheimerstrasse	C 2
Nockerberg, am	G 9	Schommergasse	D 5
Nymphenburgerstrasse	B 2	Schönfeldstrasse	G 3
Ohlmüllerstrasse	F 8	Schrammergasse	F 5
Ottostrasse	E 4	Schraudolphstrasse	E 2
Pechwinkl	E 8	Schützenstrasse	D 4
Perusagasse	F 4	Schwabingerlandstrasse	G 1
Petersplatz	F 5	Schwanthalerstrasse	C 5
Pfandhausstrasse	E 4	Sendlingerlandstrasse	C 7
Pfarrgasse	G 8	Sendlingerstrasse	E 6
Pfarrstrasse	H 5	Senefelderstrasse	C 5
Pfarrstrasse (Giesing)	F10	Sonnenstrasse	D 5
Pferdstrasse, alte	G 4	Sophienstrasse	D 4
„ neue	G 4	Spitalgasse	D 7
Pfistergasse	F 5	Sporergässchen	F 5
Pilgersheimerstrasse	F10	Staubstrasse	D 9
Platz, am	J 6	Steinstrasse	J 6
Prannerstrasse	E 4	Sternstrasse	H 4
Praterstrasse	J 6	Tannenstrasse	G 4
Preisingstrasse	J 6	Taschenthurmgasse	E 6
Promenadestrasse	F 4	Tattenbachstrasse	H 4
Reichenbachstrasse	F 7	Tegernseerstrasse	E 6
Rennbahnstrasse	B 5	Tegernseerlandstr. — Giesing	
Residenzstrasse	F 4	Thal	G 5
Rindermarkt	F 5	Thalkirchnerstrasse	D 7
Rochusberg	E 4	Theatinerstrasse	F 4
Rosengasse	F 5	Theresienstrasse	F 2
Rosenheimerstrasse	H 7	Thiereckgässchen	F 5
Rosenthal	F 5	Türkengraben	F 1
Rossschwemme	F 5	Türkenstrasse	E 3
Rottawstrasse	G 8	Utzschneiderstrasse	F 6
Ruhegasse	G 9	Veterinärstrasse	G 2
Rumfordstrasse	F 6	Wallstrasse	E 6
Salvatorstrasse	F 4	Wasserstrasse	G 7
Salzstrasse	B 4	Weinstrasse	F 5

	Quadrat		Quadrat
Weite Gasse . . .	E 5	Windenmachergasse .	F 5
Westenriederstrasse .	F 6	Wolfganggasse . .	K 6
Wienerstrasse . . .	J 6	Wurzerstrasse . . .	G 4
„ äussere	K 5		
Wiesenstrasse . . .	G 2	Zweibrückenstrasse .	G 6

Plätze.

	Quadrat		Quadrat
Frauenplatz . . .	F 5	Max-Josephspl. (Residenzpl.)	F 4
Gärtnerplatz . . .	F 6	Odeonsplatz . . .	F 3
Johannisplatz . . .	K 6	Platzl (Plätzchen) .	G 5
Karlsplatz	D 5	Promenadeplatz . .	E 4
Karolinenplatz . .	E 3	Salvatorplatz . . .	F 4
Königsplatz . . .	D 3	Sebastiansplatz . .	E 6
Mariahilfplatz . . .	G 8	Sendlingerthorplatz .	D 6
Marienplatz . . .	F 5	Stiglmayerplatz . .	C 2
Marstallplatz . . .	G 4	Victualienmarkt . .	F 6
Maximilianspl.(Dultpl.)	E 4	Wittelsbacherplatz .	F 4

Anlagen, Promenaden und nächste Umgebung.

	Quadrat
Bogenhausen (Pfarrdorf)	K 2
Botanischer Garten	D 3 & 4
Brunnthal, bei Bogenhausen	K 2
Chinesischer Thurm, im englischen Garten . . .	J 1
Dianabad, im englischen Garten	J 2
Englischer Garten	H 2
Gasteig-Anlagen	H 6
Hofgarten	G 4
Isar-Auen, obere	D 10
Marsfeld	A 3
Maximilians-Anlagen	J 4
Paradies-Garten, am englischen Garten	J 3
Theresienhöhe	A 6
Theresienwiese	B 6
Tivoli, am englischen Garten . . . . . . :	J 1
Unter-Sendling (Pfarrdorf) . . . . :	A 8
Zoologischer Garten, Wiesenstrasse, am englischen Garten	H 1

III. Brücken, Denkmäler, Paläste und Thore.

Brücken über die Isar.

	Quadrat
Bogenhauser Brücke (am englischen Garten) . .	K 2
Eisenbahnbrücke	D 10
Ludwigsbrücke	H 6
Maximiliansbrücke	H 5
Reichenbachbrücke	F 8

Denkmäler.

Bavaria, auf der Theresienhöhe	A 7
Deroy, General, Maximiliansstrasse	G 5
Fischbrunnen, auf dem Marienplatz	F 5
Fraunhofer, Optiker, Maximiliansstrasse . . .	H 5
Gärtner, Architekt, Gärtnerplatz	F 6
Gluck, Tondichter, Promenadeplatz	E 4
Göthe, Dichter, Karlsplatz	E 4
Klenze, Architekt, Gärtnerplatz	F 6
Kreitmayr, Gesetzgeber, Promenadeplatz . . .	F 4
Kaiser Ludwig der Bayer, in der Frauenkirche .	F 5
König Ludwig I., (Reiterstatue) Odeonsplatz . .	F 3
Mariensäule, auf dem Marienplatz	E 5
Churfürst Max Emanuel, Promenadeplatz . . .	E 4
Churfürst Maximilian I., (Reiterstatue) Wittelsbacherplatz	F 4
König Max Joseph I., Residenzplatz	F 4
König Maximilian II., (in Ausführung begriffen) an der Maximiliansstrasse	H 5
— — Mausoleum (Theatinerkirche)	F 4
Monopteros, im englischen Garten	H 2
Obelisk, auf dem Karolinenplatz	E 3
Orlando di Lasso, Tondichter, Promenadeplatz .	F 4
Rumford, General, Maximiliansstrasse	H 5
— — im englischen Garten . . .	H 3

Quadrat

Schelling, Philosoph, Maximiliansstrasse   . . .   G 5
Schiller, Dichter, Maximiliansplatz   . . . . .   F 4
Tilly, Heerführer, in der Feldherrnhalle   . . .   F 4
Westenrieder, Geschichtschreiber, Promenadeplatz   F 4
Wrede, Feldmarschall, in der Feldherrnhalle . .   F 4

Paläste.

Königliche Residenz   . . . .   F 4
    Alte Residenz.
    Festsaalbau.
    Königsbau.
Wittelsbacher-Palast   . . . .   F 3
Palais des Prinzen Carl, Königinstrasse 1 . . .   G 3
    „   „   „   Luitpold (früher Leuchten-
                    berg-Palais) Odeonsplatz .   F 3
    „   „   Herzog Max, Ludwigstrasse . . . .   F 3
    „   „   Erzbischofs von München-Freising,
                    Promenadestrasse 7 . . . . .   F 4
    „   „   Grf. Arco-Zinneberg, Wittelsbacherpl.   F 3
    „   „   Grf. Gumppenberg-Pöttmes, Ottostr. 6   E 4
    „   „   Grafen Schönborn, Ottostrasse 10 .   E 3
    „   der preussischen Gesandtschaft, Türken-
                    strasse 83 . . . .   F 3

Thore.

Angerthor, an der Blumenstrasse . . . .   E 6
Isarthor, am Thal . . . .   G 6
Karlsthor, am Karlsplatz . . . .   D 5
Kostthor, nahe der Maximiliansstrasse . . . .   G 5
Maxthor (auch Neuthor), am Dultplaz . . . .   E 4
Propyläen, am Königsplatz . . . .   D 3
Sendlingerthor, am Platze gleichen Namens . .   E 6
Siegesthor, an der Ludwigsstrasse . . . . .   G 1

IV.

Oeffentliche Gebäude, Anstalten u. Sammlungen.

Quadrat

Gewehrkammer, kgl. Marstallplatz 4	G 4
Glasmalerei-Anstalt, Louisenstrasse 18	D 2
Glaspalast, in der Sophienstrasse	D 4
Glyptothek, Königsplatz 3	D 3
Güterhalle, im Bahnhof	C 4
Hauptwache, am Marienplatz (Neues Rathhaus)	E 5
Hofbräuhaus, Platzl 9	G 5
Hofküchen-Garten, an der Canalstrasse. . . .	G 4
Hof- und Nationaltheater, am Max-Joseph-Platz	F 4
Hof- und Staatsbibliothek, Ludwigsstrasse 23 .	G 2
Holzgarten, kgl., Bogenhauserstrasse 1	H 4
Jagdzeugstadel, kgl., Heustrasse	C 5
Industrie-Ausstellungs-Gebäude (Glaspalast), So-- phienstrasse	D 4
Kasernen:	
Cuirassierkaserne (u. Equisitionsanstalt), Zwei-brückenstrasse	G 6
Hofgarten-Kaserne (Infant.-Leibregiment) . .	G 4
Alte Isar-Kaserne (Chevaulegers)	G 7
Lehel-Kaserne (Sanitäts-Comp.), Alte Pferdstr.	G 4
Maximilian II.-Kaserne (Artillerie u. Infanterie), zwischen Nymphenburger- und Dachauerstr.	A 1
Türken-Kaserne (Infanterie), Türkenstrasse .	F 2
Krankenhaus, allgem., vor dem Sendlingerthor .	D 6
Kreis-Irren-Anstalt, Vorstadt Au	J 8
Kunstanstalt für kirchl. Arbeiten, Stiglmayerpl. 1.	C 3
Kunst-Ausstellungs-Gebäude, Königsplatz 1 . .	D 3
Kunstverein, unter den Arkaden	G 4
Kunstgewerbeverein, im Nationalmuseum . . .	H 5
Kunst-Zinkgiesserei, Karlsstrasse 31	C 3
Landwirthschaftlicher Verein, Türkenstrasse 2 .	E 3
Leih-Anstalt, vor dem Isarthor	G 6
Literarischer Verein (im Odeon), Odeonsplatz .	F 3
Ludwigs-Walzmühle, am englischen Garten . .	K 1
Marstall, kgl., am Marstallplatz	G 4
Mauthalle, Neuhauserstrasse 53	E 5
Maxburg, am Maximiliansplatz	E 4
Maximilianeum, über der Maximiliansbrücke . .	J 5
Maximilianswaisenstift, Ludwigsstr. 14	G 2
Militär-Lazareth, neues, zwischen Dachauer- und Nymphenburgerstrasse	B 1

Quadrat

Militär-Reitschule, hinter der Cuirassier-Kaserne G 8
Mineralogische Sammlung, im Akademie-Gebäude E 5
Münz-Cabinet, im Akademie-Gebäude . . . . E 5
Münzgebäude, Hofgraben 1 . . . . F 5
National-Museum, Maximiliansstrasse 12 . . . H 5
Naturalien-Cabinet, im Akademie-Gebäude . . E 5
Odeon, kgl., am Odeonsplatz . . . . . . : . F 3
Ostbahnhof : . . . . C 4
Physiologisches Institut, Findlingstrasse 3 c . . C 6
Pinakothek, alte, Barerstrasse 10 . . . . . . E 2
Pinakothek, neue, Barerstrasse 10½ . . . . E 2
Post-Gebäude, am Max-Joseph- (Residenz-) Platz F 5
Rathhaus, altes, am Marienplatz . . . . . . F 5
    „ neues,   „ . . . . . . F 4
Regierungs-Gebäude, Maximiliansstrasse 6 . . . H 5
Reitschule, kgl., am Marstallplatz . . . . . G 4
Residenztheater, neben dem Königsbau . . . F 4
Ruhmeshalle, auf der Theresienhöhe . . . . A 7
Sattelkammer, kgl., Marstallplatz 6 . . . . . G 4
Schiessstätte, auf der Theresienhöhe . . . . A 6
Schrannenhalle, Blumenstrasse . . . . E 6
Schwanthaler-Museum, Schwanthalerstrasse 2 . . D 5
Staats-Schuldentilgungs-Cassa, am Maximianspl. E 4
Stände-Gebäude, Prannerstrasse 20 . . . . . F 4
Sternwarte, kgl., bei Bogenhausen . . . . . K 3
Strafanstalt, Öhlmüllerstrasse 8 . . . . . . G 8
Turn-Halle, Fabrikweg 10 . . . . E 7
Verein zur Ausbildung der Gewerke, siehe Kunst-
    gewerbeverein . . . . H 5
Volks-Theater, am Gärtnerplatz . . . . . . F 7
Waisenhaus, Findlingsstrasse 3 . . . . . . D 6
Zeughaus, kgl., äussere Dachauerstrasse . . . C 1
Zeughaus, städtisches, Heumarkt 1 . . . . . E 6

V. Behörden, Unterrichts-Anstalten.

Behörden.

	Quadrat
Appellationsgericht von Oberbayern, Weite Gasse 1	E 4
Archivs-Conservatorium für Oberbayern, alter Hof	F 5
Baubehörde München, im alten Hof	F 5
Bergamt München, Ludwigsstrasse 16	G 2
Bezirksamt München links d. Isar, Dachauerstr. 66	C 3
Bezirksamt München r. I., Lilienberg 1 . . .	H 7
Bezirksgericht München l. I., Weite Gasse 1 . .	E 5
Bezirksgericht München r. I., Ohlmühlerstrasse 8	G 8
Cassationshof für die Pfalz, Rückgeb. der Akad.	E 4
Erzbischöfliche Kanzlei, Pfandhausstrasse 1 . .	E 4
Forstamt und Triftamt München, Bruderstrasse 4	H 4
Gasbeleuchtungsbureau, Rosengasse 5	F 5
General-Bergwerks- und Salinen-Administration, Ludwigsstrasse 16	G 2
Generaldirection der Verkehrs-Anstalten, im Postgebäude, Residenzstrasse 2	F 5
General-Zoll-Administration, Dienersgasse 12 . .	F 5
Gewerberath, Löwengrube 3	E 5
Handelsgericht München l. I., Weite Gasse 1 .	E 5
Handelsgericht München r. I., Ohlmühlerstrasse 8	G 8
Handelskammer, Kaufingerstrasse 9	F 5
Hauptconservatorium der Armee, Ludwigsstrasse 24	G 2
Haupt-Münz- und Stempelamt, Hofgraben 4 . .	F 5
Haupt-Zollamt München, Neuhauserstrasse 53 .	E 5
Hausarchiv, geheimes, in der Residenz	F 4
Hypotheken- u. Wechselbank, Residenzstrasse 27	F 4
Kreis-Baubehörde, im Regierungsgebäude, Maximiliansstrasse 6	H 5
Landgericht München links d. Isar, Dachauerstr. 66	C 3
Landgericht München r. I., Lilienberg 1 . . .	H 7
Landtags-Archiv, Prannersstrasse 20	F 4

Quadrat

Magistrat, im Rathhause und Thal 1 . . . . F 5
Ministerial-Forstbureau, Galleriestrasse 1 . . . F 3
Ministerium des Aeussern, Promenadeplatz 22 . F 4
     „   der Finanzen, Galleriestrasse 1 . . F 3
     „   des Handels, Theatinerstr. 21 rückw. F 4
     „   des Innern, Theatinerstrasse 21 . . F 4
     „   der Justiz, Augustinergasse 3 . . E 5
     „   für Kirchen und Schulen, (Kultus-
          ministerium) Theatinerstrasse 21 F 4
     „   des Krieges, Schönfeldstrasse 1 . . G 3
Ober-Appellationsgericht, Rückgeb. der Akademie E 4
Ober-Aufschlagamt, im alten Hof . . . . . . F 5
Ober-Consistorium, protest., Theatinerstrasse 44 . F 4
Oberpost- und Bahnamt für Oberbayern, im Cen-
    tralbahnhof . . . . C 4
Oberste Baubehörde, Theatinerstrasse 21 . . . F 4
Oberster Rechnungshof, im alten Hof . . . . F 5
Polizei-Direction München, Weinstrasse 13 . . F 5
Postamt (Brief-, Paket- und Zeitungs-Expedition)
    Residenzstrasse 2 und Bahnhof, links . . . F 5
Regierung für Oberbayern, Maximiliansstrasse 6 . H 5
Reichsarchiv, im Bibliothekgebäude, Ludwigsstr. 23 G 2
Rentamt München, im alten Hof . . . . . . F 5
Salzamt München, Bayerstrasse 46 . . . . . B 5
Staatsarchiv, geheimes, im Akademiegebäude Neu-
    hauserstrasse 51 . . . . E 5
Staatsbibliothek, Ludwigsstrasse 23 . . . . . G 2
Staats-Schulden-Tilgungs-Commission, Herzog-
    Maxburg . . . . E 4
Stadt-Commandantschaft, Theatinerstrasse 8 . . F 4
Stadtgericht München l. I., Weite Gasse 1 . . E 5
Stadtgericht München r. I., Ohlmüllerstrasse 8 . G 8
Statistisches Bureau, Theatinerstrasse 21 . . . F 4
Steuerkataster-Commission, im alten Hof . . . F 5
Technische Bureaux der Verkehrsanstalten, Brien-
    nerstrasse 48 . . . . F 4
Telegraphenamt, im Postgebäude, Residenzstr. 2 F 5
Topographisches Bureau, im Kriegsministerium,
    Schönfeldstrasse 1 . . . . G 3

Unterrichtsanstalten.

Quadrat

Akademie der Künste, Neuhauserstrasse 51 . .	E 5
Akademie der Wissenschaften, Neuhauserstr. 51	E 5
Artillerie- und Genie-Schule, Herzog-Maxburg .	E 4
Baugewerkschule, Kaufingerstrasse 8	F 5
Blinden-Institut, Ludwigsstrasse 16	G 3
Cadettencorps, Karlsplatz 26	D 4
Erziehungs-Institut für Studirende, Karmeliter- gasse 1	E 4
Erziehungs-Institut (weibliches) für höhere Stände (Max-Joseph-Stift) Ludwigsstrasse 18 . . .	G 2
Feiertagsschule, höhere, Rosenthal 7	F 5
Gymnasium, Ludwigs-, Maxburggasse 1 . . .	E 4
„ Maximilians-, Maxburggasse 1 . .	E 4
„ Wilhelms-, Herzogspitalgasse 18 .	E 5
Handelsschule, städtische, Damenstiftsgasse 2 .	E 5
Handwerks-Feiertagsschule, Rosenthal 7 . . .	F 5
Industrieschule, Damenstiftsgasse 2	E 5
Institut für krüppelhafte Kinder, Staubstrasse 13 a	D 8
Kreis-Gewerbschule, Damenstiftsgasse 2 . . .	E 5
Kriegsschule, in der Herzog-Maxburg	E 4
Kunstgewerbeschule, unter den Arkaden des Hof- gartens	G 3
Kunst-Institut für Damen, Sonnenstrasse 8 . .	D 5
Militär-Akademie, kgl., Herzog-Maxburg . . .	E 4
Musikschule, kgl. (im Odeon), Odeonsplatz . .	F 3
Polytechnische Schule, Arcisstrasse 11	E 2
Priester-Seminar (Georgianum), Ludwigsstrasse 19	G 2
Realgymnasium, Louisenstrasse 1	D 3
Taubstummen-Institut, Karlsstrasse 17	D 3
Töchterschule, höhere, Glockenstrasse 15 a . .	D 5
Turnschule, kgl., äussere Dachauerstrasse . . .	C 1
„ des Turnvereins, Müllerstrasse . . .	E 7
Universität, Ludwigsstrasse 17	G 2
Veterinärschule, Veterinärstrasse 6	H 2

VI. Kirchen, Klöster, Friedhöfe.

Kirchen.

Kirchen, ferner:

Quadrat

Aeltere protestantische Kirche, am Karlsplatz .	D 5
Neue protestantische Kirche, soll an der Gabels-bergerstrasse erbaut werden	F 3
Griechische Kirche, am St. Salvatorplatz . . .	F 4
Synagoge, Westenriederstrasse	F 6
Anglikanischer Betsaal, im Odeon	F 3

Klöster.

Benedictiner-Kloster, Karlsstrasse 40 c	D 3
Franziskaner-Kloster, an der St. Anna-Strasse .	H 4
Kapuziner-Kloster, an der Kapuzinerstrasse . .	D 8
Kloster der barmherzigen Schwestern, Krankenhaus	D 6
Kloster der Frauen zum guten Hirten, Vorstadt Haidhausen	K 6
Kloster der Niederbronner Schwestern, Bogenhauser-strasse	J 3
Mutterhaus der armen Schulschwestern (bei St. Jacob) unterer Anger	E 6
Servitinnen-Kloster, Herzogspitalgasse 7 . . .	E 5

Friedhöfe.

Auer Friedhof	H 9
Nördlicher Friedhof, äussere Arcisstrasse . . .	E 1
Südl. Friedhof (alter u. neuer), Thalkirchnerstr. .	D 8
Giesinger Friedhof	F 10
Haidhauser Friedhof	K 6
Israelitischer Friedhof, an der Thalkirchner Land-strasse	B 10